本书为浙江省高校重大人文社科攻关计划项目青年重点项目“新创科技型企业政府扶持资金的成效、作用机理及政策研究”（编号：2018QN029）、浙江省自然科学基金一般项目“竞争性与普惠性政府补贴对科技型创业企业绩效的影响机制：基于浙江在孵企业的考察”（编号：LY19G020008）、浙江省高校高水平创新团队“转型升级和绿色管理创新团队”的重要成果。

竞争性与普惠性政府补贴对科创企业成长的影响：

理论与实证研究

罗兴武　黄　玮◎著

THE INFLUENCE OF SELECTIVE AND NON-SELECTIVE GOVERNMENT SUBSIDIES ON GROWTH OF TECHNOLOGY-BASED ENTREPRENEURIAL ENTERPRISES: A THEORETICAL AND EMPIRICAL STUDY

经济管理出版社
ECONOMY & MANAGEMENT PUBLISHING HOUSE

图书在版编目（CIP）数据

竞争性与普惠性政府补贴对科创企业成长的影响：理论与实证研究 / 罗兴武，黄玮著 .— 北京：经济管理出版社，2020.11

ISBN 978-7-5096-7633-2

Ⅰ . ①竞…　Ⅱ . ①罗…　②黄…　Ⅲ . ①政府补贴—影响—高技术企业—企业发展—研究　Ⅳ . ① F276.44

中国版本图书馆 CIP 数据核字（2020）第 237104 号

组稿编辑：张莉琼
责任编辑：丁慧敏　张莉琼　王虹茜
责任印制：黄章平
责任校对：董杉珊

出版发行：经济管理出版社
（北京市海淀区北蜂窝 8 号中雅大厦 A 座 11 层　100038）
网　　址：www.E-mp.com.cn
电　　话：（010）51915602
印　　刷：北京玺诚印务有限公司
经　　销：新华书店
开　　本：710mm × 1000mm / 16
印　　张：18
字　　数：314 千字
版　　次：2020 年 12 月第 1 版　2020 年 12 月第 1 次印刷
书　　号：ISBN 978-7-5096-7633-2
定　　价：89.00 元

序 言

PREFACE

正如习近平主席所语，“科技是国之利器，国家赖之以强，企业赖之以赢，人民生活赖之以好”。在经济新常态下，中国已无法延续依靠资源、资本、劳动力等要素投入支撑经济增长和规模扩张的发展模式，中国经济要想维持高速增长，以科技创新提升全要素生产率显然是唯一出路。“大众创业、万众创新”，创新创业活动蓬勃发展，科创企业是科技创新的主体，其成长关乎区域经济增长、国家经济结构优化。由于“新创弱性”，以及科创活动明显的信息不对称、高风险、正外部性等特征，中央和地方都出台了一系列的财政帮扶政策。

罗兴武和黄玮两位博士长期关注政府补贴、组织合法性等问题，敏锐地觉察到了“科创企业补贴热”而“吸血僵尸”频现的现象，以及中国转型经济制度不完善的现实情境，围绕“如何最大化科创企业政府补贴成效”的终极命题，结合大量的企业调查，从制度与资源视角，理论与实证探讨了中国情境下竞争性和普惠性两类科创企业政府补贴的影响机制、边界及可持续性，提出并验证了基于本土情境的科创企业政府补贴的结构维度；基于变量间统计关系模型的两类科创企业政府补贴的作用路径、权变机制；基于集合关系模型的两类科创企业政府补贴的边界条件、组态效应；基于面板数据经济关系模型的两类科创企业政府补贴的差异性成效、可持续性影响。并且，在理论与实证研究的基础上进一步就促进政府精准补贴、提高科创企业效用化补贴进行了对策研究。通过对这些问题的创造性探索，基本建立了较为完善的竞争性与普惠性科创企业政府补贴研究体系。

本书的许多内容是罗兴武和黄玮两位博士在科学研究过程中不断积累的结果，凝结着作者多年研究的心血。我相信，这本具有较高学术水平专著的出版，将有助于推进中国政府补贴与科创企业成长的理论和实证研究。其研究方法在一定程度上将有助于开拓公共政策与企业管理等领域的研究视野，其研究结论可以为政府制定相关政策、企业进行重大决策提供理论依据和实证资料。

刘 洋

浙江大学管理学院博士生导师

浙江大学管理学院百人计划研究员

2020年夏于杭州浙大紫金港

前　言

FOREWORD

科技是国家强盛之基，创新是民族进步之魂。中国经济已由高速增长转向高质量发展，正处于转变发展方式、优化经济结构、转换增长动力的创新驱动“新常态”，科创企业在推动地方经济增长和发挥区域创新优势上的作用愈加凸显。与成熟企业相比，科创企业由于“新进入缺陷”、资源禀赋有限，加之企业创新活动的技术溢出性、高风险性与信息不对称性，科创企业面临着较大的融资约束。为提高科创企业存活率，创造发展新优势，2016 年国务院印发《国家创新驱动发展战略纲要》，明确要建设和完善创新创业载体，孵化培育创新型企业，形成大众创业、万众创新的生动局面。2018 年，“两会”政府工作报告强调，要深入开展“大众创业、万众创新”，实施普惠性支持政策，完善孵化体系。2020 年，“两会”政府工作报告肯定了新兴产业在抗疫中的作用，明确了要继续出台支持政策以提高科技创新支撑力，增强发展新动力。“科创苗圃 + 孵化器 + 加速器 + 专业园区”的一体化科技服务体系已基本形成，然而，在实践界，政府补贴作为政府扮演“扶持之手”最直接的手段，其成效却差强人意，“寻补骗补”“饮鸩止渴”“吸血僵尸”等负面信息屡见报端。在理论界，学者们研究发现政府补贴可能扭曲企业投资行为，并不一定促进企业研发投入，也并不必然影响企业生产率，政府补贴成效的研究呈现出“正向观—不相关观—负向观”悖论。因此，为了回答“如何最大化科创企业政府补贴成效”的终极命题，这几个现实问题很值得思考：不同类型的政府补贴对科创企业的作用存在什么差异？科创企业政府补贴中国情境下的影响边界又在哪里？科创企业政府补贴是否可持续影响成效？相应地，对这些问题的探讨已成为理论界和实践界亟待研究的问题。

为此，本书基于制度与资源视角理论和实证研究了科创企业政府补贴的影响机制、治理边界、成效及可持续性检验，以期为科创企业增强科学认知、效用化补贴提供决策借鉴，为政府精准补贴、引导企业创新发展提供政策参考。遵循“提出问题—分析问题—解决问题”的研究思路，本书首先进行了文献综述，识别了本研究的切入点，即从制度和资源视角研究两类政府补贴与科创企业成长；其次，对竞争性和普惠性政府补贴对科创企业绩效的影响机制、治理边界、成效检验与可持续性影响进行理论分析，提出变量间统计关系、集合关系和动态面板数据经济关系 3 个概念模型；再次，大样本实证研究竞争性和普惠性两类政府补贴对科创企业的作用机理、治理边界和可持续性影响，从而提高科创企业对资金补贴的正向认知，促进政府科学高效配置财政资源；最后，总结与展望。总体上得出了六个方面的研究结论。

（1）竞争性和普惠性政府补贴对科创企业绩效均存在显著的正向影响，但竞争性政府补贴由于合法性中介的存在其作用机理与普惠性不同，且竞争性和普惠性政府补贴对科创企业绩效的正向影响会随着时间的推移而发生变化。普惠性政府补贴对科创企业绩效的正向影响主要在于资源输入效应，而竞争性政府补贴对科创企业绩效的正向影响则存在资源输入和合法性提升两条路径，这使政府补贴能作为一种正向信号使利益相关者在后续较长一段时间内为科创企业提供源源不断的资源或资源获取便利性。

（2）创业导向对科创企业合法性存在正向影响，并调节竞争性政府补贴对科创企业合法性的正向影响作用，调节竞争性政府补贴借助组织合法性影响科创企业绩效的中介作用。创业导向作为新创企业释放的一种反映企业战略特质的信号，它本身对（投资者、雇员和客户视角的）科创企业合法性存在正向影响，同时，它还会与竞争性政府补贴释放的信号一起对（投资者、雇员和客户视角的）科创企业合法性产生交互影响。

（3）非高绩效的驱动机制与高绩效驱动机制存在非对称性关系。科创企业的生存和发展是一个受多因素影响的复杂结果，组态视角下政府补贴作用于创业绩效是一个多情境因素协同联动的复杂过程。制度环境的损坏可能是影响科创企业非高绩效的重要因素，在缺乏知识产权保护的条件下，具备企业家精神和研发投入的企业创新成果难以受到保护，会导致企业不能进行持续创业行为，最终导致非高绩效。

（4）补贴类型、企业资源、制度环境均无法单独构成科创企业政府补贴实现的必要条件，而 3 类条件组态构成了高水平科创企业绩效的驱动路径。其中，存在 3 条等效路径，即竞争性政府补贴与制度环境构成的制度辅佐型路径，补贴类型、企业家精神和市场竞争构成的平衡辅佐型路径，以及强调竞争性政府补贴、企业资源和知识产权保护水平的制度—平衡辅佐型路径。其中，制度—平衡辅佐型路径在提升政府补贴成效上发挥着更加重要的作用。

（5）面板数据关系进一步验证了普惠性与竞争性政府补贴对科创企业的成效，但补贴效果更多地体现“扶持强者”的特点；组织合法性是竞争性政府补贴促进科创企业成效提升的重要渠道，但在普惠性政府补贴和成效之间的传导中介作用不显著。科学运用 PSM-DID 方法，通过比较配对后实验组与控制组的差异化结果，能有效区分“时间效应”与“分组效应”，准确度量“政策处理效应”，竞争性与普惠性政府补贴的政策处理效应考察有助于完整解析以打开悖论。此外，组织合法性在竞争性补贴与企业绩效之间的传导中介作用显著，一定程度上表明科创企业发挥主观能动性、展现产品创新优势的重要性。

（6）政府补贴总体上延长了科创企业绩效增长持续时间，但主要体现在竞争性补贴上，“鼓励弱者”的普惠性补贴的时延效应并不明显。利用动态面板数据，引入基于倾向得分匹配的生存分析模型，进一步探讨了普惠性和竞争性政府补贴对科创企业绩效增长持续时间的影响。“科创企业得以存续的关键不在于资源的存量而在于资源的流量”，“扶持强者”的时延效应显著高于“鼓励弱者”。

综观全文，本书主要在以下四个方面进行了拓展和深化：

（1）从资源和制度的整合视角入手，提出了基于资源输入效应和基于合法性提升效应的两条政府补贴作用路径，并检验了竞争性和普惠性政府补贴在影响科创企业绩效上的路径差异性，深入揭示了不同类型政府补贴影响科创企业绩效的根本机理。“对创新补助资源细分类别的考察是扶持资金研究的重要方向和关键突破口”，本书区分了竞争性和普惠性政府补贴对科创企业绩效的差异化影响机理，从而有效整合了制度视角和资源视角政府补贴影响科创企业研究的观点。

（2）提出了一个基于时间可持续性的竞争性和普惠性政府补贴影响科创企业绩效的权变模型，和一个基于创业导向的竞争性政府补贴借助组织合法性影响科创企业绩效的权变模型，从而明确了政府补贴影响科创企业绩效的两个情境因素，拓展了关于政府补贴作用边界条件的现有研究认识。本书关于竞争性和普惠性政府补贴在影响科创企业两期绩效上存在差异性的研究发现，揭示了资源输入效应和合法性提升效应的作用路径是具有时间依赖性的。此外，创业导向和竞争性政府补贴分别作为企业自身和外部权威主体释放的信号，会与利益相关者关于目标科创企业的合法性评价产生交互影响，从而使创业导向在竞争性政府补贴借助组织合法性影响科创企业绩效的中介效应中起到调节作用。

（3）应用模糊集的定性比较分析（fsQCA）对多因素条件进行构型分析，强调资源和制度互动对科创企业的可持续创业效应的影响，从而更好地发现政府补贴的适应性治理机制。通过引入资源与制度交互下的创业可持续性来解释政府补贴科创企业高绩效实现构型，使政府补贴与制度逻辑与微观资源联动机制浮出水面，有助于进一步揭开政府补贴影响创业绩效的黑箱。

（4）综合运用基于倾向得分匹配倍差法（PSM-DID）和生存分析方法，从资源与制度整合的视角进一步考察了普惠性和竞争性政府补贴对科创企业绩效的成效与可持续性影响。“扶持强者”的时延效应显著高于“鼓励弱者”，相较于普惠性政府补贴，专家甄选式的竞争性政府补贴对科创企业不仅具有资源流入的直接影响，而且具有政府补贴对象选择导致合法性提升所带来的认证效应和政治关联效应。

本书的实践意义在于能够为科创企业科学认知政府补贴提供指导意见，为政府利用政府补贴引导科创企业创新发展提供政策建议。具体说来，本书的实践意义在于以下两个方面：

一是对于科创企业而言，有助于帮助其科学认知政府补贴，效用化使用补贴，促进科创企业成长。科创企业应当提高认知、塑造高创业导向，准确认识普惠性与竞争性政府补贴差异化的影响机制，强化竞争性政府补贴对组织合法性的提升作用和可持续性影响；从整体视角看待政府补贴与其他情境条件的适配，科学看待政府补贴类型与组织资源、制度环境的组态效应，开拓进取谋求可持续性创业；结合自身成长阶段，从自身需求出发，关注政府补贴信号传递以谋取更多创新资源。

二是对于政府而言，有助于帮助其制定与完善科创企业政府补贴政策，精准补贴，引导科创企业创新发展。政府应科学选择补贴发放对象，优化投入结构，加强对科创企业的财政扶持力度，最大化资金的社会成效；注意竞争性和普惠性政府补贴的作用差异，变救济型政策为激励型政策，处理好与市场的关系，促进市场发挥其资源配置的决定性作用；建立公开的评审制度和透明完善的补贴机制，引入动态的补贴调整机制；创造公平竞争的制度环境。

目 录

CONTENTS

第一章
导 论

第一节 研究背景与问题提出

一、现实背景

1. 科创企业政府扶持政策力度大，但负面信息屡见报端

企业强则国家强，科技兴则民族兴。中国经济已由高速增长转向高质量发展，正处于转变发展方式、优化经济结构、转换增长动力的创新驱动“新常态”，科技型创业企业（简称“科创企业”）在推动地方经济增长和发挥区域创新优势上的作用愈加凸显。为了提高科创企业的存活率并促进其快速成长，地方和中央都出台了一系列财政扶持政策。2014 年，浙江省财政厅、科技厅印发《科技型中小企业扶持和科技发展专项资金管理办法》（浙财教〔2014〕147 号），为提升科技型中小企业创新能力，特别设立专项资金。2015 年，国务院出台的《关于大力推进大众创业万众创新若干政策措施的意见》（国发〔2015〕32 号）中，明确提到要加大对创业的财政资金支持。2017 年，党的十九大报告指出，创新是引领发展的第一动力，须强化基础研究、加强应用基础研究、加强中小企业的创新支持，发挥财政等投融资政策对优化供给结构的关键性作用。2018 年，“两会”政府工作报告强调，要深入开展“大众创业、万众创新”，实施普惠性支持政策，完善孵化体系。2020 年，“两会”政府工作报告肯定了新兴科技产业在抗疫中的作用，明确了要继续出台支持政策以提高科技创新能力，增强发展支撑力。

近几年来，中国各地政府出台了一系列科创扶持政策，无论是“两会”报告中提到的普惠性补贴项目，如科技型中小微企业税收补助、创业贷款贴息、办公场所租赁补贴，还是与之相对应的竞争性补贴项目，如“青蓝计划”“雏

鹰计划”等，都逐年增加专项资金支持力度，以促进科创企业的设立和发展，并逐步完善“科创苗圃+孵化器+加速器+专业园区”的一体化科技服务体系。然而，在实践界，补贴作为政府“扶持之手”（Helping Hand）最直接的手段，其成效差强人意，“寻租寻补贴”“饮鸩止渴”“吸血僵尸”等负面信息屡见报端，不同地方政府补贴的影响差异很大。资金扶持的激励效应不足、治疗效应缺乏等问题已经显现（Guo 等，2016；高洪利等，2017），政府补贴似乎扭曲了企业投资行为，没能直接促进企业研发投入，也并不必然影响企业生产率（邵敏和包群，2012；肖兴志和王伊攀，2014; 楚有为，2018）。

2. 中国的科创企业数量逐渐增多，但死亡率也居高不下

创业作为促进经济增长、增加就业和刺激创新生成的重要引擎（Henrekson & Johanson, 2010），历来受各国政府高度重视。美国统计局的数据分析表明，美国年均新增就业岗位中绝大部分来自科创企业（Söderblom et al., 2015）。自 2014 年 9 月李克强总理在夏季达沃斯论坛的发言中明确指出要在 960 万平方公里的土地上掀起一次“大众创业、万众创新”的浪潮以来，政府已先后取消和下放了 600 多项行政审批等事项，并出台了一系列刺激创业和推动科创企业发展的政策，社会的创业热情持续高涨，新登记注册的企业数量开始呈现出井喷式增长的趋势。据中国工商行政管理总局发布的数据显示，2015 年，全国新登记企业 443.9 万家，平均每天就有 1.2 万家新企业成立；而 2019 年，全国新登记企业 2179 万家，平均每天就有超过 2 万家的新企业成立。

但不可否认的是，创业企业的存活率低、死亡率高仍然是现阶段普遍存在并亟待解决的一个重要问题。Aldrich 和 Ruef（2006）的研究表明，约有一半的创业企业存活时间不超过五年。Song 等（2008）的研究也发现，美国创业企业在设立五年后的存活率仅为 21.9%。布鲁金斯学会（Brookings Institute）在 2014 年发布的一份关于科创企业的报告中指出，从 1978 年开始，尽管美国新创公司的数量已经减少了一半，创业率从 15% 下降到 8%，但科创企业的死亡率仍一直维持在 8% 以上，并从 2008 年开始呈现出逐年增高的趋势。这种高死亡率在国内可能尤为明显。有抽样调查显示，中国中小企业的平均寿命只有 2.5 年，远低于美国的 8.2 年和日本的 12.5 年。中国工商行政管理总局 2013 年发布的《全国内资企业生存分析报告》显示，中国企业成立后的第 3~7 年为退出高发期，近五成企业的生存年龄在 5 年以下（黎常等，2016）。

创新是国家经济结构调整优化的原动力，科技企业是技术创新的主体。尽管政府近几年来在提高科创企业存活率和绩效上确实下了不少功夫，五证合一、税收减免、孵化器和加速器建设、创业创新基金、天使投资等一系列创业政策的颁布和创业载体的建设，彰显了政府致力于构建适合科创企业生存和发展的良性外部环境的坚定决心。但科创企业的生存和发展是一个受多因素影响的复杂结果变量（余绍忠，2013; Guo et al., 2019），因此在全面认识影响科创企业生存和发展的因素上，学术界和实践界仍有许多需要深入探索的地方。

3. 政府补贴已经成为政府扶持科创企业发展的核心政策之一，但得到政府补贴的科创企业在发展上却不尽相同

补贴作为政府财政支出的一个重要组成部分，是政府根据一定时期的政治、经济方针和政策，按照特定目的，直接或间接向微观经济主体（企业或个人）提供的一种无偿的转移支付（王凤翔和陈柳钦，2005; 孔东民等，2013）。Frye 和 Shleifer（1997）指出，在转型经济中，补贴是政府扮演“扶持之手”（Helping Hand）的最直接手段。当前我国经济正处于结构调整的关键时期，为实现产业结构的全面升级，我国政府分别使用了产业政策、财政政策、货币政策等一系列政策措施来推动宏观经济结构转型，而政府补贴作为财政政策与产业政策的重要构成部分，已经成为推动经济结构调整的主要力量之一（王红建等，2014; 周珊珊和孙玥佳，2019）。由于在增加就业、促进创新上有着较高的正外部性，科创企业一直是政府补贴重点关照的对象。这种政策倾斜性在世界经济普遍不景气、传统制造业持续低迷的大环境下，变得尤为明显。

但一个现实的问题是，社会各界对于政府是否应该给予科创企业财政补贴以及补贴能否真正促进科创企业的发展等问题仍有争议。尽管关于是否应当保留政府补贴的早期争论主要集中于上市公司的补贴和国有企业的补贴上，但这些风波还是对科创企业政府补贴政策的实施带来了一定程度的影响。特别是现实中存在的一系列普遍现象，如获得政府补贴的科创企业并不都能获得较好的发展、不同类型的政府补贴在促进科创企业发展上的作用并不一致，使得政府机构和学者不得不重新审视现阶段科创企业政府补贴的成效和可能存在的问题。也就是说，政府补贴是否一定能促进科创企业的成长？如果是，政府补贴应当是普惠性的还是具有竞争性的？这两种类型的政府补贴对科创企业的影响是否存在差异？如果存在，存在怎样的差异？政府应该给予哪些类型或具有哪些特征的科创企业补贴，才能充分发挥政府补贴的成效？而这些问题的解决与否，是回应科创企业政府补贴是否应该存在以及深入揭示政府补贴对科创企业发展的作用机理的根本所在。

4. 内外部利益相关主体在影响科创企业发展上的重要作用日益凸显

利益相关者理论的提出为学者深入认识内外部利益相关主体对目标组织的影响提供了重要的理论支撑。而随着民主化进程的持续推进和社会评价渠道的不断完善，这些利益相关主体对目标企业的影响也开始日趋明显。媒体的报道、企业网站和企业家宣讲、社会主体对所关注组织的日常信息收集，构成了一个目标企业的主要信息库，并影响着内外部利益相关者主体对该企业的评价及后续的关键行动。对于对外部环境有着较高依赖性的科创企业而言，外部主体释放的信息（如政府领导视察）以及自身主动释放的信息（如财务报表的公布）都有可能对其后续的资源获取和发展带来显著的影响。那么一个现实的问题是，对于一家科创企业来说，当环境中存在着不同的信息时，这些内外部利益相关主体会如何决断？具体来说，如果政府机构对某一科创企业释放的信息与企业自身情况所释放出的信息存在不一致时，这些内外部利益相关者主体对该企业的反应会是怎样的？另外一个与此有关的现象是，为什么一些获得政府补贴的科创企业得到了内外部利益相关主体的高度评价和赞赏，而一些获得政府补贴的科创企业却没有获得正面评价甚至还被人鄙夷。而解释这些现象和解决这些问题的关键在于深入探索多重信息情境下信息接受者的信息筛选和评判做出过程。

二、理论背景

1. 创业研究作为一个新兴领域受到越来越广泛的重视

创业问题已经引发了包括经济学、管理学、心理学、社会学等领域学者的广泛关注（蔡莉等，2011）。尽管杨俊（2013）指出，“创业研究的发展总是呈现出‘探索—评价、总结—再探索’的反复过程来质疑、补充或修正以往研究所构建的基本框架和对一些重大问题做出新的解答，始终难以像其他领域那样形成一个具有普遍共识的基本研究框架”，但可以说，自 Shane 和 Venkataraman（2000）提出“应将创业研究作为一个独立的研究领域加以重视”

以来，创业研究还是获得了快速的发展，并形成了以创业者 / 团队、创业机会、资源、环境等要素为基础的一个较为完整的创业研究体系。

此外，近几年来，创业研究的数量和质量逐渐增长，聚焦于创业主题的专刊的学术影响力也得到了显著提升。具体来说，一方面，一些高质量的研究开始频现于管理学领域的 Top 期刊上。本书对近三年里管理学领域的五本 Top 期刊上刊发的有关创业问题的文章进行了一个汇总，ASQ 刊发的创业研究文章从数量上来说相对较少且较为稳定，考虑到该杂志本身一年就四期且每期平均才 4 篇文章，每年至少 1 篇（2018 年为 3 篇）的发文量也并不算少；SMJ 在创业研究文章的刊发上呈现出了平均每年增长 1.5 篇的趋势；而 AMJ、AMR、OS 三本杂志在 2019 年刊发的创业研究文章分别达到了 8 篇、4 篇和 8 篇，相比于 2017 年的 3 篇、0 篇和 2 篇，有了一个十分明显的增长趋势；从总数量来看，创业问题文章的刊发也呈现出了一个较明显的增长趋势（2017 年 8 篇，2018 年 13 篇，2019 年 26 篇）。另一方面，聚焦于创业主题的专刊，如 *Entrepreneurship Theory and Practice*、*Journal of Business Venturing*、*Strategic Entrepreneurship Journal* 等，影响因子也不断增高。这些数据表明，创业研究已经引起了管理学者的广泛重视，并已经成为管理学研究领域的关键分支。

与此同时，近些年一些国内创业学者（蔡莉和单标安 , 2013; 董保宝 , 2014; 蔡莉等 , 2011; 杨俊 , 2013）也呼吁，应重视并积极推进中国情境下的创业研究。蔡莉和单标安（2013）指出，近些年来，关于新兴经济背景下的创业研究文献呈现快速上升的趋势，同时还指出，在中国情境下，由于制度、市场和文化体系与西方发达国家存在较大差异，如存在的资源约束、合法性困境、高政府管制和不公平的市场竞争环境等，会使得中国情境下的创业研究很可能形成一些与基于发达国家情境的研究所得的结论不相一致的结论，而这将有助于进一步丰富现有创业研究体系甚至形成一些新的理论。因此，在中国情境下探讨创业问题显得格外有理论价值。

2. 政府补贴成效的研究呈现出“正向观—不相关观—负向观”悖论

从宏观层面来看，学者们普遍认可将政府补贴作为政策工具的宏观调控手段。但从企业层面政府补贴的结果来看，学者们的关注点总体上集中于企业绩效，成果较为丰富但结论存在较大分歧，呈现出了“正向观—不相关观—负向观”的悖论。一是正向观。Hottenrott（2017）实证发现比利时佛兰德政府补贴促进了政府研发创新，从而正向影响公司业绩。赵中华和鞠晓峰（2013）、楚有为（2018）认为政府补贴能正面提升上市企业业绩，促进企业研究产出。二是不相关观。韩超等（2014）对战略新兴产业深入研究后发现地方政府补贴有显著的扶持弱者行为倾向，没能直接促进企业研发投入。尚洪涛和黄晓硕（2018）以医药制造企业为例，研究发现政府补贴并不必然影响企业生产率。三是负相关观。耿强（2011）、武咸云等（2016）研究发现高额补贴抑制了企业新产品创新，政策性补贴可能导致产能过剩。任曙明和张静（2013）基于中国高端装备制造业的实证，发现受补贴企业的加成率反而低于非补贴企业。

3. 政府补贴影响科创企业绩效的作用机理还有待于进一步揭示

经济学领域的研究认为政府补贴对企业生产率的提升作用源于其为投资扩大和研发投入提供资金支持（任曙明和吕镯，2014）。尽管政府补贴是否满足资源基础理论（Resource-based Theory）（Barney, 1991）以及关于 VRIN 资源的界定还需进一步验证[①]，但政府补贴作为一种资源确实一定程度上有助于企业绩效的提升，这种提升作用对于科创企业来说可能尤为明显。资源依赖理论（Resource Dependence Theory）（Pfeffer & Salancik, 1978）的一系列研究也为政府补贴作为一种外部资源对企业成长具有重要作用提供了理论支撑。关于资源丰裕性（Resource Munificence）的一系列研究（Castrogiovanni, 1991）也支持了上述观点，即资源丰富的环境对于创业成功有着正向影响作用，它可以缓冲外部环境对科创企业的不利影响，从而提升存活率（Amezcua et al., 2013）。这些资源视角下的研究为政府补贴如何影响科创企业绩效提供了一定的解释。

与此同时，制度分析越来越受到社会科学研究者的关注和重视（DiMaggio & Powell, 1983; North, 1990; Scott, 1995; Suchman, 1995），包括场域（Field）、制度（Institution）、惯例（Routine）、合法性（Legitimacy）等社会学或政治学领域的术语开始频现于组织研究和战略研究中。Amburgey 和 Rao（1996）更是明确指出，制度理论与交易成本理论、资源依赖理论和组织生态学理论一起，

① Barney（1991）所指出的 VRIN 资源是指具有价值性（Valuable）、稀缺性（Rare）、不可模仿性（Inimitable）和不可替代性（Non-substitutable）特征的资源，这些在一定时间内组织间存在的不可流动的异质性资源和能力是企业持续竞争优势和高绩效的来源。

已经成为组织理论中最具主流地位的四大学派。被称为管理学新理论源泉的美国管理学会评论（*Academy of Management Review*）在 2015 年 40 卷第 1 期更是出了制度理论和制度分析的专刊，在此之后，几乎每一期都刊发一篇制度视角下的研究论文，可见，制度理论已被管理学界视为最为重要的研究分支之一。制度视角下的研究将政府补贴视为科创企业遵循场域中的主导逻辑和联结权威主体的方式，从而有助于科创企业获得更多的外部认可，进而提升绩效和存活率（Stuart et al., 1999; Scott, 1995; Li et al., 2007; Bitektine & Haack, 2015; Fisher et al., 2016）。

但前述单一理论视角的研究尽管能够提供诸多有价值的见解，仍无法全面揭示政府补贴对科创企业绩效的复杂影响机理。因此，有必要将两种视角结合起来加以思考，正如 Oliver（1997）所指出的，"'组织合法性'视角能将制度理论和资源理论有机整合起来，从而获取更有价值的洞见"。彭雪蓉（2014）、Fisher 等（2016）的研究也在文章中证实了这一结合的可能性及重要意义。此外，由此引出的另一个问题是，是否所有类型的政府补贴都具有合法性提升作用？

4. 政府补贴与科创企业绩效的权变关系模型还有待进一步完善

尽管现阶段关于政府补贴与科创企业绩效关系的研究大多倾向于认为，政府补贴有助于科创企业的成长和绩效提升，但学者对于这种正向作用是否总是存在仍存有疑问。从更为广义的政府补贴与企业绩效关系研究来看，学者在研究结论上也仍未达成一致见解，存在正向论（任曙明和吕镯，2014）、负向论（Bernini & Pellegrini, 2011; 王克敏等，2015; Teoh et al., 1998）、不相关论（魏志华等，2015; 唐清泉和罗党论，2007）、权变论（范黎波等，2012; 邵敏和包群，2012; 王红建等，2014; 李晓钟等，2016）等多方观点。这也在一定程度上表明，政府补贴与科创企业绩效的关系也可能存在着有效作用边界，这意味着，构建政府补贴与科创企业绩效的权变关系模型显得极为重要。现有研究在这方面已经做出了一些很有价值的探索，如项国鹏和黄玮（2016）的研究指出，政府补贴和科创企业绩效的关系受企业年龄的权变影响，当企业刚成立时，政府补贴对科创企业绩效具有显著正向影响，随着企业年龄的逐渐增长，这种正向影响会显著减弱。Amezcua 等（2013）的研究则观察到了区域新设企业密度在资金支持和科创企业死亡率之间的调节作用，一个区域的新设企业密度越高，资金支持对科创企业死亡率的负向作用将会更加显著。这些研究直接证明了探索构建政府补贴与科创企业绩效的权变关系模型是具有较高研究价值的。

虽然现阶段关于政府补贴与科创企业绩效权变关系的研究仍处于起步阶段，但早期的一些研究为此提供了一些有价值的研究思路。一方面，一些研究开始关注与科创企业有关的内外部行为的年龄依赖性（Age-Dependence）问题，如项国鹏和黄玮（2016）的研究发现政府补贴的正向影响会随着科创企业年龄的增长而逐渐降低；Guenther 等（2016）的研究则发现创始人离职对科创企业出现危机的诱发作用会随着科创企业年龄的增长而逐渐减弱，而外部成员进入对科创企业的利好则会随着科创企业年龄的增长而逐渐增强。这些研究都在一定程度上表明了时间在探索科创企业问题，尤其是以绩效为因变量的科创企业问题上的重要意义。因此，结合上一部分的内容，一个值得探索的问题是，政府补贴对科创企业绩效的影响是否具有年龄依赖性？如果是，这种年龄依赖性是如何产生的？不同类型的政府补贴在影响可持续性上是否存在差异？

另一方面，一系列研究开始从信号理论出发探讨科创企业与第三方权威机构的联结是如何有助于提升企业市场价值的（Pollock et al., 2010; Gulati & Higgins, 2003; Higgins & Gulati, 2006; Podolny, 1994）。但以往研究主要关注于那些为科创企业提供注册与评估服务、创业导师咨询、网络支持、融资渠道的科创企业发展组织（Venture Development Organizations）（Bergh et al., 2014），如企业孵化器和加速器等，对于政府、行业协会等第三方权威机构的研究则相对较少，为数不多的研究也大多是在西方发达国家的情境中开展的，极少有研究是针对发展中国家（转型经济体制）的。而众所周知，这两种研究情境中政府的作用存在着十分显著的差异，而这可能会使政府补贴这一信号在两种情境下的作用机理和影响强度产生根本差异。因此，在转型经济情境中开展基于信号理论的政府补贴与科创企业绩效关系研究极有可能会产生新的发现甚至有助于新理论的形成。此外，近期的研究发现，企业也会释放信号来干扰或促进第三方联结这一信号的作用，创始人的管理经验、产品的多样性、商业化的运营都会强化与第三方权威主体联结和科创企业获取外部资源之间的正向关系（Plummer et al., 2016）。那么，是否还会有其他的因素也能与政府补贴一样具有信号效应，影响科创企业合法性的形成？这些不同的信号之间是否会存在交互作用？这种交互作用最终是怎样影响科创企业绩效的？因此，综上所述，政府补贴与科创企业绩效的关系悖论促使学者应该以一种权变的、整体的思维去开展更深层次的研究，这对于我们深入认识政府补贴与科创企业绩效的关系有着非常重要的理论价值和实践意义。

三、问题提出

如上所述，之于科创企业，政府寄希望于它们成为中国经济发展、就业增长、创新提升和社会稳定的新引擎，这也注定了政府将会与科创企业之间产生千丝万缕的关系。尽管经济学者在补贴与规模以上企业经营绩效的关系上仍然相持不下，但逐步减弱财政手段干预企业发展的呼声却一直在持续高涨，而这种势头似乎一定程度上还波及对科创企业的财政扶持政策上。随着“大众创业、万众创新”政策的进一步贯彻落实，甚至在 2016 年、2018 年、2020 年“两会”政府工作报告中被重点提及，创业已然上升到国家战略层面的高度，而如何打造习近平总书记在 2014 年中央经济工作会议上所说的“有利于大众创业、市场主体创新的政策制度环境”必然成为接下来一段时期内政府乃至全社会需要深入思考的问题。近几年，学者已经就创业扶持的问题尝试开展了一系列有价值的探索，如孵化器建设（Amezcua et al., 2013; 周珊珊和孙玥佳 , 2019）、创业投资（Park & Tzabbar, 2016; Liu & Maula, 2016; 潘敏和袁歌骋 , 2019）等，本书则旨在深入探索竞争性和普惠性政府补贴对科创企业绩效的影响机制、治埋边界、成效及可持续性影响，也就是说，本书旨在回答一个问题，即“如何最大化科创企业政府补贴成效”。

本书从“科创企业补贴热”而“吸血僵尸”频现的现象出发，基于中国转型经济制度不完善和科创企业融资约束的现实情境，围绕“如何最大化科创企业政府补贴成效”这一根本问题，分解出“如何影响新创企业绩效”“影响绩效的边界在哪里”“是否可持续影响成效”三个子问题，期望以现实考察、资源和制度理论、组态效应为基础，通过对政府扶持资金的机理揭示、边界探索、成效与可持续性检验，明晰两类政府补贴在科创企业上的作用机理、情境机制和绩效评估，从而提高科创企业对资金补贴的正向认知，促进政府科学高效地配置财政资源。为此，本书预期达到如下具体目标：①回答“如何影响科创企业绩效”，尝试打开政府补贴影响科创企业绩效的过程这个黑箱；②回答“影响绩效的边界在哪里”，构建两类政府补贴和科创企业绩效的情境条件构型组合模型；③回答“是否可持续影响成效”，科学检验两类科创企业政府补贴的成效及可持续性影响；④进行政策研究，提出完善科创企业政策补贴的建议及对科创企业的实践启示。

研究1：竞争性和普惠性科创企业政府补贴的影响机制研究

为了回答这一问题，本书整合了制度视角和资源视角的以往研究结论，引入组织合法性的构念，尝试打开政府补贴影响科创企业绩效的过程这个黑箱，探索建立政府补贴对科创企业绩效的双路径影响机制模型。首先，从资源观和制度观的整合视角入手分析了竞争性和普惠性补贴对科创企业绩效的差异化影响。其次，通过引入时间变量，考察了基于资源输入和基于合法性提升的两条影响路径在可持续性上的差异。最后，基于信号理论检验了创业导向和政府补贴对科创企业合法性的交互影响，以及创业导向对政府补贴借助提升科创企业合法性间接影响科创企业绩效路径的调节作用。对这些研究问题的深入探索，有助于构建一个系统完善的政府补贴对科创企业绩效的权变影响模型，也为政府如何科学利用财政支持手段扶持科创企业提供了政策建议和决策支持。总的来说，本书将围绕“政府补贴如何影响科创企业绩效”这一核心问题开展研究，具体借助作用机理和情境机制加以实现。

1. 政府补贴影响科创企业绩效的作用机理

探索政府补贴对科创企业绩效的影响机理，旨在解决“为何获得不同类型政府补贴的科创企业在绩效表现上会呈现出差异性”这一问题。现阶段大多数者从经济学视角考察政府补贴对企业绩效的影响，且多以政府补贴对哪些类型的企业有正向影响以及补贴的数额对企业的绩效有什么影响为研究问题。较少有研究关注科创企业，而这些为数不多的研究也多从资源或制度的单一视角去考察政府补贴可能对科创企业绩效产生的影响。此外，现有研究更多只考察了政府直接的资金补贴对企业层面结果变量的影响，而正如杨洋等（2015）所说，“考察哪一种形式的补贴会产生最好的促进效应以及进一步聚焦到某一种特定形式的补贴，将是我们未来研究的一个重要方向”。本书通过整合制度视角和资源视角，借鉴彭雪蓉（2014）和 Fisher 等（2016）做法，以引入组织合法性来作为研究的突破口，考察了竞争性和普惠性政府补贴对科创企业绩效的作用机理，深入剖析了政府补贴借助资源输入效应和合法性提升效应影响科创企业绩效的双重作用机制。

2. 政府补贴影响科创企业绩效的情境机制

厘清政府补贴影响科创企业绩效的情境机制，旨在回答“为何获得同样政府补贴的科创企业在绩效表现上仍会出现差异性”。根据以往研究的观点和未来研究建议，本书主要考察两个核心构念在政府补贴和科创企业绩效关系间的权变影响。

（1）基于时间的权变性。关于规模以上企业的研究已经表明，政府补贴对企业绩效的正向影响不具有可持续性，甚至在滞后一年、滞后两年里表现为显著的抑制效应（李晓钟等，2016; 周珊珊和孙玥佳，2019）。但这个结论是否适用于科创企业？也就是说，政府补贴对科创企业绩效的影响是否具有可持续性？所有类型的政府补贴在对科创企业绩效影响的可持续性上是否相同？现有研究仍未就这些问题进行深入的解释。为了解决这些问题，本书引入时间变量，通过考察竞争性和普惠性政府补贴对科创企业两期绩效（T_0 和 T_1）的影响，来检验政府补贴对科创企业绩效影响的可持续性问题，从而旨在深入揭示政府补贴的两条作用路径——基于资源输入的直接作用路径和基于合法性提升的间接作用路径，在影响科创企业绩效上，是否会随着时间的推移而发生改变，以及会发生怎样的改变。

（2）基于企业战略特质的权变性。对于政府补贴权变影响的另一个研究分支关注于政府补贴对不同科创企业的绩效是否具有一致性的影响，即企业之间的差异是否会影响政府补贴作用的发挥。一系列研究已经就这个问题进行了初步的探索，但大多聚焦于如所有权属性（傅利平和李永辉，2015）、行业（范黎波等，2012; 伍健等，2018）、成立年限（项国鹏和黄玮，2016）等组织人口统计学特征，极少有研究关注如战略、文化、能力等组织层面更为深层次的权变因素。本书引入创业导向这一构念，它被定义为“追逐新机会以推动组织成长和更新的一种企业层面的战略姿态”（Covin & Wales, 2012）。由于创业导向描述了企业在创新性、风险承担性和先动性上的偏好情况，已被学者证实是企业绩效、企业市场进入等组织层面结果变量的重要预测因素，以及资源能否转化为绩效的关键要素。本书基于信号理论的基本观点，将创业导向与政府补贴一同视为会影响利益相关者对科创企业合法性评价形成的重要信号来源，在此基础上深入分析了创业导向和政府补贴两种信号对科创企业合法性的交互影响作用，以及创业导向在政府补贴借助提升科创企业合法性影响科创企业绩效的间接作用中的调节作用。

研究 2：竞争性和普惠性科创企业政府补贴的影响边界研究

旨在回答"影响绩效的边界在哪里"，通过两类科创企业政府补贴与资源层面和制度层面关键情境因素的组态（Configuration）效应分析，探索两类政府补贴和科创企业绩效的情境条件边界治理。

1. 政府补贴边界条件的情境因素识别

通过归纳或演绎进行情境因素识别，构建前因条件是 QCA 研究中的关键步骤。基于研究 1 科创企业政府补贴影响机制的研究，结合科创企业的共性和中国情境的现实特性，从资源观和制度理论的视角出发，本书初步识别出三个层面的 7 个关键情境因素，即补贴类型层面的竞争性政府补贴、普惠性政府补贴 2 个因素，组织资源层面的企业融资约束、企业研发投入、企业创业导向 3 个因素和制度环境层面的市场竞争程度、知识产权保护水平 2 个因素。先前的研究只关注了这些变量的"净效应"，缺乏对这些变量作为组态的并发效应探讨。因此，在提炼出研究的前因条件后，后续将采取整体的（Holistic）视角，跨案例进行数据采集，以分析情境因素组态对科创企业绩效的影响。

2. 两类政府补贴与情境因素条件的组态效应分析

案例个数与前因条件的个数须维持在一定的比例（因为组态数是条件数的 2^n），为提高条件组态的覆盖率，保证分析结果的内部效应，本书研究拟在科创园区以定性抽样的方式选择科创企业作为研究对象。接下来，基于 fsQCA 集合论的方法（Fiss, 2011; Crilly 等 , 2012; 杜运周 , 2019），根据理论和经验知识，选择校准（Calibration）标准，把前因条件和结果变量概念化为案例的集合隶属（Set Membership）。进而从"集合—子集"关系探索前因条件和结果变量之间的因果关系模式，生成真值表（Truth Table），并选定案例频数门槛值和一致性临界值，利用 fsQCA3.0 筛选出可充分解释结果的前因条件组态。然后，将一致率和覆盖率作为结果可靠性检验的指标，分析特定组态对于结果变量的充分和 / 或必要性。最后，为了简化条件组态，进行反事实分析（Counterfactual Analysis），产生简约解和中间解，其中简约解和中间解共同包含的前因条件即为核心条件（Core Condition），而仅中间解包含的前因条件为辅助条件（Peripheral Condition）。为此，核心条件与辅助条件的区分，多个条件组态的析出，政府补贴与资源、制度要素适配情形的类型化解释，必将为竞争性和普惠性政府补贴政策指明多种等效方案的同时，厘清两类政府补贴的边界治理。

研究 3：竞争性和普惠性政府补贴的成效检验与可持续性影响研究

旨在回答“是否可持续影响成效”，科学检验两类科创企业政府补贴的成效及可持续性影响。科学检验两类政府补贴成效及可持续性的差异化影响，即竞争性政府补贴的成效是否优于普惠性的政府补贴，以及“扶持强者”的竞争性政府补贴时延效应是否高于“鼓励弱者”的普惠性政府补贴。

1. 两类政府补贴对科创企业的成效检验

政府补贴的效应主要来自两个方面：一是生产率的滞后作用的“时间效应”；二是随政府补贴投入使用所引起的“政策处理效应”。倾向得分匹配（Propensity Score Matching, PSM）与双重差分法（Difference-in-Differences, DID）相结合可以将“时间效应”与“政策处理效应”有效区别开，能够捕捉到实验组和对照组的特定行为在政策变化前后的相对差异（Wooldridge, 2002；Becker & Ichino, 2002），有助于准确评估政府补贴对科创企业影响的净效应。因此，本书将回收的数据分为“无政府补贴”“普惠性政府补贴”和“竞争性政府补贴”3 个组，两两配对为实验组和对照组，使用 Logit 模型对企业规模、所有制、企业研发投入等匹配变量进行筛选，通过 Logistic 回归的拟合值计算出相应的倾向得分值（PS），利用“最近邻匹配方法”对实验组和对照组的 PS 值进行重新匹配，以进行“反事实推断”。并且，进一步借助双重差分法（DID），在匹配后的实验组和对照组中，检验政府补贴在科创企业绩效变量（包括雇员数增长、投资机构注资与销售额增长）的平均处理效应（ATT），以剔除配对“处理前差异”。

2. 两类政府补贴对科创企业绩效的可持续性影响

我们将采用生存分析模型进一步研究两类政府补贴与科创企业绩效增长持续时间的关系，以动态揭示两类政府补贴作用科创企业绩效的复杂机理。

假设科创企业绩效提升的持续时间是一个科创企业从存在绩效增长情况到绩效不增长或负向增长所经历的时间长度。我们将选取中国工业企业数据库中持续经营的科创企业作为样本，以避免企业破产、停业或其他行为对持续时间结果产生干扰。由于利润增长率的计算需要涉及上一年度的利润，我们的处理方法是以皆有绩效记录的企业作为分析样本。然而，依旧采用倾向得分匹配为实验组企业配对一个倾向得分较为接近的控制组企业，通过两组样本的对比进行生存分析以避免其他干扰因素的影响。首先，进行描述性分析，即通过绘制样本生存函数——Kaplan-Meier 估计量来初步考察政府补贴对科创企业绩效增长持续时间的影响。通过竞争性和普惠性两类政府补贴的 Kaplan-Meier 生存估计曲线来解释普惠性和竞争性政府补贴与科创企业绩效增长持续时间之间存在相关关系。其次，构建离散时间 cloglog 生存分析模型进行分析，以检验政府补贴能否延长科创企业的绩效增长持续时间。借此考察普惠性与竞争性两类政府补贴对科创企业绩效增长持续时间的差异，以辨析两类政府补贴的“扶持强者”还是“鼓励弱者”的效果更显著。

第二节　基本概念界定

本书中涉及的核心概念包括科创企业、政府补贴、组织合法性、创业导向、科创企业绩效，现就本书所采用的定义和界定概述如下。其中，关于这些概念和构念的内涵演变过程及本书采取这一定义的原因具体可见本书的第二章。

（1）科创企业（New Ventures）。参照 Larrañeta 等（2014）、Batjargal 等（2013）、高洪利等（2017）、陈旭东和穆雪迎（2018）等的观点和做法，本书将科创企业界定为成立时间在 8 年以内的科技企业。

（2）政府补贴（Government Subsidy）。基于庇古修正性补贴概念和孔东民等（2013）的研究，本书中的政府补贴是指，为弥补科创企业所带来的正外部性和外溢性（Outcome Additionality），政府所采取的直接资助、税收优惠、房租补贴、贷款补贴、研发补贴等手段直接或间接给予科创企业以财政支持的各种激励措施的综合。其中，竞争性政府补贴是指具有竞争性的政府补贴，普惠性政府补贴是指具有普适性而不具有竞争性的政府补贴（Colombo et al., 2013）。

（3）组织合法性（Organizational Legitimacy）。本书采用已被学界广泛认可的 Suchman（1995）关于合法性的定义，即“在由规范、价值观、信仰和定义组成的特定社会建构体系中，对一个实体的行为的可取性、合适性或恰当性的一个普遍认知或假设”；同时，本书认同 Suddaby 等（2017）、Bitektine 和 Haack（2015）的观点，将组织合法性视为目标组织内外部主体对组织的一种主观感知，这种主观感知会影响这些主体对目标组织的下一步行为及举措。

（4）创业导向（Entrepreneurial Orientation）。与 Stam 等（2008）、Anderson 等（2015）等大多数学者的研究保持一致，本书采用 Miller（1983）与 Covin 和 Slevin（1989）对创业导向的界定，它由创新性（Innovativeness）、先动性（Proactiveness）和风险承担性（Risk Taking）构成，它们所共同反映的是企业是否具有持续的创业精神和创业姿态。其中创新性是指引入新产品、流程和商业模式；先动性是指积极进入新产品市场并追逐市场领导地位；风险承担性是指战略决策制定者将资源用于未知结果项目的意愿。

（5）科创企业绩效（New Ventures Performance）。科创企业绩效是指科创企业在某一时期内组织目标完成的数量、质量、效率情况，是对科创企业运营整体效果的概括性评价。

第三节　研究方法与技术路线

一、研究方法

理论与实证研究是管理研究的两种基本方法。系统的理论分析有助于研究者把握理论前沿和实践动态，提出具有研究意义与可行性的研究问题；有助于研究者通过系统的文献梳理掌握现有研究成果，并构建出相应的研究设计，提炼出科学的概念模型。实证分析则实现了理论思考与客观实践的结合，进一步保证了研究的科学性。具体如下所述：

（1）文献研究。重点搜集了科创企业、政府补贴、组织合法性、创业导向、科创企业绩效的相关文献，并就与本书研究问题相关的一系列重要研究成果进行了深入阅读和分析。同时，采取聚焦前沿和追踪权威相结合的方式，对国外管理学领域的 Top 期刊（*Academy of Management Journal*,

Academy of Management Review, *Strategic Management Journal*, *Organization Science*）以及科技政策与创业领域的顶级期刊（*Research Policy*, *Journal of Business Venturing*, *Entrepreneurship Theory and Practice*）的有关文献进行深入阅读，总结归纳政府补贴与科创企业绩效关系悖论产生的根本原因，为后续假设的提出、理论模型的构建、实证分析的讨论、研究结论的得出奠定了文献基础。

（2）定量研究方法。在文献研究的基础上，推演出各概念（构念）之间的关系，通过构建一个有调节的中介作用模型来解决本书研究 1 的问题；界定相关概念（构念）并选择成熟、权威的测量工具对其进行测量；科学选择科创企业开展问卷调查，最终获取了浙江省 11 个地市 237 家科创企业的调研数据分析；借助 SPSS 22.0 和 AMOS 21.0 软件对量表的信度和效度加以检验，同时通过层级回归法和 Bootrape 分析法对研究模型和相关假设进行了实证检验。

在研究 3 成效检验中，采用"准自然实验"的倾向得分匹配倍差法（PSM-DID）研究政府补贴对科创企业成效的影响，借助特征变量使用 Logit 模型重估每一观察对象成为实验组的概率，利用"最近邻匹配方法"重新匹配实验组和对照组，使两个组别具有共同发展趋势（Common Trend），可以有效去除样本选择性偏差和混杂变量，缓解内生性问题；应用双重差分法，选择随机、合适的"参照系"，减去不随时间改变的两个组别差异和时间效应，有效剔除不可观测变量导致的实验组和控制组的"处理前差异"，从而准确估计政府补贴对科技性创业企业影响的净效应。

在研究 3 可持续性影响中，采用生存分析方法。首先，进行描述性分析，即通过绘制样本生存函数——Kaplan-Meier 估计量来初步考察政府补贴对科创企业绩效增长持续时间的影响，解释普惠性和竞争性政府补贴与科创企业绩效增长持续时间之间存在相关关系；其次，构建离散时间 cloglog 生存分析模型进行分析，以检验政府补贴能否延长科创企业的绩效增长持续时间。

（3）定性比较分析法。在本书研究 2 治理边界的探索中，将通过 fsQCA 方法，研讨两类政府补贴类型（竞争性与普惠性）与资源因素（企业融资约束、企业研发投入、企业创业导向）、制度因素（市场竞争强度、知识产权保护水平）不同匹配的多种组态如何产生科创企业高绩效结果，以形成政府补贴的有效治理机制。定性比较分析法（QCA）兼得案例导向（定性）和变量导向（定量）的优势（Ragin，1987），是介于概化性（Generality）和复杂性

（Complexity）之间的研究方式（Kogut & Ragin，2006），在处理多变量（特别是 3 个以上）的交互作用机制上更为便捷，特别适合在中小样本分析中归纳条件适配的组态。fsQCA 以集合论和布尔逻辑运算为基础，能够探究前因条件之间的互补性或替代性互动如何共同解释结果变量可观测的变化或不连续，从而厘清复杂的因果关系（Fiss 等，2007；王凤彬等，2014；杜运周和贾良定，2017）。借此方法，有助于准确识别边界治理的情境因素，构建完善的政府补贴和科创企业绩效的边界选择模型。

（4）内容分析法。在研究 4 政策研究中，通过梳理政策文本内容，结合研究 1、研究 2、研究 3 的相关实证结论，分析现有政府补贴政策的不足，据以提出促进精准政府补贴、引导企业效用化补贴的政策建议。

二、技术路线

本书综合运用制度理论、资源理论、创业导向理论，采用理论演绎、问卷调查分析、定性比较分析和面板数据实证相互结合与集成的方法，以设立专题研究的方式将本书研究流程有机地统一了起来。具体而言，本书贯穿着以下两条主要线索：

（1）实证研究线索。通过研究 1、研究 2、研究 3，积极探讨"竞争性和普惠性政府补贴对科创企业绩效的影响机制""竞争性和普惠性政府补贴对科创企业绩效的治理边界""竞争性和普惠性政府补贴对科创企业的成效检验与可持续性影响"，探寻建立竞争性和普惠性政府补贴作用科创企业绩效的过程机制和可持续性，并揭示其内涵。

（2）理论研究线索。通过文献梳理、概念模型构建、假设提出，结合 3 个实证研究的结果，进行政策研究和理论演绎，为研究议题提供了理论支持和理论贡献。

总之，本书聚焦学术研究前沿，紧扣社会关注话题，立足资源基础理论、资源依赖理论、组织合法性和创业导向理论，通过构建 4 个层层递进的专题研究来回答"如何最大化科创企业政府补贴成效"这一根本问题，从而厘清竞争性和普惠性政府补贴影响新创企业绩效的作用成效、影响机理和治理边界，进而为精准政府补贴、引导科创企业效用化补贴提供政策研究。技术路线如图 1–1 所示。

图 1-1　本书的技术路线图

第四节 本书结构安排

本书基于制度与资源视角理论和实证研究了政府补贴对科创企业绩效的作用机理、治理边界和可持续性影响，以促进政府精准补贴、制定并完善科创企业政府补贴政策，帮助企业科学认知、申请并效用化科创企业补贴。在研究思路上，本书首先进行了文献综述，识别了本书研究的切入点，即从制度和资源视角研究政府补贴对科创企业的影响。其次，通过理论演绎，在定性分析基础上提出研究假设，构建变量间统计关系模型、集合关系模型和面板数据经济关系模型。再次，通过实证研究，探索竞争性与普惠性政府补贴对科创企业绩效的作用机理、治理边界和可持续性检验。最后，总结研究结论，展望未来研究。遵循这一研究思路，全书分为八章，各章的内容安排如下。

第一章，导论。一方面从“政府补贴能否促进科创企业绩效的提升以及如何提升科创企业政府补贴的实施成效”这个现实核心问题着手，论证了本书研究的重要性和现实紧迫性；另一方面从现阶段创业研究逐渐兴起的理论研究现状着手，基于政府补贴研究、组织合法性研究、科创企业成长研究的现状，论证了研究问题的理论基础，以及研究可能具有的理论贡献。此外，本章还对本书的研究方法、技术路线、结构安排及创新之处进行了阐述。

第二章，政府补贴与科创企业成长文献评述。主要阐述和搭建了全书研究开展所依托的理论基础。分别从政府补贴、组织合法性、创业导向、科创企业绩效入手回顾总结了现有研究的结论和观点，从而科学认识了这些模块研究的核心所在及未来发展趋势，为本书假设推演和实证分析打下理论基础。在政府补贴研究模块，分别对政府补贴的定义、政府补贴的对象和类型、政府补贴的前因变量和结果变量、科创企业扶持的相关研究、科创企业补贴政策举例、评述与展望进行了阐述；在组织合法性研究模块，分别对合法性的研究脉络、科创企业合法性的研究、组织合法性的定义及分类、组织合法性的前因与后果、评述与展望进行了阐述，并重点就科创企业合法性的相关研究进行了重点回顾；在创业导向研究模块，分别对创业导向的内涵和定义、创业导向的维度和测量、有关创业导向的定量实证研究、评述与展望进行了阐述；在科创企业绩效研究模块，分别对科创企业的界定、科创企业绩效的内涵、科创企业绩效的测量、科创企业绩效的前因变量进行了阐述。

第三章，竞争性与普惠性政府补贴对科创企业成长的影响：概念模型。在对本书核心变量或构念的以往研究进行回顾和分析的基础上，围绕"如何最大化科创企业政府补贴成效"这一根本问题，本章分解出竞争性和普惠性两类政府补贴的影响机制研究（研究 1）、竞争性和普惠性两类政府补贴的治理边界研究（研究 2）、竞争性和普惠性两类政府补贴的成效检验与可持续性影响研究（研究 3）三个核心研究的概念模型。

第四章，竞争性和普惠性政府补贴对科创企业绩效的影响机制研究（研究 1）。本章介绍了数据来源、调研开展及数据收集过程、变量测量方式的选择及问卷设计，进行了描述性统计分析、信度和效度检验，并开展了子研究假设的检验。子研究 1–1 旨在通过整合资源视角和制度视角分析政府补贴影响科创企业绩效的作用机理，研究通过区分竞争性和普惠性政府补贴来实现对基于资源输入和合法性提升的双重作用机制的分析。子研究 1–2 旨在从可持续上分析政府补贴基于资源输入机制和基于合法性提升机制影响科创企业绩效的差异性，研究通过引入两期科创企业绩效（T_0 和 T_1）来实现这一分析过程。子研究 1–3 旨在从信号交互视角考察创业导向对竞争性政府补贴影响科创企业合法性以及借助科创企业合法性影响科创企业绩效的调节作用，研究从信号理论入手，将政府补贴和创业导向分别视为政府释放的信号和企业自身释放的信号，并分析这两种信号对利益相关者的科创企业合法性评价的交互影响。此外，研究还通过构建一个有调节的中介模型来分析创业导向是如何通过强化或弱化科创企业合法性的形成来影响科创企业绩效的。

第五章，竞争性和普惠性政府补贴对科创企业绩效的影响边界研究（研究 2）。本章从"科创企业补贴热"而"吸血僵尸"频现的现象出发，以竞争性与普惠性政府补贴对科创企业的作用成效为研究对象，围绕"影响科创企业政府补贴成效的边界在哪里"这一问题，以现实考察、资源和制度理论、组态效应为基础，应用 fsQCA 整合上述三个层面七个条件要素，探讨影响科技创新企业政府补贴成效差异的多重并发因素和因果复杂机制，从而更好地发现政府补贴的适应性边界治理机制。

第六章，竞争性和普惠性政府补贴对科创企业的成效检验与可持续性影响（研究 3）。"科创企业补贴热"而"吸血僵尸"频现并且理论研究呈现成效悖论，即"正向观—不相关观—负向观"悖论，政府补贴研究缺乏细分考察，不同类型的政府补贴对科创企业绩效的成效及影响亟待进一步明确。本章结合中国工业企业数据库面板数据，综合运用PSM-DID法和生存分析法，通过"是否有成效""如何影响绩效"和"能否持续影响绩效"三个子研究，从资源与制度视角探讨普惠性与竞争性政府补贴对科创企业绩效的微观效应，以期提供中国转型经济情境下化解"正向观—不相关观—负向观"悖论的系统性理论解释。

第七章，促进政府精准补贴，引导科创企业创新发展的政策研究。基于前文的理论和实证研究，本章进行政策分析，提出了促进政府精准补贴的决策借鉴，以及制定并完善科创企业政府补贴政策的对策建议；并重点梳理出了引导科创企业创新发展的决策借鉴，以及促进企业科学认知、申请并效用化科创企业政府补贴的政策参考。

第八章，研究结论与未来展望。总结归纳了本书的研究结论，并通过与现有研究的对比提出了本书的理论贡献之处，提出了研究结论对政府和科创企业的现实启示，论述了本书的研究不足及对未来研究的展望。

第五节　研究特色和主要创新

一、本书的主要特色

第一，基于中国情境建构理论模型。中国转型经济情境下，市场与制度是影响中国经济社会的双重力量，决定了科创企业同时受市场主导的制度逻辑和政治主导的制度逻辑的影响，需要同时谋求市场竞争差异性和政治制度合法性。市场主导的制度逻辑下，政府补贴则更需要科创企业主观能动性的发挥、产品创新优势的展现；政治主导的制度逻辑下，政府的权威、公信作用无可替代，获取政府补贴可以看作是科创企业经营战略的逻辑起点。

第二，整合"静态分析"与"动态影响"。静态分析表现在以静态刻画竞争性和普惠性政府补贴影响科创企业绩效的作用路径、创业导向对科创企业合法性的情境机制，以及在竞争性政府补贴影响科创企业合法性和借助科创企业合法性影响科创企业绩效上的调节作用间的理论逻辑。动态影响则表现在以动态揭示竞争性和普惠性政府补贴对科创企业两期绩效（T_0和T_1）影响的差异、采用生存分析模型分析两类政府补贴与科创企业绩效增长持续时间的关系。

第三，整合理论的贡献与实践的相关性。作为一项基础研究，本书围绕“如何最大化科创企业政府补贴成效”这一核心问题，探讨竞争性和普惠性两类政府补贴的影响机制、治理边界、成效及可持续性检验，充分反映了国际理论前沿和中国情境政府扶持资源发展现实问题的紧密结合。同时，本书也兼顾了实践指导价值，主要表现在以下两个方面：一是提出了促进政府精准补贴、制定并完善科创企业政府补贴政策的对策建议；二是提出了促进企业科学认知、申请并效用化科创企业补贴的对策建议。本书力图在理论贡献和实践相关性上取得平衡。

二、本书的主要创新

（1）从资源和制度的整合视角入手，提出了基于资源输入效应和基于合法性提升效应的两条政府补贴作用路径，并检验了竞争性和普惠性政府补贴在影响科创企业绩效上的路径差异性，深入揭示了不同类型政府补贴影响科创企业绩效的根本机理。提出了一个基于时间可持续性的竞争性和普惠性政府补贴影响科创企业绩效的权变模型和一个基于创业导向的竞争性政府补贴借助组织合法性影响科创企业绩效的权变模型，从而明确了政府补贴影响科创企业绩效的两个情境因素，拓展了关于政府补贴作用边界条件的现有研究认识。

（2）应用模糊集的定性比较分析（fsQCA）对多因素条件进行配置分析，强调资源和制度互动对科创企业的可持续创业效应的影响，从而更好地发现政府补贴的适应性治理机制。以现实考察、资源和制度理论、组态效应为基础，应用 fsQCA 整合影响因素，探讨影响科技创新企业政府补贴成效差异的多重并发因素和因果复杂机制。

（3）采用中国工业企业数据库的面板数据，综合运用基于倾向得分匹配的倍差法（PSM-DID）和生存分析方法，从资源与制度整合的视角考察普惠性和竞争性政府补贴对科创企业绩效的微观效应。通过“是否有成效”“如何影响绩效”和“能否持续影响绩效”三个子研究，以期提供中国转型经济情境下化解“正向观—不相关观—负向观”悖论的系统性理论解释。

（4）进行竞争性和普惠性两类政府补贴的政策研究，即促进政府精准补贴，引导科创企业创新发展的政策研究。重点梳理出了引导科创企业创新发展的决策借鉴，以及促进企业科学认知、申请并效用化科创企业政府补贴的政策参考。

三、本书的基本观点

（1）竞争性和普惠性政府补贴对科创企业绩效均存在显著的正向影响，但两者的影响机理存在差异，并且竞争性和普惠性政府补贴对科创企业绩效的正向影响会随着时间的推移而发生变化。普惠性政府补贴对科创企业绩效的正向影响主要依赖于资源输入，而竞争性政府补贴对科创企业绩效的正向影响则存在资源输入和合性法提升两条路径。普惠性政府补贴对科创企业绩效的正向影响会随着时间推移而减弱，而竞争性政府补贴对科创企业绩效的正向影响则不会随着时间推移而减弱，表明政府补贴的资源输入效应会随着时间的推移而显著减弱，而合法性提升效应则不会。

（2）创业导向对科创企业合法性存在正向影响，并调节竞争性政府补贴对科创企业合法性的正向影响作用，也调节竞争性政府补贴借助组织合法性影响科创企业绩效的中介作用。创业导向作为科创企业释放的一种反映企业战略特质的信号，它本身对（投资者、雇员和客户视角的）科创企业合法性存在正向影响，同时，它还会与竞争性政府补贴释放的信号一起对（投资者、雇员和客户视角的）科创企业合法性产生交互影响。

（3）非高绩效的驱动机制与高绩效驱动机制存在非对称性关系。制度环境的损坏可能是影响科创企业非高绩效的重要因素，在缺乏知识产权保护的条件下，具备企业家精神和研发投入的企业创新成果难以受到保护，会导致企业不能进行持续创业行为，最终导致非高绩效。

（4）补贴类型、企业资源、制度环境均无法单独构成科创企业政府补贴实现的必要条件，而三类条件组态构成了高水平科创企业绩效的驱动路径。存在三条等效路径，即竞争性政府补贴与制度环境构成的制度辅佐型路径，补贴类型、企业家精神和市场竞争构成的平衡辅佐型路径，以及强调竞争性政府补贴、企业资源和知识产权保护水平的制度—平衡辅佐型路径。其中，制度—平衡辅佐型路径在提升政府补贴成效上发挥着更加重要的作用。

（5）普惠性与竞争性政府补贴均对科创企业绩效有正向影响，但补贴效果更多地体现“扶持强者”的特点。组织合法性是竞争性政府补贴促进科创企业绩效提升的重要渠道，但在普惠性政府补贴和绩效之间的传导中介作用不显著。

（6）政府补贴总体上延长了科创企业绩效增长持续时间，但主要体现在竞争性补贴上，“鼓励弱者”的普惠性补贴的时延效应并不明显。“科创企业得以存续的关键不在于资源的存量而在于资源的流量”，“扶持强者”的时延效应显著高于“鼓励弱者”。

第二章

政府补贴与科创企业成长文献评述

本书共涉及政府补贴、组织合法性、创业导向、科创企业绩效等核心构念，本章主要对这些构念的界定、该主题的相关研究进行综述，从而为后续变量的测量、研究的设计和开展打下坚实的理论基础。

第一节　政府补贴的相关研究

一、政府对科创企业补贴的内在动因

政府补贴作为政府财政支出的一个重要组成部分，是政府根据一定时期的政治、经济方针和政策，按照特定目的，直接或间接向微观经济主体（企业或个人）提供的一种无偿的转移支付（孔东民等，2013）。最早系统探讨补贴问题的是英国福利经济学家庇古（Pigou, A.C.），他在马歇尔（Marshall, A.）的研究基础上进一步深化了对外部性的理解（沈满洪和何灵巧，2002）。作为“庇古税”的一种表现形式，补贴是政府用于鼓励那些边际社会效益大于边际私人效益产业的发展而采取的市场干预手段，是为了更好地发挥一些特定产业的正外部性。与创新相似，创业也具有较高的正外部性（Luo & Zhang, 2016），创业者往往承担着较高的失败风险，而科创企业在诱发创新、增加就业、促进经济发展等方面上均具有积极的作用。因此，政府往往会借助一系列政策手段对创业和科创企业给予财政支持。因此在庇古修正性补贴概念和孔东民等（2013）对政府补贴概念界定的基础上，本书中面向科创企业的政府补贴是指，为弥补科创企业所带来的正外部性和外溢性（Outcome Additionality），

政府所采取的直接资助、税收优惠、房租补贴、贷款补贴、研发补贴等手段直接或间接给予科创企业以财政支持的各种激励措施的综合[①]。

科创企业在自主创新活动中，由于创新外部性、信息不对称和创新活动不确定，普遍存在市场失灵现象，需要政府对创新活动进行补贴、干预和引导。具体来说：①企业创新外部性源于创新溢出效应。一个经济主体的技术活动产生的成本或收益“外溢”到其他经济主体上，当无法补偿创新企业成本或者收益时，就产生了外部性。比如，科创企业将创新产品推向市场时，创新活动具有公共物品非排他性和非竞争性特征，其他企业可能通过更低的成本或者更好的服务，用正常或者非正常的方式获取创新成果。并且，创新产品在初创阶段，科创企业需要花费大量成本开拓市场，推动市场需求；而模仿创新企业在存在技术溢出效应时，会选择“搭便车”行为，以低成本优势从事与创新企业相类似的生产经营活动。②信息不对称使得利益相关参与方处于不均等地位。创新活动需要各方主体有效合作，合理配置各方资源，进行信息交流与合作。现实中由于各参与主体掌握的信息和拥有的资源不对等，这就需要发挥引导和协调作用，协调各方资源，采取相应措施促进创新活动效率的提升。③创新本身具有不确定性。科创企业科技创新能否创新出市场认可的创新产品，以及创新活动过程随需求变化而变化，使得科技创新的不确定性较强。不确定性的存在给企业创新带来了高风险，将打击企业科技创新积极性，需要政府增加政府科技创新补贴资金，并对科创企业给予政策上的保障，从而激发其创新动力。

二、政府补贴的对象及类型

市场机制配置资源也存在一定的缺陷，如由于“搭便车”现象的存在，市场通常会在一些公共产品和市场主体所不感兴趣的区域存在投资不足的问题，如因对欠发达地区投资不足导致的区域经济发展失衡，以及对预期盈利情况未知的新兴和高技术产业投资不足等，这些均是较为典型的市场失灵问题。越来越多学者开始重视政府干预在解决市场失灵上的重要作用，而政府补贴作为政府干预市场和经济的重要政策工具，已经在各个国家中得到广泛运用，并

① 本书中所指的政府补贴是广义上的界定，现阶段也有学者称之为政府补助或政府财政支持。鉴于会计准则中政府补助全部计入“补贴收入”的原则，本书中统一使用“政府补贴”这一称呼，本质上与“政府补助”“政府财政支持”概念一致。

成为扶持落后地区、发展新兴和高新技术产业、带动公共领域投资、促进创新和创业的重要手段（魏志华等，2015; Campbell & Park, 2017; Hottenrott et al., 2017）。

政府补贴现阶段已经涵盖各个领域，且引发了学者的广泛关注，如研发补贴（陈玲和杨文辉，2016; 张杰等，2015a; Brautzsch et al., 2015; Dimos & Pugh, 2016; Bronzini & Piselli, 2016; Guo et al., 2019）、农业补贴（钟甫宁等，2008; 方松海和王为农，2009）、战略新兴产业企业补贴（傅利平和李永辉，2015; 肖兴志和王伊攀，2014）、高端装备制造业补贴（任曙明和吕镯，2014）、IPO公司补贴（王克敏等，2015）、上市公司补贴（魏志华等，2015; 范黎波等，2012; 赵中华和鞠晓峰，2013; 王红建等，2014; 唐清泉和罗党论，2007; 黄艺翔和姚铮，2015）、林业补贴（吴柏海和曾以禹，2013）、投资补贴（Cerqua & Pellegrini, 2014; 高洪利等，2017）、创业补贴（Söderblom et al., 2015; Du & Mickiewicz, 2016）等。

现阶段面向企业的政府补贴的形式主要有财政拨款、财政贴息、税收返还和无偿划拨非货币性资产四大类。

（1）财政拨款是政府为了支持企业而无偿拨付的款项，这类拨款通常具有极其严格的政策条件，企业必须满足政策规定的相应条件才能申请，并依据有关规定使用该笔款项，不得私自变更资金用途。比较典型的有财政部门拨付给企业的粮食定额补贴、鼓励企业安置职工就业的奖励款、大学生创业无偿资助等。

（2）财政贴息是指政府为支持特定领域或区域的发展、根据国家宏观经济形势和政策目标，对承贷企业的银行贷款利息给予的补贴。现阶段比较具有代表性的有中小企业贷款贴息、林业贷款贴息、创业贷款贴息、企业场地租赁费补贴等。财政及相关主管部门根据企业的实际贷款金额及付息凭证将资金直接支付给企业。

（3）税收返还是政府按照国家有关规定采取先征后返（退）、即征即退等办法向企业返还的税款，是一种以税收优惠的形式给予的政府补助。

（4）无偿划拨非货币性资产主要包括无偿划拨土地使用权、天然起源的天然林等。

政府补贴通常具有选择性，它是面向特定目标对象发放的，如科创企业补贴就是政府专门面向科创企业发放的补贴。在科创企业补贴里，仍可以根据其是选择性的还是普适性的进行更进一步的区分。本书基于 Colombo 等（2013）

的观点，将科创企业政府补贴划分为选择性的（Selective）和非选择性的（Non-selective），为了简化表述，后文中以竞争性政府补贴和普惠性政府补贴对相对应的变量分别加以命名。其中竞争性政府补贴是指科创企业获得的具有竞争性的政府补贴，通常是经过专家甄选程序的，主要为与创业项目、科研创新和新产品开发有关的政府补贴，主要形式包括高新技术企业、雏鹰企业等优秀创新型企业申报补贴，青蓝计划、海归创业等优质创业企业补贴，科研项目申请的拨款补助，专利申请资助经费，新产品补助等。而普惠性政府补贴是指科创企业获得的具有普适性而不具有竞争性的政府补贴，主要旨在鼓励创业并缓解科创企业早期运营支出的政府补贴，不具有排他性，只要符合特定的条件，所有的科创企业均可以申请并获取，主要形式包括办公场所租赁补贴、创业补贴、创业贷款贴息等。

三、政府补贴的前因变量及结果变量

1. 政府补贴的前因变量

一些学者探讨了具备哪些特质的企业更容易获得政府补贴。如唐清泉和罗党论（2007）以上市公司为样本的研究表明，上市公司的雇员数量、提供公共产品的情况及税率情况与政府补贴比例显著正相关。邵敏和包群（2011）的研究表明，地方政府更倾向于补贴内资企业、亏损企业及就业规模较大的企业。孔东民等（2013）的研究发现，国有企业和亏损企业更容易获得政府补贴，但补贴动机会影响不同类型企业获得补贴的数量：当企业有盈余管理需求时，所有企业均能获得高额补贴；而随着市场竞争的不断加剧，国企将能获得更高的补贴。韩超（2014）的研究则指出，政府补贴更加青睐于地方国有企业和民营企业，央属国有企业在政府补贴的选择中并不占优势。

还有一些学者探讨了企业通过哪些行为可以获取更高的政府补贴。如王红建等（2014）的研究指出，上市公司可以通过负向盈余操纵来获得更多的政府补贴。余明桂等（2010）的研究指出，民营企业借助政治关联可以获取更多的政府补助，这种效应在制度环境越差的地区越强。郭剑花和杜兴强（2011）、张洪刚和赵全厚（2014）、林润辉等（2015）的研究也均证实了政治关联可以为企业带来更高的政府补贴。肖兴志和王伊攀（2014）、刘宁等（2020）的研究则指出，相比同等条件下其他企业而言，进行社会资本投资的企业可以多获取近一半的政府补贴。

2. 政府补贴的结果变量

许多学者对政府补贴可能影响的企业层面的结果变量进行了探索，如企业绩效、企业创新行为及产出、企业出口情况、企业存续时间等。

（1）政府补贴与企业绩效。关于政府补贴与企业绩效的影响占到了政府补贴的结果变量研究中的绝大部分，但结论却存在很大的差异。

1）正向论。任曙明和吕镯（2014）对来自中国工业企业数据库的 9972 家企业的数据分析的结果表明，平均而言，政府补贴完全抵消了融资约束对生产率的负面效应，政府补贴的平滑机制促进了装备制造企业生产率的平稳持续增长。

2）负向论。Bernini 和 Pellegrini（2011）以意大利南部地区的企业为样本的研究表明，获补贴企业的生产率提高幅度反而相对较小；王克敏等（2015）以 2001~2010 年 640 家民营 IPO 公司为对象的研究表明，政府补助可能会扭曲公司的正常生产活动，从而降低公司的持续经营能力；Teoh 等（1998）的研究指出，投资者可能会因为政府补助而对公司产生过高预期，但随着分析师报告、公司财务报表及媒体新闻等信息披露的不断增多，投资者会重新对公司价值进行估值从而造成公司市场业绩下降。

3）不相关论。魏志华等（2015）以中国 A 股市场 2010~2012 年 117 家新能源概念类上市公司为研究对象，发现政府补贴对上市公司的经营业绩不存在显著的影响；唐清泉和罗党论（2007）以 2002~2004 年上市公司为样本的研究表明，政府补贴没有增强上市公司的经济效益。

4）权变论。范黎波等（2012）以 2006~2010 年 A 股农业上市企业为样本的研究发现，政府补贴对农业企业绩效有正面提升作用，但这种作用会随着农业企业规模的扩大而不断减弱；邵敏和包群（2012）基于 2000~2006 年工业企业统计年报 58941 家企业数据分析的研究表明，政府补贴对企业生产率的促进作用会根据补贴数额的增加而减弱，从显著正向到不显著再到显著负向；王红建等（2014）以 2003~2011 年中国沪深 A 股非金融类上市公司为样本的研究表明，公司的负向盈余操纵程度越大，政府补贴的边际价值越低；李晓钟等（2016）以 2010~2013 年沪深两市物联网概念板块 40 家上市公司为样本的实证研究发现，政府补贴对企业全要素生产率的影响受时间推移的权变影响，在补贴当年表现为显著的促进效应，但在滞后一年、二年里却表现为显著的抑制效应。

（2）政府补贴与企业研发产出（创新绩效）。江静（2011）的研究表明，企业类型会影响政府补贴与企业研发强度之间的关系，对于内资企业，这种关系表现为显著正向，而对于港澳台和外商投资企业，这种关系则表现为显著负向。赵中华和鞠晓峰（2013）基于我国22家上市军工企业2009~2012年面板数据的分析发现，政府补贴与军工企业技术研发产出正相关，但作用并不十分显著。杨洋等（2015）采用中国工业企业数据库（2003~2007年）的面板数据分析发现，政府补贴对民营企业创新绩效的促进作用更大，对要素市场扭曲程度低的地区的企业创新绩效的促进作用更大，此外，所有制对政府补贴和企业创新绩效的调节作用还依赖于要素市场的扭曲程度。毛其淋和许家云（2015）采用1998~2007年中国工业企业数据库的面板数据分析发现，适度补贴可以显著促进企业新产品的创新，但高额补贴却会抑制企业新产品的创新，这种抑制作用的原因在于高额度补贴所引发的“寻补贴”投资行为。张杰等（2015a）的研究发现，总体来说，在中国情景下，政府创新补贴对中小企业私人研发并未有显著影响，但具有权变性：地区的知识产权保护制度完善程度越弱，政府创新补贴政策对企业私人研发的促进作用越强；贷款贴息类型的政府创新补贴政策对企业私人研发具有促进作用，但无偿资助等类型的政府创新补贴政策却没有；地区的金融发展水平越滞后，贷款贴息类型的政府创新补贴政策对企业私人研发的促进作用越强。

（3）政府补贴与企业存续时间（存活率）。傅利平和李永辉（2015）基于2004~2010年中国工业企业数据库2315家战略新兴产业企业面板数据的分析发现，政府补贴对企业存续时间存在倒U形影响，创新能力在政府补贴和企业存续时间之间起到了部分中介作用，此外，政府补贴对私营企业存续时间的影响相较于国有企业来说要更为显著。Amezcua等（2013）的研究指出，补贴可以被视为保留剩余资源的一种方式，获取补贴有助于减缓科创企业自身资源的损耗速度，从而增加科创企业存活的可能性。

（4）政府补贴与企业出口。张杰等（2015b）的研究指出，政府补贴对企业出口产品质量有负向影响，原因在于政府补贴会导致生产成本降低，诱发低价格竞争，并使企业对生产性政府补贴产生依赖，进而减弱企业提高出口产品质量的内生动力；张杰和郑文平（2015）的研究表明，政府补贴未对企业低端出口能力产生显著影响，但对企业出口的扩展边际有显著倒U形影响，且后者的影响受企业所有制类型和贸易方式的权变影响。

四、科创企业扶持的相关研究

尽管现阶段关于科创企业补贴的直接研究并不多，但一系列学者的研究已经间接指出给予科创企业补贴的必要性和重要性（Luo, 2012; 傅利平和李永辉，2015; Söderblom et al., 2015; 项国鹏和黄玮，2016）。首先，与研发创新行为相似，科创企业也具有较强的正外部性效应（如增加就业等），因此，给予科创企业补贴将有助于增加个体创业的意愿并最大化科创企业的社会效益；其次，由于科创企业具有“新生劣势”，缺乏一定的生存能力，因此，补贴可以增加科创企业的存活率。

从本质上来说，科创企业补贴是科创企业扶持的一种方式，是指政府及相关组织通过直接或间接给予科创企业货币资金的形式来促进科创企业的存活和成长以及诱发特定行为（如招聘更多雇员、研发投入）的一种创业扶持行为。Flynn（1993）最早提出了“科创企业扶持”（New Ventures Sponsorship）的概念，并指出，鉴于科创企业对区域发展的重要作用，政府及其他组织通常会设法去构建一个有利于科创企业设立和发展的环境，这种行为被称为科创企业扶持。Flynn（1993）在研究里提到了一系列科创企业扶持行为的具体表现形式，如创办孵化器和加速器、政府的税收优惠政策、风险投资资金等。

近几年来，关于科创企业扶持的研究开始不断增多。Amezcua 等（2013）的研究总结了科创企业扶持行为的两种作用机制——缓冲机制和桥接机制，并分析了这两种机制的作用机理（见表 2-1）。在此基础上，Amezcua 等（2013）还实证检验了网络构建（Networking）、场域搭建（Field-building）和直接支持（Direct Support）三种科创企业扶持行为模式对科创企业生存的影响，并考察了区域科创企业密度对上述影响的调节作用，从而初步建立了科创企业扶持行为与科创企业生存关系的权变影响观。

表 2-1　科创企业扶持的缓冲机制和桥接机制

特征	缓冲作用	桥接作用
创业资源	聚焦内部资源的开发	聚焦外部资源的获得
设立环境	环境是竞争和资源依赖性的来源	环境是能够为科创企业提供社会资本和合法性的潜在利益相关者的会合
扶持的作用	聚焦于维持一种保护性的环境，从而使科创企业可以形成内部资源同时降低资源依赖性	聚焦于成为科创企业获取社会资本和合法性的一个连接性中介，旨在为企业建立可持续竞争优势

续表

特征	缓冲作用	桥接作用
扶持行为举例	税收减免，办公场所资助，办公室后台支持资助，产品开发资助，咨询服务，小企业贷款，劳动力培训	网络服务，结构激励，鼓励早期投资的项目，科技园协同定位，联盟和协会

资料来源：引自 Amezcua 等（2013）。

一些学者探讨了具体的创业扶持行为对科创企业的影响，其中科创企业培育平台（如孵化器和加速器）的建设和指向科创企业的政府补贴行为是现阶段学者广泛关注的两个热门研究领域。

从孵化器和加速器建设的研究来看，Ahmad（2014）的研究表明，孵化器管理者与孵化企业之间存在显著相关关系，但鉴于孵化是在规则、信号和人际关系交互作用的复杂规范性环境下引发的，因此这两者之间的关系具有非线性且影响结果难以预估等特征。张炜和邢潇（2007）的研究表明，创业孵化环境的三个维度——创业文化氛围、创业政策支持和基础服务设施对科创企业竞争绩效和潜力绩效均具有积极的影响。王胜光和程郁（2009）的研究指出，加速器对科创企业成长具有促进作用，具体通过战略性指导与咨询、支持性资源网络与平台以及成长性环境与氛围三个服务来得以实现，这些服务有助于推动科创企业的内部结构创新和能力建设，帮助企业形成自组织的持续成长机制。

从指向科创企业的政府补贴研究来看，Baum 和 Oliver（1991）指出，科创企业和创业者会受到外部环境带来的资源依赖性的挑战，从而威胁它们生存的机会，在这一背景下，补贴可以被视为保留剩余资源的一种方式，用以减缓新创组织资源耗竭的速度。Furlan 等（2014）的研究明确指出，外部资源和关系对创业成长至关重要，而政府补贴既是一种关键性的企业外部资源，也是企业拓展外部关系的重要筹码。Amezcua 等（2013）的研究表明，办公系统建设补贴或房租补贴可以通过降低新创组织资金的消耗速度增加新创组织的存活率。傅利平和李永辉（2015）的研究指出，政府补贴对科创企业存续时间既存在直接影响，也存在借助科创企业创新能力中介作用的间接影响，其中前者表现为显著的倒 U 形影响，且会因企业所有权性质的不同而有所差异。Söderblom 等（2015）的研究则表明，相较于未获得政府补贴的科创企业而言，获得政府补贴的科创企业在吸引更多的人力资本和金融资本上更具优势，从而在企业的绩效上表现更优。项国鹏和黄玮（2016）以浙江省 9 个地市 15 个孵化器内265家科创企业为对象的研究表明，政府补贴对科创企业绩效存在正向影响，但这种促进作用会随着企业年龄的增长而逐渐减弱；此外，他们的研究还指出，对于低龄企业而言，政府补贴比网络构建的正向促进作用要显著，但对于高龄企业而言，网络构建比政府补贴的正向促进作用要显著。

五、科创企业补贴政策举例

在我国深入贯彻落实大众创业万众创新的大背景下，各地政府根据《国务院关于大力推进大众创业万众创新若干政策措施的意见》（国发〔2015〕32号）文件的要求，推出了一系列创业扶持政策和促进科创企业发展的政策，其中也不乏涉及科创企业补贴的政策。本书就杭州市面向科创企业的政策做了一个全面的梳理（见表2–2），以期对现阶段各地市的科创企业补贴和资助政策有一个初步认识。

表2–2　杭州市科创企业补贴汇总表

名称	条件	金额
大学生创业无偿资助	毕业5年之内、在杭州创业的全日制高校毕业生；在杭州高校读书的全日制高校生	2万~20万元
“青蓝计划”项目无偿资助	2011年6月1日以后在杭州注册成立的以高校、科研院所教师参与入股的科技类创业项目	≤100万元
“雏鹰计划”项目无偿资助	在杭州注册成立不超过5年、注册资金在500万元以内的科技类、文化创意类企业	20万~80万元
中国杭州大学生创业大赛双百强无偿资助	中国杭州大学生创业大赛双百强参赛项目中在杭州市区范围内注册登记的大学生创业企业	
浙江省“千人计划”无偿资助	创业人才项目	
杭州大学生创业企业融资“风险池”	注册在杭州的大学生创业企业；成立满一年，具备一定成长性；符合银行的小企业信贷业务准入标准	补贴利息

续表

名称	条件	金额
现代服务业创业无偿资助	扶持方式为补助和贴息两类。其中，符合条件申请补助的引导项目，按项目实际投资额的10%予以扶持；符合条件申请贴息的重大建设（不含土地款）项目，按建设投资单位中长期贷款当年实际贷款利息的80%给予扶持（贴息率不超过当年中长期银行贷款基准利率）	
科创企业会展补贴	鼓励大学生自主创业企业参加各类会展，对参加市政府（或经市政府批准）举办（或组织参加）的各类国内外会展，经审核，按展位费的50%给予补贴（每家企业每年最多补贴5万元，最多可连续补贴三年）	
留学生创业无偿资助	在杭州注册创业的回国留学生（含港澳台地区）	≤100万元
办公场所租金补贴	新办的大学生自主创业企业，入驻经区认定的大学生创业园并正常经营的，给予三年不超过100平方米的房租补贴	第1年、第2年1.5元/（平方米·天）；第3年0.5元/（平方米·天）
	在创业园外租赁房屋用于创业并正常经营的，给予三年不超过100平方米的房租补贴，补贴标准逐年递减	第1年1.5元/（平方米·天）；第2年1元/（平方米·天）；第3年0.5元/（平方米·天）
	企业法定代表人为博士的，房租补贴面积最高为300平方米	
创业融资贴息	大学生创业企业获得小额担保贷款、银行贷款的，给予最长三年期、最高30万元贷款的基准利率全额贴息	
鼓励创业带动就业	对大学生自主创业企业招用本区生源毕业2年内的普通高校毕业生、签订劳动合同并缴纳社会保险费满一年后，企业可享受每人一次性用工补助和社会保险费补贴	6000元/人

资料来源：笔者整理。

本书只搜集了杭州地区的科创企业扶持政策，但综观其他地区的，也大体相似。当然除了这些直接以科创企业和创业者为直接扶持和补贴对象的政策外，科创企业如果具备特定的条件，也可以申请其他针对一般性企业的政策，而且在申请过程中通常还具有优先性，如研发补贴、认定创新型示范企业补贴、认定高新技术企业补贴、获国家科技进步（技术发明）奖补贴、引进高端人才补贴等。

六、评述与展望

政府补贴一直以来是学者关注的焦点之一，但早期学者大多聚焦于政府补贴的必要性和有效性问题上，其核心出发点在于市场机制与宏观调控的选择上。现有学者已经基本达成共识的是，应当在市场机制发挥基础性作用的前提下借助一定的宏观调控来弥补市场机制在解决公共性产品领域的不足。因此，自 21 世纪以来，关于政府补贴的研究焦点开始逐渐转向在何种情境下政府补贴更有助于社会福利以及企业绩效的提升。具体来说，现阶段关于政府补贴的研究现状可以总结如下。

第一，研究对象的局限性。政府补贴的研究仍主要关注大型企业，针对科创企业的研究仍不多见，原因主要在于：①大型企业的数据往往较容易获取，如上市公司的公开数据及政府部门对于规模以上企业的统计报告等，而科创企业设立时间短、规模普遍较小，因此并未有完善的现成数据供学者使用；②现有政府补贴的研究人多基于经济学视角，注重对截面数据的分析，这些研究很好地解释了政府补贴对企业绩效的影响及其是否受一系列企业人口统计学特征、区域制度和文化特征等显性变量的影响，但在解释政府补贴影响企业绩效的具体作用机理上仍相对不足，尤其是考虑到科创企业与大型企业存在着显著的差异，因此，借助大规模的样本调研检验政府补贴对科创企业绩效的影响，有助于进一步丰富现有政府补贴对企业绩效影响的理论体系。

第二，关于政府补贴与企业绩效关系的结论仍然存在分歧。从现有关于政府补贴与规模以上企业绩效关系的实证研究结果来看，学者已经开始从简单的“正向论”和“负向论”观点逐渐转向“权变论”的观点，更多地开始关注于政府补贴发挥正向作用或负向作用的情境条件，如针对哪些类型的企业、在哪些区域、在怎样的制度环境下、采用怎样的补贴方式、补贴数额等问题对政府补贴有效性的影响，并逐步形成了政府补贴与企业绩效关系的权变影响观。然而，这些研究所基于的一个基本假设是，政府补贴是作为一种物质资源的供给来增加企业的资源禀赋并激发企业采取政府和社会预期的正外部性行为的，如研发（促进创新）、涉足新兴产业（从传统制造业向高科技产业转变）、鼓励上市和弥补大型企业亏损（增加就业或稳定就业市场）。因此，政府补贴与规模以上企业绩效的关系仅表现为政府补贴有助于增加资源禀赋这一影响机制，而政府补贴对科创企业绩效的影响则可能存在其他影响路径，如增加企业的合法性（Söderblom et al., 2015; 项国鹏和黄玮 , 2016），但现有研究对于这一路径的探索仍相对较少。

第三，对于政府补贴影响科创企业绩效的根本机理仍缺少足够的关注。以往学者的实证研究普遍支持的一个观点是，政府补贴是借助促进研发投入、增加企业资金储备来提升科创企业绩效的，也就是说，仅从资源视角考察了政府补贴的影响机理。制度视角的研究为政府补贴的作用机理提供了另一种解释，即与权威机构的联结有助于增加内外部利益相关者对科创企业的正面评价——组织合法性的提升，但遗憾的是，仅有理论研究和制度创业领域的实证研究对此进行了深入的探讨，仍未有学者借助大样本的定量研究对此加以检验。此外，尽管资源视角和制度视角的观点为政府补贴对科创企业绩效的影响可能存在两条截然不同的作用路径提供了理论支持，但鲜有研究对这两个视角的观点加以整合从而厘清基于资源输入和基于合法性提升两种作用机制的差异性。学者已经发现，识别不同类型政府补贴或者说政府补贴的不同成分有助于进一步深化对科创企业的复杂作用机理的理论认识，正如杨洋等（2015）指出的，“考察哪一种形式的补贴会产生最好的促进效应以及进一步聚焦到某一种特定形式的补贴，将是我们未来研究的一个重要方向”。但以往研究大多仅实现了对不同政府补贴具体形式差异化影响的考察（柳光强 , 2016; Luo, 2012），并未从管理学视角深入探索政府补贴不同成分存在复杂作用机理的根本所在，而 Colombo 等（2013）所指出的考察政府补贴是否具有选择性，很有可能会成为实现这一研究目的的关键突破口。

第二节 科创企业合法性的相关研究

关于科创企业的合法性问题早在 Stinchcombe（1965）的经典性研究中便有所涉及，但在随后的 30 多年里，更多的学者聚焦于一般化的合法性研究，而忽略了不同类型企业在合法性本身及获取机制上可能存在的差异。20 世纪 90 年代中期的一些研究（Aldrich & Fiol, 1994）明确指出了将合法性应用于科创企业研究中的重要性和可行性，但一直到 21 世纪，聚焦于科创企业的合法性研究才开始引起学者的重点关注。

从大体上来说，尽管科创企业的特质决定了其合法性特性和获取机制上会与成熟企业有一定的差异，但关于组织合法性的一般性研究仍然是科创企业合法性研究的基础所在，对这些研究的理解和把握有助于我们更全面地认识科创企业合法性的一般性和特殊性。因此，本节主要从六个方面对相关研究进行梳理和总结，以期为科创企业合法性研究奠定基础。一是回顾合法性研究的研究脉络，详细阐述组织合法性从提出到一般化研究再到科创企业合法性研究主题成型及后续发展的一个过程；二是重点阐述科创企业合法性的现有研究情况；三是回顾组织合法性的内涵界定；四是回顾组织合法性的前因及结果变量的现有研究，侧重对科创企业合法性相关研究的分析；五是回顾总结现有关于组织合法性的分类情况；六是总结和评述以往研究所得出的结论及对科创企业合法性研究的启示。

一、合法性的研究脉络

合法性作为组织制度理论的核心概念，自被提出以来，便受到了不同领域学者的广泛关注（Deephouse & Suchman, 2008; Bitektine, 2011）。通过在 Web of Science SSCI 数据库中以“legitimacy”“legitimate”“legitimization”为关键词以及在中国知网 CSSCI 数据库中以“合法性”“合法”“合法化”为关键词搜索的 1998~2015 年经济管理类的文献数可以看出，有关合法性的研究呈现出了快速增长的趋势（见图 2-1）。彭雪蓉（2014）将合法性的研究划分为三个阶段：提出阶段、发展阶段和成熟阶段，但该研究并未将 2000 年以后的合法性研究文献纳入分析中。因此，在这一研究的基础上，结合对 2000 年之后的合法性研究文献的梳理和分析，本书将合法性研究划分为四个阶段：萌芽阶段、发展阶段、成熟阶段和多元化阶段。

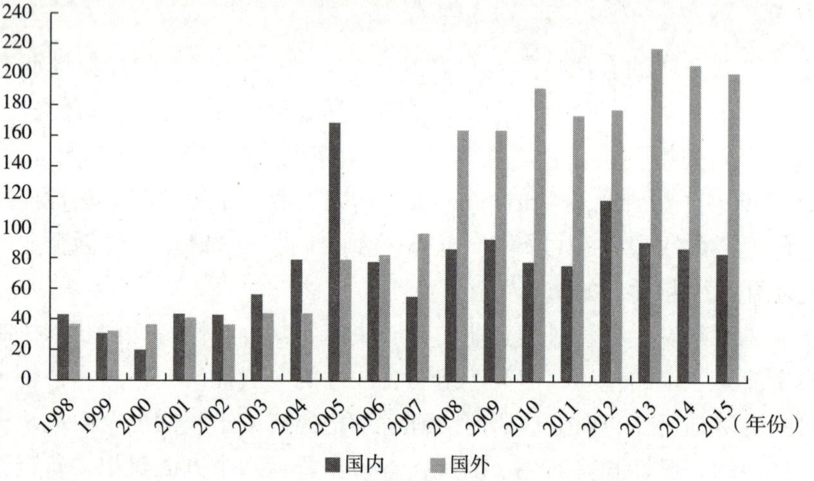

图 2-1　国内外关于“合法性”主题的研究文献数量

资料来源：笔者绘制。

1. 萌芽阶段

大多数学者都将现代社会学三大奠基人之一的德国著名社会学家马克斯·韦伯（Max Weber）视为最早将合法性的概念引入组织研究中来的学者（Suchman，1995; Ruef & Scott, 1998; Johnson et al., 2006; 陈怀超等 , 2014），他在著作中论证了社会行为应受规则引导和制约的重要性，并指出合法性可以借助遵从社会规范和正式法律加以获取（Weber, 1978）。Parsons（1956）继承并发展了 Weber 的思想，指出合法性描述的是组织活动与社会价值观以及社会系统中可接受的行为准则之间的一致性程度。这两个研究也得到了后续一系列学者的支持（Dowling & Pfeffer, 1975; Pfeffer & Salancik, 1978; Czarniawska-Joerges, 1989），但正如 Deephouese 和 Suchman（2008）所说，早期学者的研究更多的只是对合法性概念的拥护，但运用这一概念进行更为深入分析的研究则寥寥无几。此外，早期关于合法性的研究绝大多数为纯粹的理论探讨，且具有浓重的政治学色彩，对于合法性的描述大多也仅局限于组织是否与社会的“强制性”制度规范相一致。

2. 发展阶段

新制度理论的发展推动了合法性研究的进一步深化。Meyer 和 Rowan（1977）的研究阐述了合法性的来源，强调了组织结构在合法性获取中的重要作用。他们指出，相比于根据内部技术生产和交易需求设计结构的组织而言，根据外部制度环境设计结构的组织更容易维持合法性。这一研究继承并深化了早期 Weber 和 Parsons 等人关于组织与社会价值观相匹配以获取合法性的观点，并提出了“同构”（Isomorphism）的概念来对此加以描述，这一概念也被后续学者所继承和发展并成为组织制度学最为关键的概念之一。

同年，Zucker（1977）的研究强调了制度化在文化传承中的作用，尽管该研究并未直接对合法性加以探讨，但对合法性研究的发展仍起到了重要的推动作用，它一方面间接证实了合法性的积极作用，另一方面也促使其他学者开始从文化层面思考合法性。

Meyer 和 Scott（1983）的研究给出了合法性一个较为明确的定义，他们将合法性定义为文化对组织的支持程度，即组织的存在、运行多大程度上反映了现阶段成熟的文化体系。这一研究一定程度上拓展了以往从制度和规范角度思考合法性的研究，并指出了合法性维度中的一个重要内容——认知维度。

在随后一段时间里，学者并未就合法性的内涵及界定有更为深入的探讨，而是大多转向对合法性获取机制的探索。Galaskiewicz（1985）的研究表明，组织可以借助连锁董事、慈善捐赠、外部认证和鉴定来提升合法性。Ashforth 和 Gibbs（1990）指出组织可以借助实质性（Substantive）和象征性（Symbolic）两种方式来获取合法性，这是较早从印象管理视角（Impression Management Perspective）探讨组织合法性获取的研究之一，这一视角后续也在科创企业的合法性研究中得到了体现（Zott & Huy, 2007; Nagy et al., 2012）；此外，该研究还创新性地指出，并非所有组织尝试获取合法性的行为都有助于提升组织的合法性。

3. 成熟阶段

得益于新制度经济学的快速发展，组织分析的新制度主义这一研究分支开始变得异常活跃，从而为合法性理论的发展带来了新的契机。Scott（1995）在《制度与组织》（*Institution and Organizations*）一书中对合法性进行了深入的研究，并指出，从制度视角来看，合法性不是可以被拥有或者交换的商品，而是反映组织在文化对齐、规范遵循和法规遵从上的一个状态。此外，Scott 在书中将合法性划分为规制合法性（Regulative Legitimacy）、规范合法性（Normative Legitimacy）和认知合法性（Cognitive Legitimacy）。

同年，Suchman（1995）的文章在提出了一个更具包容性的合法性定义以后，深入总结分析了合法性研究的两个视角——战略视角和制度视角——的差异，并指出，战略视角的研究强调合法性是从文化环境中抽离出来的一种组织层面的资源，它可以借助管理者的一系列策略来加以获取，如工具性操纵和象征性管理；而制度视角的研究则强调合法性来自组织对外部规制、规范和文化的遵从。在此基础上，Suchman 将合法性划分为实用合法性（Pragmatic Legitimacy）、道德合法性（Moral Legitimacy）和认知合法性（Cognitive Legitimacy）。

总的来说，这两个成果一定程度上将合法性的研究推向了顶峰，并得到了后续学者的广泛认同和引用。这两个研究的核心贡献有两个：其一是深入阐述了合法性的概念，这两个研究中关于合法性的界定对此后的合法性研究有着深远的影响，绝大多数学者直接沿用了这两个研究中关于合法性的界定或是基于这一界定做了细微的调整和完善；其二是首次明确提出并阐述了合法性三维度划分标准，从而为后续研究构建了一个清晰的分析框架，也为合法性的量化研究奠定了基础。

4. 多元化阶段

（1）制度视角的合法性研究。曹正汉（2005）指出，“自 20 世纪 90 年代年后，制度学派的研究大多是在原有框架内的经验性探索，在理论基础和研究方法上没有大的创新和突破，因而有逐渐式微之势”。这在一定程度上反映了 1995~2004 年期间制度视角下合法性研究的状况，但自 2004 年以来，制度视角下的合法性研究开始又呈现出了新的发展趋势，并融入制度变革（Institutional Change）、制度创业（Institutional Entrepreneurship）等一系列研究领域中。基于 Hoefer 和 Green（2016）的观点，本书将这一阶段制度视角下的合法性研究划分为两大分支——修辞视角的研究分支和认知视角的分支，这两个分支均旨在探索行动者如何获取所发起行动的合法性。

修辞视角的研究分支也被称为修辞制度主义（Rhetorical Institutionalism）（Green & Li, 2011; Cornelissen et al., 2015），主要观点是普遍意义上的沟通，尤其是实践层面上的修辞，对合法化过程起着关键的作用（Heracleous & Barrett, 2001；Green, 2004; Phillips et al., 2004; Suddaby & Greenwood, 2005；Golant

& Sillince, 2007; Hartelius & Browning, 2008; Sillince & Suddaby, 2008）。这些研究强调语言的巧妙使用在影响外部主体的合法性评判及制度化过程中的重要性（Suddaby, 2010），并探讨了一系列具体语言层面的策略的影响，如框架化（Framing）（Fiss & Zajac, 2006）、比喻（Tropes）（Etzion & Ferraro, 2010）、话语（Discourse）（Phillips et al., 2004）和修辞（Rhetoric）（Green, 2004）。

认知视角的研究分支强调认知在合法性评判形成中的作用（Bitektine, 2011; Bitektine & Haack, 2015; Tost, 2011），并批评以往修辞制度主义视角的研究往往将外部主体视为消极的合法性评价者。如 Bitektine（2011）在研究中所指出的，"外部主体主动的认知加工、信息搜寻和社会互动行为均会对合法性的形成产生积极的影响，而这些在以往的研究中并未得到很好的体现"。项国鹏和黄玮（2016）关于制度创业的研究也支持了这一观点，他们指出，制度创业者和利益相关者的关系并不仅仅是主体和客体的关系，而可能呈现为协作和互动的关系，外部利益相关者会借助自身的资源和权力干预行动者的合法化过程。

（2）战略视角的合法性研究。与制度视角的合法性研究不同，战略视角的合法性研究更多地关注于针对特定领域和特定类型企业的合法性问题，如战略联盟（Dacin et al., 2007）、跨国经营（Kostova & Zaheer, 1999; Li et al., 2007）、创业（Zimmerman & Zeitz, 2002; Zhao et al., 2017）等。

Dacin 等（2007）从合法性视角探索了战略联盟的问题，他们分析了组织在何时选择进入战略联盟更有可能获取合法性及这种合法性是如何影响组织和联盟绩效的，并阐述了战略联盟的合法性作用机制。

Kostova 和 Zaheer（1999）则探讨了跨国企业（Multinational enterprise, MNE）的合法性问题，他们认为合法化环境、组织本身及合法化过程的复杂性影响了跨国企业的合法性获取，并在此基础上就跨国企业的内部和外部合法性、积极和消极合法性溢出等问题提出了一系列命题。Li 等（2007）以 1979~1995 年外企在中国的全资子公司为样本的研究揭示了该类组织合法性的两大来源——外商直接投资（FDI）社群和东道国的公共舆论。Kuilman 和 Li（2009）则以 1847~1935 年上海外国银行的数据分析了外资银行子公司的异质性如何影响整个外资银行子公司种群的合法性，他们的研究表明，种群中的高阶层成员在增加种群的合法性上贡献最多，而低阶层的成员则可以因社群内的合法性溢出而获益最高。

根据曾楚宏等（2008）的观点，应用最成功的且影响力最大的战略视角下的合法性研究便是对科创企业合法性的探讨。下一节内容里将重点梳理现阶段关于科创企业合法性的研究情况。

5. 小结

总的来说，自进入 21 世纪以来，制度视角和战略视角的合法性研究均呈现出了快速发展的趋势。尽管制度视角和战略视角的合法性研究在实证研究方法的选择倾向上具有一定的差异，前者多为案例研究，后者多为定量研究，但本书与郑小勇（2013）的观点相一致，即这两块文献已经逐渐呈现出融合和交叉的态势。其实 Suchman（1995）在早期的研究中也已经明确指出这两个视角的文献往往是相互渗透、难以完全割裂开来的。一个现实的表现是，战略视角下的合法性研究尽管创新性地提出组织合法性是一种资源，但在定义上仍然沿用了制度视角下对合法性的界定，且在分析科创企业合法性的获取时也更加注重以一种整合的视角加以探索（Überbacher, 2014; Peake & D'Souza, 2015; Zhao et al., 2017）。而近期一系列制度视角下的研究也开始关注组织如何主动去获取合法性而非仅仅聚焦于被动适应环境以获取合法性。如前文所述，这种融合性在科创企业合法性的研究中尤为明显，因此，本书也尝试以一种整合的视角去看待组织合法性，尤其是科创企业合法性的问题，以期更好地认识合法性对科创企业的作用机理。

二、科创企业合法性的研究

从一定程度上来说，科创企业合法性研究仍属于战略视角的研究分支，但随着两个视角研究的逐渐融合，关于科创企业的合法性研究也融合了很多制度视角研究分支的观点。由于科创企业合法性是本书的核心变量，因此在此作为单独一部分进行分析，但并不意味着这是一个与制度视角和战略视角一样的独立视角。

Lounsbury 和 Glynn（2001）较早运用合法性理论探索了创业问题，他们指出，创业者可以借助故事讲述（Storytelling）来帮助科创企业获取外部利益相关者所接受和认可的合法身份，并将创业者旨在获取发展所需合法性和资源而开展的故事讲述行为界定为文化创业（Cultural Entrepreneurship）。

Zimmerman 和 Zeitz（2002）发表于美国管理学会评论（Academy of Management Review）上的文章全面系统地阐述了科创企业合法性研究的必要性和理论基础，他们认为，以往研究更多地关注于成熟企业的合法性维持和修复，而科创企业涉及更多的是合法性的获取，两者存在一定差异，因此探索科创企业的合法性获取机制及其对后续资源获取和企业生存的影响将有助于拓展制度视角下的组织合法性研究。他们的研究得出了四个研究结论：①合法性是一个重要的资源，能用于获取高层管理者、高质量雇员、金融资源、技术资源和政府支持等其他类型的资源；②这些资源对科创企业的成长至关重要；③合法性可以借助科创企业的战略行动得以加强；④这些战略行动对科创企业尤其重要，因为这通常是科创企业所缺乏的。在此基础上，他们提出了一个合法化的过程模型（见图 2-2），并绘制了随时间推移的合法性水平变动图（见图 2-3）。这一研究不仅是首篇系统阐述科创企业合法性问题的论文，同时将合法性视为一种资源的观点也为后续组织合法性的定量研究奠定了基础。

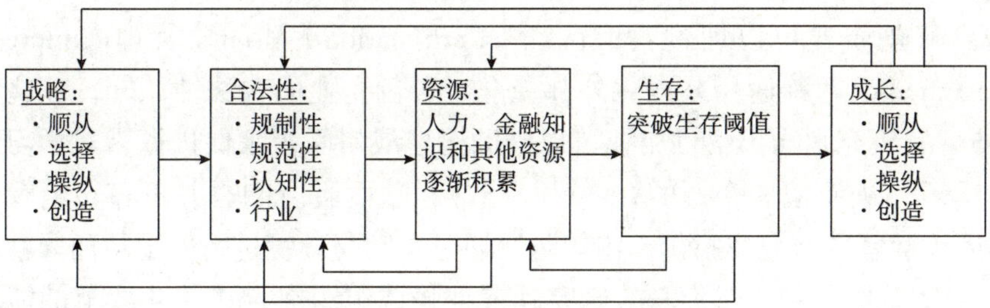

图 2-2 科创企业合法化过程模型

资料来源：Zimmerman 和 Zeitz（2002）。

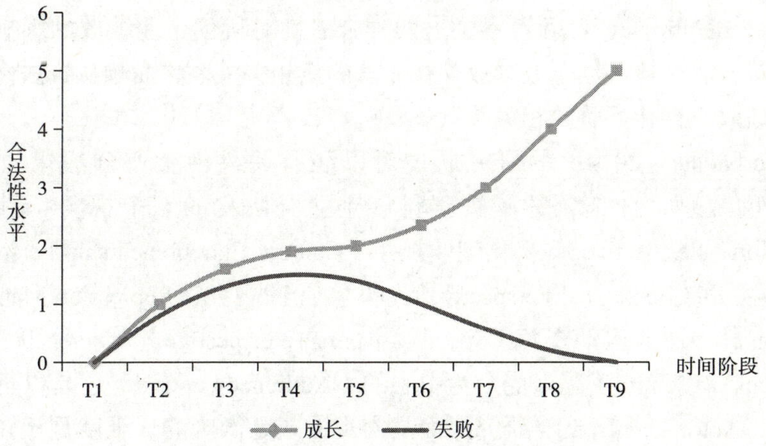

图 2-3 随时间推移的合法性水平变动图

资料来源：Zimmerman 和 Zeitz（2002）。

但之后的十年里，直接探讨科创企业合法性的研究近乎绝迹，直到2012年，学者对于科创企业合法性的研究才开始陆续出现。随着组织合法性研究的逐渐成熟，包括科创企业合法性等的研究分支也开始出现了一些新的研究契机，尤其是国内以张玉利、杜运周等为代表的一批创业学者对科创企业合法性的思考，极大地推动了科创企业合法性获取的实证研究进程。这一阶段的研究成果主要包括两大块内容：一是科创企业或创业者的一系列特质对组织合法性形成的影响，如互动导向（杜运周和张玉利，2012）、创业网络（杜运周和刘运莲，2012；彭伟等，2013）、魅力型领导（杜运周和李毛毛，2012）、竞争者导向（杜运周等，2012）、组织学习（周劲波等，2014）。二是科创企业或创业者如何借助一系列的策略来获取合法性，如 Nagy 等（2012）的研究指出科创企业可以通过获取认证（Certification）和印象管理（Impression Management）两种途径来强化外部受众对科创企业的合法性认知；苏晓华等（2015）的研究则指出科创企业可以借助构建战略联盟来促进探索式学习和利用式学习，进而增加企业的合法性。当然，这两者之间也并不存在绝对的界限，因为前者的研究也指出，组织可以通过主动与环境进行匹配从而来获取合法性，但总的来说，现阶段的研究越来越强调组织在合法性获取上的能动作用。这在 Tornikoski 和 Newbert（2007）的研究中也得到了体现，该研究根据合法性来源将科创企业的合法性划分为借助服从外部制度规范而获得的顺从合法性（Confirming Legitimacy）和借助有效控制外部环境而获得的战略合法性（Strategic Legitimacy），并考察了这两种合法性对科创企业绩效的影响，结果表明战略合法性与科创企业绩效存在显著的正相关关系，而顺从合法性则与科创企业绩效不存在显著的相关关系。

Überbacher（2014）的研究通过对以往有关科创企业合法化的文献进行全面的梳理，详细阐述了关于科创企业合法化的五个视角：制度视角（Institutional Perspective）、文化创业视角（Cultural Entrepreneurship Perspective）、生态学视角（Ecological Perspective）、印象管理视角（Impression Management Perspective）、社会运动视角（Social Movement Perspective）。Überbacher 从控制点（Locus of Control）是以受众为中心的（Audience-centred）还是以行动者为中心的（Actor- centred）、研究层面是宏观的还是微观的、维度是认知的还是评估的三个方面入手，对比分析了这五个视角的异同之处，并基于此提出了一个整合框架。在整合框架中（见图 2-4），Überbacher 根据研究层次和控制点将科创企业合法化的研究划分为四个视角：环境评价视角（宏观层面、以受众为中心）、集体行动视角（宏观层面、以行动者为中心）、组织评价视角（微观层面、以受众为中心）、战略行动视角（微观层面、以行动者为中心），并在此基础上提出了现有研究关于科创企业合法化的一致性假设以及未来研究需要关注的一系列问题。Überbacher 的这一研究较好地分析了现有关于科创企业合法化的研究成果，拓展了研究边界，有助于未来研究对现有成果的进一步整合。

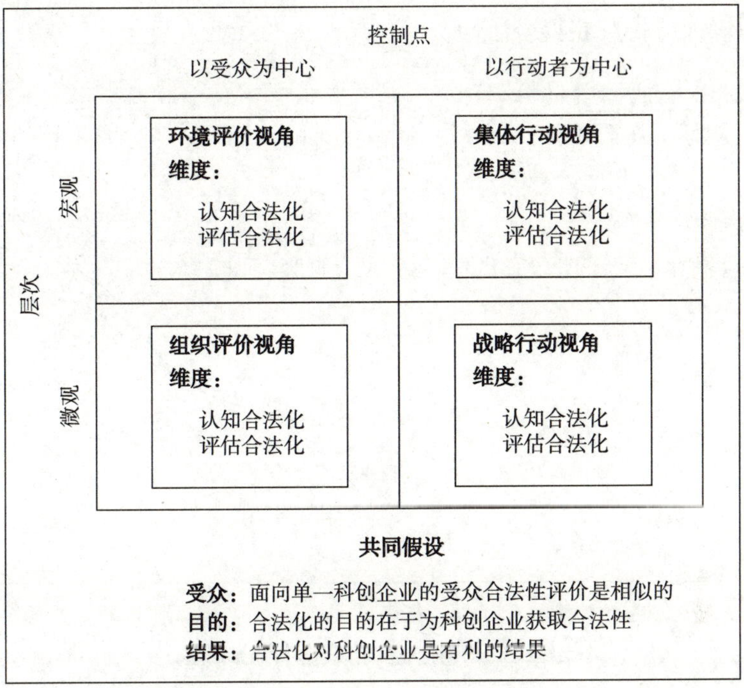

图 2-4　科创企业合法化的四种典型视角

资料来源：引自 Überbacher（2014）。

Fieher 等（2016）的研究则整合了不同的理论视角，探讨了一个科创企业合法性的一个核心问题，即伴随着科创企业的发展及从不同的主体那获取资源，合法性评价标准如何改变？在研究中，他们提出了一个核心概念主张，即科创企业会面临多重的合法性瓶颈，并指出造成这一现象的原因在于企业会演变成长和利益相关者评判一个合法科创企业的标准存在差异。他们随后界定并讨论了关于创业者努力去克服不同组织生命周期阶段中合法性瓶颈的三个关键观点：第一，科创企业面临多阶段的制度多元化，因为它们所遇到的资源提供者有着关于何为一个合法的科创企业的不同见解；第二，在某一组织生命周期阶段里，高合法性水平的科创企业在进入下一阶段时仍然会遭遇企业身份嵌入性的挑战（见图 2–5）；第三，在先前生命周期阶段里获得的高合法性水平可以在随后的阶段里起到一种缓冲作用。这些理论观点，为科创企业的合法性获取与管理提供了一个新的、综合性的视角。总的来说，在科创企业早期生命阶段的合法性获取并不一定能够确保企业的永久存续性。当科创企业进入生命周期的不同阶段后，合法性维持和管理问题仍会出现。创业需要运用有效的管理合法性以确保能持续获得合法性资源。

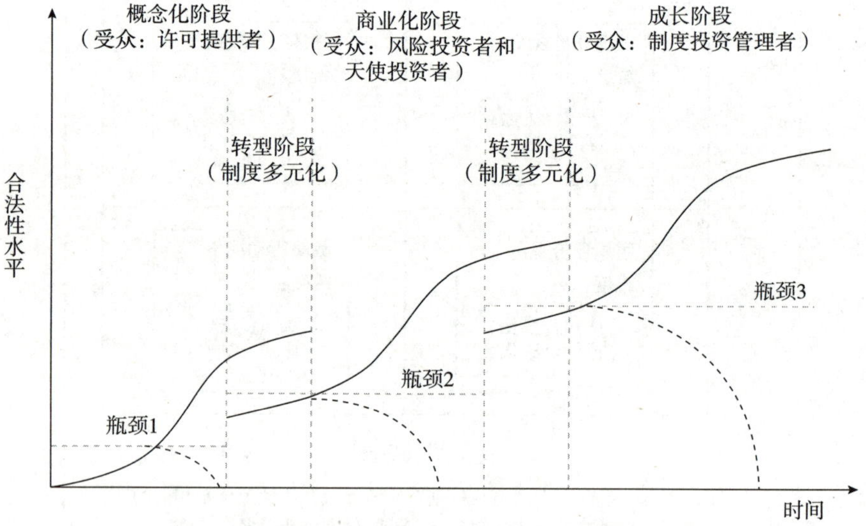

图 2–5　科创企业多阶段合法性瓶颈模型

三、组织合法性的定义

合法性在组织研究中已被广泛探讨，它同时也是其他相关领域的重要研究主题，如政治科学、哲学、心理学、社会学。事实上，正是因为合法性构念在如此多理论和实践领域受欢迎并被广泛应用，才导致了这一构念出现了相当多的内涵差异，并以很多方式被使用，包括滥用。正如 Suddaby 等（2017）所说的，"合法性已经成为管理理论中一个重要但经常混淆的构念"。Suddaby 等（2017）的这篇发表于美国管理学会年刊（*Academy of Management Annuals*）上的关于合法性的综述性文章中明确指出了现阶段组织和管理研究学界在合法性认识上存在的显著差异，而这种情况甚至在过去的几十年里有增无减，而他们还明确指出，“对于合法性这一复杂的、方方面面存在的社会普遍现象，学者对其的理解难免会因为研究视角和研究目的的不同而产生差异。研究者在开展合法性研究前，一定要形成自身对这一现象的清晰认识，对定义进行界定并确定边界条件”。根据这一建议，本书从 Suddaby 等（2017）所划分的合法性三个视角——合法性即属性（Legitimacy-as-property）、合法性即过程（Legitimacy-as-process）、合法性即感知（Legitimacy-as-perception）入手，阐述了三个视角下合法性界定的差异，并明确指出本书所采用的合法性定义及原因。

（1）合法性即属性视角。将合法性视为一种属性、一种资产或一种资源，一种能被持有的、与他人有关的、可被测量的事物。如早期的合法性研究学者 Tsoukas（1991）将合法性界定为一种事物，一种可获得、增加和丢失的资产或特征。随后如前文所述，Suchman（1995）将合法性定义为“主体的行为在现存社会规范、价值观或信念体系内是可取的、合理的或恰当的共享感知或假设”，并将其描述为企业的一种“操作化资源（Operational Resource）”。随后该视角的一系列学者对合法性的特质进行了界定，如将合法性描述为一种“无形资产”（Gardberg & Fombrun, 2006），是可以获取（George et al., 2006）、积累（D'Aunno et al., 1991）、丢失（Ahlstrom & Bruton, 2001; Chen et al., 2006; Vanhonacker, 2000）、扩散到其他组织（Certo, 2003; Dobrev et al., 2006; Zelner et al., 2009）和修复（Pfarrer et al., 2008）的。

（2）合法性即过程视角。将合法化定义为“社会实体所嵌入的广泛社会框架通过建构去解释和支持一个社会实体的存在的过程，不管实体是一个群体、一种不平等的架构、一种权威地位还是一种社会实践”（Berger et al., 1998）。这个视角对合法性的定义包含了两个核心观点：首先，合法性并不是一种稳定的状态，而是借助不断谈判而持续变化的。也就是说，合法性是在多参与者社会谈判下的一个持续进行的过程，而非在诸如同构等制度压力下的一种结果。如 Hallström 和 Boström（2010）所说，合法性并非一种平衡状态，它“肯定是反复创造、再创造和攻克的”。其次，合法性即过程视角并不是存在主义（Essentialist）。也就是说，合法性的特征或要素并不是固有的和普遍的。相反地，由于合法性的社会情境是持续开放的且可谈判的，合法性的组成要素也应该是持续变化的。

（3）合法性即感知视角。主要关注合法性的感知和主观评价成分（Bitektine, 2011; Bitektine & Haack, 2015; McKnight & Zietsma, 2018）。这一视角仍然沿用合法性即属性视角的合法性定义，但并不认为合法性是一种物质属性，而更多是视其为关于一个组织的产品、实践或特征的正当性的体验、评估或评价属性。这一视角也保留了将合法性视为一种过程的理解，但更聚焦于做出评判的过程。与合法性即过程相似，合法性即认知的概念根植于 Berger 和 Luckmann（1966）的现实社会建构理论。不过，合法性即过程流派关注于合法性的社会建构主要是一种宏观层次的过程，是借助组织场域层次的话语互动得以实现的过程，而合法性即感知的研究关注于个体在合法性社会建构过程中的作用。正是个体才会对组织（或其他社会实体）有所感知，从而引发对它们的合法性评判，并基于这些评判做出相应的行为，最终产生宏观层面的一系列结果（Bitektine, 2011; Hoefer & Green, 2016; McKenny et al., 2018）。

表 2–3　合法性研究的三个视角

	属性视角	过程视角	感知视角
合法性是什么	·一种属性 ·一种资源 ·一种资产 ·一种能力 ·一种东西	·社会建构的一个交互作用过程	·一种社会评判 ·一种评价 ·一种社会认知建构
合法性在哪里发生	·合法性目标对象（如一个组织）及其外部环境之间 ·绝大多数在组织和场域层次进行	·多社会主体之间，尤其是那些推动或反对变革的主体 ·绝大多数在场域层次进行，也会在组织（群体）层次进行	·个体和集体评价者（群体、组织和社会）之间 ·多层次的，但倾向于围观层次
合法性如何发生	·权变视角： 借助组织属性和外部受众的预期的匹配得以实现	·主观能动性视角： 借助变革代理人和其他社会行动者的有目的性的努力得以实现	·评价视角： 借助个体在集体层面制度化评判影响下的感知、评判和行动过程得以实现
代表文献	Dowling 和 Pfeffer（1975）； Pfeffer 和 Salancik（1978）； Singh、Tucker 和 House（1986）； Suchman（1995）； Ruef 和 Scott（1998）； Zimmerman 和 Zeitz（2002）	Barron（1998）； Rao（2004）； Suddaby和 Greenwood（2005）； Barnett（2006）； Golant 和 Sillince（2007）； Johnson、Dowd 和 Ridgeway（2006）； Sine、David 和 Mitsuhashi（2007）	Walker、Thomas 和 Zelditch（1986）； Elsbach（1994）； Tyler（2006）； Bitektine（2011）； Tost（2011）； Bitektine 和 Haack（2015）； Zelditch（2001）； Lamin 和 Zaheer（2012）

资料来源：引自 Suddaby 等（2017）。

Suddaby 等（2017）对三个视角的合法性研究进行全面回顾，并分析了存在的差异（见表 2–3），从 Suddaby 等人的研究中还可以发现，早期一些学者在研究里也可能会采用两种及以上的视角去审视合法性（特别是纯粹的理论研究文章），这也是导致合法性概念出现大量分歧和争议的原因之一。本书认同合法性即感知视角对合法性的界定，即合法性“存在于持有者的眼里”（Ashforth & Gibbs, 1990）或“存在于社会行动者的心里”（Zimmermann & Zeitz, 2002）。也就是说，合法性是一种感知或社会认知现象，而做出合法性评价的是个体而非群体，社会中的个体会基于认知经济学（即最小化效用）、社会一致性、个人收益或逃避惩罚而采纳其他人的评判（Bitektine & Haack, 2015; Tost, 2011）等原因做出自己的合法性评判，这些个体层面的评判会相互影响，若达成一致，则会形成一种集体层面的合法性，即有效性（Validity）。

本书认为，合法性即感知视角对合法性的界定更符合当下社会的现实情况，社会中的个体对某个特定组织或行为的合法性评判并不是如合法性即属性视角所指出的“将组织的特征或行为与现行社会规范、价值观或信念体系进行匹配而得出的”那样，而是涉及评价者的心理行为、社会认知行为的一个复杂过程。也就是说，处于同一个社会中（具有相同的社会规范、价值观或信念体系）的评价主体，可能会因为心理特质、社会行为特质或持有的制度逻辑的不同而做出截然不同的合法性评价（Bitektine & Haack, 2015）。举个例子，在对于增加雇员额外福利的事情上，雇员可能觉得是具有较高合法性的，而股东可能觉得并不是如此，甚至觉得这是“非法的”。

因此，本书选择合法性即感知视角对合法性的定义，即 Suchman（1995）对合法性的经典定义，“主体的行为在现存社会规范、价值观或信念体系内是可取的、合理的或恰当的共享感知或假设”。同时，遵循这一视角的研究基础假设，合法性是存在于评价者的眼中的，不同的评价者可能会对同一目标和行为做出不同的合法性评判，而正是因为这样，这些有差异性的合法性评判才会影响评价者的后续行为表现，支持或是反对。这一基础假设，也正与本书所提出的，不同利益相关者会对科创企业获得政府补贴的“状态”做出合法性评价，这种合法性评价随后会影响这些利益相关者是否决定为科创企业提供资源。

四、组织合法性的分类

组织理论和其他相关分支已经认识到区分合法性具体类型的必要性并进行

了一系列的探索。研究者已经发现了一系列具体的合法性类型或两种或更多的并列的合法性分类。Bitektine 和 Montreal（2011）对现有学者所提出的重要的合法性分类进行了汇总（见表 2-4）。

表 2-4　现有文献中的合法性类型

合法性类型	文献
·实用合法性（基于自身利益的计算） ·道德合法性（基于规范性评价） ·认知合法性（基于约定俗成）	Johnson 和 Holub (2003), Zyglidopoulos (2003)
·内部合法性（组织内部人员） ·外部合法性（组织外部主体）	Kostova 和 Roth (2002), Kostova 和 Zaheer (1999)
·认知合法性（基于约定俗成） ·实用合法性（基于自身利益的计算）	Foreman 和 Whetten (2002)
·管理合法性（基于有效性逻辑） ·技术合法性（基于技术、质量和认证）	Ruef 和 Scott (1998)
·道德合法性（社会中绝大多数成员的道德评估） ·实用合法性（基于自身利益）	Barron (1998)
·媒体合法性（等同于公众合法性） ·规制合法性（政府管制部门的合法性）	Deephouse (1996)
·过程合法性（基于过程的健全度） ·结果合法性（基于结果的评估） ·结构合法性（基于对组织结构的评估） ·个人合法性（基于领导者的魅力） ·实用合法性（基于自身利益的计算） ·道德合法性（基于规范性评价）	Suchman (1995)
·认知合法性（基于约定俗成） ·社会政治 / 评估合法性（基于现行规范和法律）	Aldrich 和 Fiol (1994), Golant 和 Sillince (2007)
·社会政治规制合法性（= 规制合法性，基于现行规范和法律） ·社会政治规范合法性（= 规范合法性，基于现行规则和法律） ·认知合法性（基于约定俗成）	Scott (1995), Zimmerman 和 Zeitz (2002)

资料来源：引自 Bitektine 和 Montreal（2011）。

根据 Suddaby 等（2017）的观点，本书认为，现有对组织合法性的划分大体上可以区分为两种：要素视角和主体视角。要素视角的划分大体沿用了合法性即属性视角研究的基本假设，它更多的是从合法性的构成要素入手对合法性进行划分，典型的例子如：实用、道德和认知合法性的划分，规制、规范和认知合法性的划分，管理和技术合法性的划分，过程和结果合法性的划分等。而主体视角的划分沿用了合法性即感知视角研究的基本假设，它更多地从合法性的评价主体入手对合法性进行划分，典型的例子如：内部和外部合法性的划分，媒体合法性和规制合法性的划分。这两种划分模式的根本差异在于，认定是否具有这一类型合法性或评判这一类型合法性水平高低的标准是否重叠。具体来说，当评判一个组织是否具有实用合法性、道德合法性和认知合法性或在这三个合法性上的水平高低时，标准是完全不一样且独立的，而当评判一个组织是否具有内部合法性和外部合法性、媒体合法性和投资者合法性或在这些合法性上的水平高低时，标准有可能是一样的，而且很有可能就是通过要素视角的合法性类型进行评判，如投资者会观察一个组织在实用、道德和认知上的合法性表现从而做出总的合法性评判，同样，媒体、内部雇员、消费同样也会如此。

五、组织合法性的前因及后果

1. 组织合法性的前因

合法性的来源问题一直是制度研究和战略研究的核心议题。从本质上来说，组织合法性来源于组织行为与制度环境预期的一致性程度，它表现为外部主体对组织及组织行为的认可程度（Fisher et al., 2016）。组织可以借助改变自身行为（遵从制度）和改变外部环境（操纵制度）两种方式来获取合法性（Zimmerman & Zeutz, 2002; Scherer et al., 2012; Zhao et al., 2017; 罗兴武等，2018）。

（1）遵从（Conform）制度，改变自身行为从而与社会预期保持一致。Meyer 和 Rowan（1977）早前便指出技术效率和遵从制度是获取合法性的主要途径。组织分析的新制度主义研究者强调了“社会适当性”的重要性并指出，组织所采用的结构形式是某一特定制度环境中合法的结构形式（Scott, 1995）。DiMaggio 和 Powell（1983）进一步探讨了组织之间同形（Isomorphism）的原因，指出组织会通过强制性同形、规范性同形和模仿性同形三种机制逐渐变得相似，但这并不一定会引致高生产绩效。Donaldson（1995）则明确表明了组织同形的利处在于能够“避免混淆，使组织容易被看清，使组织合法化，给予组织资金并避免国家的强制性制裁”。这一“组织同形能给组织带来合法性”

的观点，随后也在 Deephouse（1996）的研究中得以证实。通过对明尼阿波利斯特 - 圣保罗（Minneapolis-Saint Paul）大都会区商业银行的研究，Deephouse 发现，在向各类贷款者发放贷款时所使用的战略与该产业中绝大多数银行保持一致的银行，往往会较少受到权力机构的管制，且会得到大众媒体相对肯定的评价。这一研究较早地从定量角度探讨了组织合法性的来源，并实证检验了同形与合法性的关系。受这一研究的启发，后续学者的研究也开始逐渐探索组织是如何通过遵从社会和行业的主导性制度来获取自身合法性的。Westphal 等（1997）的研究指出，采取全面质量管理实践能够使医院增加获得医疗组织认证联合委员会认证的可能性，从而获取合法性；Glynn 和 Abzug（2002）从组织身份视角入手分析了象征性同形（Symbolic Isomorphism）对组织在取名上的同质化（Homogenization）和合法性的影响，研究指出，制度遵从塑造了组织的身份，象征性同形则是合法性的重要来源。Li 等（2007）则分析了全额外资子公司（Wholly Owned Foreign Subsidiaries）进入东道国时如何获取合法性的问题，研究表明，境外直接投资（FDI）社群和东道国公共舆论是影响全额外资子公司合法性获取的关键因素，当全额外资公司的投资理念与东道国的制度逻辑相一致时，它们更容易获得东道国国民的认可。Fisher 等（2016）的研究则明确指出，科创企业需要通过满足不同受众关于规范、标准和价值观的预期来获取合法性。相比于先前的研究，这一研究的创新之处在于指出了科创企业获取合法性的过程可能并非如 Zimmerman 和 Zeitz（2002）所说的那样是单调性的，也就是说，并非在克服一个合法性瓶颈后，科创企业的合法性就能获得逐渐提升。该文通过引入科创企业发展阶段后分析得出，科创企业的合法性瓶颈可能具有三个，导致这一现象的原因在于制度环境及受众的预期在不同阶段所呈现出来的差异性。此外，一系列研究还发现，网络构建（Human & Provan, 2000; 彭伟等, 2013）、环保信息披露（Wilmshurst & Frost, 2000）、学习和模仿当地企业（Ahlstrom & Bruton, 2001）、战略联盟（Rao et al., 2008）、互动导向（杜运周和张玉利, 2012; 罗兴武等, 2017）、魅力型领导（杜运周和李毛毛, 2012）等均会影响组织的合法性获取，这些研究的结论也在一定程度上阐明了组织可以通过做出内外部利益相关者所预期的行为或塑造与所处环境中的主导性制度逻辑相一致的价值观和行为处事准则来获取认同。

（2）操纵（Manipulate）制度，改变或创造外部制度环境从而与自身行为相一致。作为较早提出可以借助改变外部环境来获取合法性观点的学者，Suchman（1995）将操纵界定为“基于组织不同需求而去获取特定支持的干预手段”。相似地，Oliver（1991）也将操纵描述为“有目的的、有策略去尝试选择、影响或控制制度压力和评价”。Zimmerman 和 Zeitz（2002）在此基础上指出科创企业可以借助与成熟企业建立合作关系以及联合其他科创企业，从而促使或迫使场域内主导性逻辑的制定者调整或更改制度；此外，该文还指出，对于一些新兴领域的科创企业而言，它们还可以创造有利于自身的制度，并强调了这种被 DiMaggio（1988）称为制度创业（Institutional Entrepreneurship）的行为在创造环境上的重要作用。有关制度创业的后续研究也进一步探讨了组织是如何借助一系列策略来获取内外部利益相关者合法性认可的（Garud et al., 2002; Greenwood & Suddaby, 2006）。从本质上说，合法性是组织外部受众对组织本身及行为的主观评价，因此很可能会因这些评价主体的认知的改变而发生变化。Huy 等（2014）在研究中支持了这一观点，他们指出，“合法性可以被视为一个临时性的结果，这种结果会伴随着持续的社会互动而不断变化”。因此，总的来说，组织可以通过一系列策略来影响规则制定者以制定出有利于自身的制度，或者直接影响外部合法性评价主体的认知体系，来实现操纵环境获取合法性的目的。*Academy of Management Review*2015 年第 40 卷第 1 期的专刊中刊发的一系列文章也明确指出了沟通、互动和修辞策略在合法化过程中的重要作用（Cornelissen et al., 2015; Gray et al., 2015; Ocasio et al., 2015; Bitektine & Haack, 2015; Harmon et al., 2015; Clemente & Roulet, 2015）。这一研究学派也被称为“修辞制度主义”学派（Rhetorical Institutionalism）（Hoffer & Green, 2016），该领域现阶段也已经成为组织的新制度主义研究中的一个核心方向。

2. 组织合法性的后果

学者普遍认为合法性会影响组织层面的一系列结果变量，其中探索最为广泛的是组织绩效。

关于合法性和组织财务绩效的探索主要集中在金融和公司治理研究领域。Pollock 和 Rindova（2003）基于 225 个首次公开募股（IPO）企业的分析发现，以媒体报道数量测量的合法性对交易首日的股票交易额存在显著的正向影响。Bansal 和 Clelland（2004）借助对 100 家企业五年股票市场的表现情况的分析得出，具备环保合法性的企业，即在自然环境保护上遵循利益相关者预期的企业，会面临更低程度的非系统性股票市场风险。Cohen 和 Dean（2005）基于 221 家 1998 年 1 月至 1999 年 12 月首次公开募股（IPO）美国企业的分析发现，高管团队合法性与 IPO 时定价过低存在显著的负相关关系，作用机理在于合法性能够弥补信息不对称导致的投资者估价偏差。Certo 和 Hodge（2007）的研究也指出，投资者对组织的合法性感知会影响组织未来的财务绩效。

战略和创业学者也对合法性的结果变量进行了探索。组织生态学的一系列研究指出，合法性可以提高组织的生存率（Meyer & Rowan, 1977; Baum & Oliver, 1991; Hannan & Carroll, 1992），这种作用在面向科创企业时可能更为明显（Amezcua et al.,2013）。Zimmerman 和 Zeitz（2002）指出，合法性作为组织持有的一种特殊资源，有助于组织获取其他资源，是科创企业生存和发展的重要保障。Doh 等（2005）的研究强调了专业机构所赋予组织的合法性认可对于组织的社会绩效有着正向影响。Choi 和 Shepherd（2005）的研究则证实了更具认知合法性的成熟企业更容易获得利益相关者的支持。此外，Guo 等（2014）、杜运周和刘运莲（2012）、杜运周和张玉利（2012）、杜运周和李毛毛（2012）、彭伟等（2013）、杜运周等（2012）等一系列创业研究者的实证研究表明，合法性对于科创企业的财务绩效表现和成长绩效表现均具有正向影响。

还有一些学者探讨了合法性对企业行为的影响，如周劲波等（2014）的研究探索了合法性和科创企业国际化速度的关系；Coombs 等（2012）则探索了四种类型企业合法性对联盟治理结构模式选择的影响。

六、研究评述及展望

组织合法性的概念自提出以来，一直是不同领域学者研究的焦点所在，这从管理学顶级刊物 *Academy of Management Journal* 和 *Academy of Management Review* 等杂志近几年里频现的关于合法性主题的文章中也可以发现。结合现有研究现状及本书的研究主题，现将该领域的研究情况总结如下：

（1）关于组织合法性的一般性研究成果较为丰富，现有研究开始逐渐关注一些特殊类型企业及企业特定行为的合法性获取问题。早期的学者已经就组织合法性的定义及内涵进行了深入且广泛的探讨，尽管在合法性的类型划分上仍不一致，但均有着一定的理论基础，且不同类型合法性划分观点上并不存在本质上的冲突，可能仅仅只是研究视角上的差异而已。随着组织合法性一般性研究成果的逐渐丰富，基础理论研究体系得以形成，学者们开始逐渐将研究视角转向一些特殊类型企业及企业特定行为的合法性获取问题上，其中比较具有代表性的有四个研究分支：制度创业的合法性获取、企业国际化的合法性获取、战略联盟的合法性获取以及科创企业的合法性获取。尽管一系列研究很早便提出了合法性对于科创企业生存和成长具有重要作用（Hannan & Carroll, 1992; Zimmerman & Zeitz, 2002），但该领域的实证研究仍然相对稀缺，尤其是在合法性来源的问题上的解释仍不全面。近期一些关注于企业在获取合法性上的能动作用的研究指出，科创企业可以借助塑造与利益相关者预期相匹配的价值观和战略模式来获取合法性（Guo 等 , 2014; 彭伟等 , 2013; 杜运周等 , 2012）。考虑到科创企业的正外部性，政府、金融组织及大型企业通常会借助一系列手段来扶持科创企业，而基于 Scott（2008）关于合法性获取的观点，这种由权威机构做出的间接“认证”行为也很有可能会增加科创企业的合法性，但这一观点现阶段仍未有研究证实。

（2）关于组织合法性的测量还有待于进一步的规范和统一。现阶段关于组织合法性的实证研究中大多为案例研究，定量研究仍不多见。在为数不多的定量研究里，绝大多数学者采用的是替代指标测量法，如 Deephouse（1996）采用的是规制认可和公众认可两个替代测量变量；Kuilman 和 Li（2009）采用的是模糊密度（Fuzzy Density）、对比度（Contrast）和外部受众的接受度（Audience Acceptance）三个替代测量变量；Li 等（2007）采用的是密度和当地居民的接受度两个替代测量变量。Certo 和 Hodge（2007）则借助构建的一个由四个题项组成的量表来测量组织合法性，并通过描述客户、供应商、雇员、竞争者四个利益相关群体对组织的认可程度来表征组织的合法性程度。杜运周等（2012）在此基础上，增加了三个题项用以描述政府和投资者对组织的认可，从而形成了一个七题项的组织合法性量表。这一量表的信度随后也得到了其他一些研究的验证（杜运周和刘运莲 , 2012; 杜运周和张玉利 , 2012; 杜运周和李毛毛 , 2012; 彭伟等 , 2013）。总的来说，现阶段采用利益相关者对组织的认可度作为组织合法性的替代测量已经得到了该领域定量研究学者的普遍认同。但不同利益相关者对组织合法性的评判之间是否会表现出一致性，也就是说，组织合法性是否能通过一个由不同利益相关者评价构成的量表来进行测量，仍值得商榷。Lamin 和 Zaheer（2012）在研究中明确表明，在评判组织合法性时，不同类型的利益相关者（精英群体和一般群体）会使用不同的规范集（分别基于经济性和伦理性）来对一个企业的合法性进行不同的评判。当然，不同利益相关者对组织合法性的评价是否会表现出一致性，可能与被评价组织所处的制度环境有关（Bitektine & Haack, 2015）。在一个稳定的制度环境中，由于一个给定类型的组织适用哪一套给定的规范往往是约定俗成的（如一个已经建立的技术或环境标准），因此评价者的合法性评判行为受到主导性逻辑的“指引”而表现出高度的一致性，也就是说，合法性评判的制度化程度越高（即更具正当性），关于一个给定组织的合理性评判应选择怎样的规范的一致性和同构性程度也就越高。这也正是现有一些学者（Certo 和 Hodge, 2007; 杜运周等 , 2012; 杜运周和刘运莲 , 2012; 杜运周和张玉利 , 2012; 杜运周和李毛毛 , 2012; 彭伟等 , 2013）采用不同利益相关者聚合评价量表研究的基础。不过，正如 Suddaby、Bitektine 和 Haack（2017）所指出的，科学测量组织合法性显然还有待更多学者的深入探索，比如探索利益相关者评价一致与否的边界条件或情境条件，就有助于学者在不同情境下科学选择组织合法性的测量工具。

第三节　创业导向的相关研究

一、创业导向的内涵及定义

学者提出了各式各样的标签来描述一个企业是否具有创业特质直至“创业导向”叫法的提出并被广泛接受（Zahra et al., 1999），因此，创业导向概念的提出和界定可以说经历了一个不断演变和完善的过程（魏江等 , 2009; 朱秀梅等 , 2013; Anderson et al., 2015; Linton & Kask, 2017）。

创业导向的雏形最早可以追溯到 Mintzberg（1973）所提出的“创业战略制定模式”（Entrepreneurial Strategy-making Mode），它表现为企业的战略决策方式，用于描述企业在动态环境中积极寻求机遇并借助战略选择来实现企业绩效提升的一种倾向。Khandwalla（1976）则将其称为“创业管理方式”（Entrepreneurial Management Style），并用其描述大胆的、具有风险的、具有进攻性的决策制定模式，来与谨慎的、稳定导向的决策制定模式相区分。

Miller（1983）在此基础上指出，创业实质上是一个多维度的构念，它可以用创新性（Innovativeness）、先动性[①]（Proactiveness）和风险承担性（Risk Taking）来加以描述。尽管 Miler 根据这三个标准区分了创业型企业

① 关于Proactiveness的翻译，国内有三个版本，前瞻性、先动性、超前行动性，其本质内涵一致。为与原有文献中所表述的相一致，在本书文献综述部分，将直接沿用原文的表述。在后续部分里，本书将其统一翻译为先动性。

（Entrepreneurship Firm）和保守型企业（Conservative Firm），并将创业型企业定义为那些追求创新、主动进入新市场、在追逐新机会时能够承受一定金融风险性的企业，但他并未将其合成为更高层次的构念。

之后，Covin 和 Slein（1989）提出了战略姿态（Strategic Posture）的概念来描述企业的总体竞争导向，并指出创业—保守导向（Entrepreneurial-Conservation Orientation）是战略姿态的预测指标，如果企业的高层管理者倾向于承担商业风险、偏好借助变革和创新来获取竞争优势、积极与其他企业竞争，那么这类企业便可以称为创业型企业，具有创业战略姿态。此外，他们还指出 Miller（1983）所提出的创新性、先动性和风险承担性三个维度可用于表述一个由三维度构成的战略姿态构念，并开发了一个由 9 个题项构成的单维度量表。尽管 Covin 和 Slein（1989）并未使用“创业导向”这一术语，但所描述的创业战略姿态构念实质上等同于现今所描述的创业导向概念（魏江等，2009; Linton & Kask, 2017），这在后续学者测量创业导向时广泛采用他们所开发的量表的做法中也能够得以体现。

创业战略姿态的概念引起了随后学者的广泛关注，并诱发了激烈的探讨（Covin, 1991; Covin & Slevin, 1991, 1993；Zahra, 1993），争论的焦点在于创业战略姿态的本质是什么以及如何对组织层面的创业现象进行概念化等问题。这次争论的一个大致结果是，与创业行为不同，创业战略姿态是组织层面的一种战略导向，更多描绘的是在位企业持续保持创业精神的一种强度或倾向。

而后，Lumpkin 和 Dess（1996）在 *Academy of Management Review* 刊文明确提出了创业导向（Entrepreneurial Orientation）的构念，并将其定义为“能够引发新进入行为的过程、实践和决策制定活动”。他们在以往研究的基础上进一步引入了自主性（Autonomy）和竞争进取性（Competitive Aggressiveness）两个维度，并指出这五个维度能够独立变化，而这与 Covin 和 Slevin（1991）所指出的创业战略姿态三维度具有共变性存在分歧，但他们所提出的“创业导向”构念一直被沿用至今。

近期，Anderson 等（2015）在 *Strategic Management Journal* 上撰文指出，创业导向是个包含创业行为（Entrepreneurial Behaviors）和管理者对风险的态度（Managerial Attitude Towards Risk）两个维度的概念，前者是指企业对新产品、新流程或新商业模式的追求（即创新性），以期在新产品 / 市场领域获取预期商业效益（即先动性）；后者则是指企业高层管理者采取结果未知的战略行动的倾向。

总的来说，关于创业导向维度划分的问题学界至今未达成一致见解，争论的核心也主要集中于单维度还是多维度模型上。尽管 Miler（1983）的研究指出创业导向是由三个维度构成的，但这三个维度之间具有共变性，是可以聚合成一个二阶单维变量的。而 Lumpkin 和 Dess（1996）所描述的创业导向的五维度则是具有一定程度独立性的，即可能不具有共变性。因此，Covin 和 Wales（2012）的研究就明确指出，以上两种划分方式的创业导向概念所描述的可能并非是同一个现实，从而在测量方式上呈现出了差异性，其中 Hughes 和 Morgan（2007）的量表匹配的是 Lumpkin 和 Dess（1996）的创业导向概念，而 Covin 和 Slein（1989）的量表匹配的是 Miler（1983）的创业导向概念。

与 Stam 等（2008）、Anderson 等（2015）等现有多数研究保持一致，本书采用 Miller（1983）与 Covin 和 Slevin（1989）对创业导向的界定，它由创新性、先动性和风险承担性构成，它们所共同反映的是企业是否具有持续的创业精神和创业姿态。Rauch 等（2009）和 Rosenbusch 等（2013）在关于创业导向研究的元分析中也表明，Miller、Covin 和 Slevin 对创业导向的界定在现有文献中仍然处于主导地位。

二、创业导向的维度及测量

关于创业导向的维度及测量一直以来都存在着较大的争议，具体来说，主要表现在以下三个方面上。

（1）创业导向维度的数量。Miller 和 Friesen（1978）较早对创业型企业的特征进行了识别，包括分析性、整合性、适应性、风险承担倾向和创新性，这一研究并未就如何测量的问题进行更深入的探讨，但为后续的创业导向的维度划分奠定了理论基础。Miller（1983）正式将创业导向型企业的特征归纳为创新性、风险承担性和先动性三个，这一维度划分方式经 Covin 和 Slevin（1989）、Naman 和 Slevin（1993）的检验和推广后也被后期许多学者所认同并引用。

Lumpkin 和 Dess（1996）提出了创业导向的五维度模型，在 Miller（1983）三维度模型的基础上增加了自主性和竞争进取性两个维度。Lumpkin 和 Dess（2001）随后借助对 133 家美国企业的样本调研实证检验了先动性和竞争进取性两个维度之间的差异性。Lumpkin 等（2009）则进一步从理论角度对自主性维度进行了深入的探讨，并借助实证研究证明了自主性是区别于其他维度的创业导向构成维度之一。五维度模型也得到了许多学者的认同并被应用于一系列研究中（Walter et al., 2006; Chang et al., 2007; Hughes & Morgan, 2007）。

此外，除了较为主流的创业导向三维度模型和五维度模型外，也有一些学者指出创业导向可能由两个维度构成。如 Tang 等（2008）以中国企业为样本的实证研究结果表明创业导向只包含创新性和风险承担性两个维度；Niu 等（2009）以 199 家中国科创企业为样本的实证研究则表明创业导向只包含创新性和行动超前性两个维度；张玉利和李乾文（2009）以 185 家企业为样本的研究也将创业导向聚合成两个维度，创新与超前行动性、承担风险性；Anderson 等（2015）则将 Miller（1983）创业导向三维度合并为两个维度，其中将创新性和先动性合并为创业行为（Entrepreneurial Behaviors），而将风险承担性表述为管理者对风险的态度（Managerial Attitude Towards Risk）。

（2）创业导向维度之间的关系。该领域的另一个争议在于创业导向子维度之间的关系，也就是这些子维度是否具有共变性。根据 Miller（1983）的观点，创业导向三个维度之间具有共变性。而 Lumpkin 和 Dess（1996）在文中指出自主性、创新性、风险承担性、先动性和竞争积极性可能可以独立地变化。关于创业导向维度共变观和独立观的问题引发了后续学者的广泛探讨，一部分学者支持共变观（Covin & Slein, 1989; Madsen, 2007），另一部分则支持独立观（Kreiser et al., 2002; Richard et al., 2004; Moreno & Casillas, 2008），至今未达成一致共识。

这些从实证角度对创业导向维度之间是否存在共变性进行检验的研究，有可能并无法从根本上解决争论（张宏云，2012），因为研究结果可能会因数据采用以及统计分析的偏差而呈现出差异性。因此，近期一些学者开始从理论层面入手分析导致这一争论存在的根本原因。张宏云和杨乃定（2010）对以往研究进行全面回顾后指出，维度独立性与否的争论的根源在于研究者在创业导向的内涵理解上存在本质差异。George（2011）的研究则更为系统地阐述了创业导向维度独立性的争议问题，他指出，对于创业导向内涵的认识不同导致了学者对维度独立性与否的不同见解，并形成了反映型（共变性）和形成型（独立性）量表两种不同的测量方式。这两种观点本身并无对错之分，学者应该根据具体的研究问题加以区别对待，但根据 George（2011）的观点，现阶段创业导向的测量更适合采用反映型量表。

当然，现阶段学者关于创业导向各维度之间的关系的认定远比早期要复杂，一些学者认为，即便创业导向是由其子维度构成的二阶构念，这也并不妨碍各子维度对特定结果变量（如企业绩效）的影响是不完全一致的，因为子维度之间的共变性只要达到一定程度，从统计学方法上便可以认为更高阶构念存在是可信的，这在现阶段的很多实证研究中可以体现出来。本书汇总了现阶段学者有关创业导向实证研究中关于创业导向各子维度的关系以及选择的研究视角（见表 2-5）。

表 2-5 现有研究关于创业导向子维度关系的认定及考察视角

学者	样本	维度	考察视角
Lumpkin 和 Dess（2001）	成立时间 7 年以下的 94 家美国企业	创新性、风险承担性、先动性、竞争进取性、自主性五个独立维度	子维度
Wiklund 和 Shepherd（2005）	雇员少于 50 人的 413 家瑞士小企业	包含 8 个测量题项的单一维度构念	整体构念
Walter 等（2006）	149 家知识溢出型企业	包含 6 个测量题项的单一维度构念	整体构念
Keh 等（2007）	雇员少于 100 人的 294 家新加坡小企业（66.3% 成立时间少于 5 年）	由创新性、风险承担性和先动性三个维度组成的二阶构念	整体构念
Green 等（2008）	110 家美国制造业企业	由创新性、风险承担性和先动性三个维度组成的二阶构念	整体构念
Li 等（2008）	213 家中国企业	由创新性、风险承担性和先动性三个维度组成的二阶构念	子维度
Wang（2008）	213 家中型以上美国服务业和制造业企业	由创新性、风险承担性、先动性和竞争进取性四个维度组成的二阶构念	整体构念
Casillas 等（2010）	449 家西班牙家族企业	由创新性、风险承担性、先动性三个维度组成的二阶构念	子维度
Kollman 和 Stöckmannn（2014）	228 家德国成熟企业	创新性、风险承担性和先动性三维度具有独立作用	子维度
Stem 和 Elfring（2008）	125 家荷兰企业	包含 9 个测量题项的单一维度	整体构念
Richard 等（2004）	153 家美国银行	认同三维度模型，但实证发现仅由创新性和风险承担性两个维度组成	子维度
Wales 等（2013）	285 家瑞士中小企业	由创新性、风险承担性和先动性三个子维度构成的二阶单维度构念	整体构念
Short 等（2009）	426 家 S&P 500 企业	创新性、风险承担性、先动性、竞争进取性、自主性五个独立维度	子维度
Clercq 等（2010）	232 家加拿大企业	包含七个题项的单一维度概念	整体构念

续表

学者	样本	维度	考察视角
李雪灵等（2011）	418 家中国科创企业	由创新性、风险承担性、先动性三个维度组成的二阶构念	整体构念
姚瑶、左斌（2012）	206 家成立 42 个月以上的中国企业	由创新性、风险承担性、先动性、竞争进取性、自主性五个维度组成的二阶构念	整体构念
焦豪等（2008）	108 家成立 3 个月以上的中国企业	由创新与先动性、风险承担性两个维度组成的二阶构念	均考察
胡望斌等（2014）	150 家中国科创企业	由创新性、风险承担性、先动性三个维度组成的二阶构念	子维度

资料来源：笔者整理。

（3）创业导向量表测量方式。量表的测量方式受学者对创业导向各维度之间关系认定的影响，而这决定了在测量时是采用反映型量表还是形成型量表。反映型创业导向量表将二阶构念创业导向视为各一阶子维度的映射，是创业导向的变化导致了各一阶子维度的变化，各一阶子维度之间具有较高的相关性和可替代性，删除任何一个一阶子维度并不会影响测量的完整性（George, 2011; Covin & Wales, 2012; Anderson et al., 2015）。而形成型量表则说明了创业导向理念构念的不同方面，二阶构念的意义存在于对一阶维度的整合基础之上（MacKenzie et al., 2005），如果缺少某个二级维度，则量表对一阶构念的估计就是不完整的。形成型量表的二级指标之间可以具有较高的相关性，也可能不具有相关性。

从计算方式上来看，现有主流测量创业导向的为累加式量表，而累加式量表又可以分为单维度累加式量表和多维度累加式量表。由于形成型二阶模型需要准确获取创业导向的所有维度，因此维度缺失造成的误差将难以避免，从而无法采用多维度累加式量表加以准确测量。因此，持有形成型创业导向构念观的研究者一般采用两种方式来解决这一问题：①聚焦于创业导向的构成子维度本身，测量子维度与其他结果变量之间的关系；②改变测量层面，将测量题项直接指向创业导向本身而非其一阶子维度。但在现有文献中，采用第一种方式的居多，以第二种方式的研究并不多见（Morris & Paul，1987）。据此可知，形成型二阶创业导向模型的测量多采用单维度累加式量表。

反映型二阶创业导向模型的测量则较为复杂，当研究者聚焦于创业导向构念本身时，可以采用对子维度进行累加（求平均数）来测量，此时一般采用多维度累加式量表（Stam & Elfring, 2008; Wales et al., 2013; 张捷，2010）；尽管持有反映型创业导向构念观的学者认为创业导向的子维度间具有共变性且应具有相同的因果变量（George, 2011; 张宏云，2012），但各子维度对结果变量的影响也可能存在一定的差异性（Pearce，2009），此时应采纳单维度累加式量表；此外，也有学者指出反映型二阶创业导向构念的测量也可以采用累乘式的量表（Slevin & Terjesen, 2011）。

三、有关创业导向的定量实证研究

创业导向自提出以来便一直受到战略管理和创业管理领域研究者的广泛重视，相应的实证研究也十分丰富。这些实证研究大多关注创业导向对企业绩效的影响，但早前的研究主要聚焦于创业导向作为自变量和中介变量是如何影响企业绩效的，直到近几年，一些研究才开始思考创业导向作为调节变量是如何影响其他变量与企业绩效的关系的。本小节也将从这三个方面入手进行综述。

1. 创业导向与企业绩效的直接关系

关于创业导向与企业绩效直接关系的实证研究并未达成一致的结论。从绝大多数有关创业导向的实证研究来看，持正向论的居多，这一分支大多基于 Miller（1983）的开创性研究观点，认为这类企业能够时刻保持创业阶段所呈现出的优良品质，如强调创新、关注未来、敢于冒险，从而能通过迅速构建自身的竞争优势来保持甚至提升自身的高绩效水平。不过很快，学者便开始反思创业导向是否总是会促进企业绩效的提升，Covin 和 Slein（1989）在研究中便指出，创业导向与企业绩效的关系可能会因为情境的不同而呈现出不同的结果。而后，以 Hart（1992）为代表的一些持负向观的学者认为，创业导向的高资源消耗性，并不利于那些资源基础薄弱企业的绩效提升。这一定程度上也促成了创业导向与企业绩效权变关系观的初步形成，关于创业导向与企业绩效关系的边界条件的探索也开始成为学者研究的核心关注点。

Lumpkin 和 Dess（1996）在其研究中对可能影响创业导向和企业绩效关系的调节变量做了分析，并将其归纳为两类：一类是外部环境因素，如产业特征、环境动态性、环境复杂性、环境宽松性、资源丰裕性等；一类是组织内部因素，如组织规模、组织架构、组织战略类型、组织文化、高管团队特征等。

学者的一系列实证研究也陆续证实了这一观点，当然研究的自变量并不完全一致，一些学者关注创业导向本身，而一些学者则关注创业导向的子维度。

在外部环境因素权变影响的实证研究上。Lumpkin 和 Dess（2001）的研究指出，在行业发展的早期阶段（即外部环境表现为快速变化性和不确定性时），先动性与企业绩效的正相关关系更强；而在行业发展的成熟阶段（即外部竞争开始加剧且资源不再充裕时），竞争进取性对企业的帮助更大。Wiklund 和 Shepherd（2005）的研究则表明了环境和资本获取渠道的权变影响，当环境呈现为稳定性且资本获取渠道缺乏时，创业导向对绩效的促进作用最强，而当环境呈现为动态性且资本获取渠道丰富时，创业导向对绩效的促进作用最弱。Casillas 等（2010）的研究指出，环境动态性对风险承担性和企业绩效的关系存在调节作用，而环境敌对性对创新性和企业绩效的关系存在调节作用。

在组织内部因素权变影响的实证研究上。Walter 等（2006）的研究指出，创业导向对企业销售增长、利润获取、竞争优势及长期生存可能性的正向影响受企业网络能力的调节作用。Casillas 等（2010）的研究指出，隔代参与对先动性和企业绩效的关系存在调节作用。Stem 和 Elfring（2008）表明，创业导向与企业绩效的关系受创始团队外部和内部社会资本的联合调节作用，高内部网络中心度和多外部桥接联结能强化创业导向对企业绩效的正向影响；而当外部桥接联结少时，网络中心度将会弱化创业导向对企业绩效的正向影响。Clercq 等（2010）则分析了程序公平、信任和组织承诺三个因素对创业导向与企业绩效关系的权变影响，当这三个因素所构成的企业理想环境模式得分较高时，创业导向更有助于企业内部知识的流动和交换，从而带来更高的企业绩效。李雪灵等（2011）的研究表明，创业导向对企业绩效的作用受自洽合法性的调节影响，企业的自洽合法性越高，创业导向对企业绩效的正向作用越显著。

也有学者指出，外部环境因素和组织内部因素可能还存在交互调节效应。如姚瑶和左斌（2012）的研究便探讨了企业社会资本和产业位势的联合调节影响，当社会资本和产业位势都表现为高水平时，创业导向对企业绩效的积极作用就越强；当企业社会资本（产业位势）表现为低水平时，产业位势（社会资本）的水平越高，创业导向对企业绩效的积极作用就越弱。

2. 创业导向与企业绩效的间接关系

一系列学者也通过考察中介变量探索了创业导向影响企业绩效的作用机

制。Wang（2008）的研究表明，创业导向是通过影响学习导向从而作用于企业绩效的，企业战略类型对这一中介作用的前后两段均具有权变影响，相比于分析者（Analyser），探索者（Prospector）更能从创业导向中受益。Kollman 和 Stöckmannn（2014）指出，创新性和先动性对企业绩效具有正向影响，探索性和利用式创新在这两个关系中均具有中介作用；风险承担性对企业绩效具有负向影响，探索式创新在这两个关系中具有中介作用，而利用式创新则不具有中介作用。焦豪等（2008）的研究则指出，组织学习在创业导向和动态能力之间起到了中介作用，组织学习对动态能力有显著正效应，创业导向各构念对动态能力有不同程度的间接正效应。

3. 创业导向在其他变量与企业绩效关系上的调节作用

一些学者也检验了创业导向在其他自变量与企业绩效关系间的调节作用。Richard 等（2004）的研究表明，创业导向对管理团队中的文化多样性和企业绩效的 U 形关系存在调节作用，创新性的调节影响表现为显著正向，而风险承担性的调节影响则表现为显著倒 U 形。Li 等（2008）的研究指出，市场导向对企业绩效的正向影响受创新性和先动性的调节作用，但风险承担性并不具有调节作用。Wales 等（2013）也指出，创业导向对吸收能力和企业绩效的倒 U 形关系存在调节作用，当创业导向高时，倒 U 形关系最高值点所对应的吸收能力值将增加，并使吸收能力对企业绩效的影响始终维持正向；当创业导向低时，吸收能力的增加对企业绩效的正向影响将快速进入衰减阶段，并呈现为负向影响。胡望斌等（2014）发现，风险承担性、先动性均强化了创业团队成员年龄异质性、教育水平异质性、职能经验异质性与企业绩效的倒 U 形关系，而创新性的作用则弱化了创业团队成员年龄异质性、职能经验异质性与企业绩效的倒 U 形关系。

四、评述与展望

创业导向的概念自提出以后便开始受到战略学者和创业学者的广泛关注，并在 1990~2010 年达到了一个研究高峰期，一系列学者对创业导向的概念及本质和创业导向对企业层面结果变量（重点是企业绩效）的影响进行了深入的探索，并产生了丰富的研究成果。近几年来，在有关创业导向一些核心问题上，学者们开始逐渐形成共识，有关创业导向的研究数量也开始呈现出下降的趋势，但仍萌生了一些新的研究分支。关于创业导向的研究综述具体总结如下：

（1）创业导向的维度争议源于对创业导向内涵的理解偏差。尽管现阶段学者对于创业导向是单维度概念还是多维度概念的问题仍然存有分歧，但学者对这一问题产生的本质已经逐渐清晰，即在创业导向内涵上的理解差异性（George, 2011）。从内涵上来看，以 Miller 和 Covin 为代表的学者更多地将创业导向视为企业的一种特质，用于界定企业本身是否表现为一种创业型的企业，因此他们更加强调创业导向这一构念的整体性；而以 Lumpkin 和 Dess 为代表的学者更多地将创业导向视为企业的一种行为倾向，用于描述企业的一系列创业性行为，因此他们允许这些行为表现出一定程度上的差异性。与近期一些关于创业导向维度争议问题的观点相一致，本书认为，创业导向是可以聚合成一个二阶构念的（Hughes & Morgan, 2007; Anderson et al., 2015），并可以通过创新性、风险承担性、先动性等一系列一阶维度指标加以测量，这些指标反映了创业导向构念的内涵。对于创业导向各子维度之间是否具有共变性，这个可能是受样本和研究情境影响的，可能对于某一些特定类型或处于特定情境的企业而言，它们会在创新性、风险承担性、先动性等特征上表现出高度的一致性，但对于另外一些企业而言，则未必如此。这一定程度上也解释了基于不同样本的研究为何会在这一问题的结论上长期存在分歧，而对多样本、多情境的创业导向各子维度间的关系进行深入探索也可能是未来学者研究的一个关键方向。当然，如果这一假设成立，早期学者聚焦于创业导向或其子维度的研究就不存在对错之分，学者可以根据研究内容和目标的需要选择研究视角，是关注创业导向构念本身（如区分创业导向型企业和非创业导向型企业）还是聚焦于创业导向不同子维度在对目标结果变量影响上的差异性问题。

（2）考察创业导向的权变作用有可能是未来该领域研究的一个新方向。以往关于创业导向的前因变量和结果变量的研究已经不胜枚举，并已经形成了一个较为成熟的理论体系且在很多问题上已经达成了较为一致的见解。由于创业导向本质上刻画的是一个企业战略决策的观念和模式（胡望斌等，2014），而这已被学者证实是影响科创企业生存和成长的关键要素（Ucbasaran et al., 2003; Tang et al., 2008; 杨俊等 , 2010）。因此，一些学者也开始思考，创业导向作为企业层面的一个行为特质变量，是否会对其他自变量与因变量的关系产生权变影响。现有研究已经指出创业导向对文化多样性和企业绩效（Richard et al., 2004）、市场导向和企业绩效（Li et al., 2008）、吸收能力和企业绩效

（Wales et al., 2013）、团队异质性和企业绩效（胡望斌等，2014）等存在权变影响，但这些研究更多地关注于企业内部特质与创业导向之间的交互作用，后续的研究也可以尝试探索企业行为以及外部环境与创业导向之间的交互作用，从而厘清高创业导向型企业在处于不同外部环境、获取外部资源水平不同时，企业绩效是否会产生差异。

第四节　科创企业绩效相关研究

一、科创企业的界定

科创企业是指创立初期的科技企业，关于科创企业的说法最早可以追溯到组织生命周期理论（Greiner, 1972）。早期对于创业企业的描述多较为笼统，如爱迪思（Adizes）（2004）将处于孕育期、婴儿期、学步期和青春期阶段的企业称为创业企业，同样，陈佳贵（1995）所描述的孕育期和求生存期阶段的企业也可以被视为创业企业。为了便于操作化，实证研究者开始以具体的成立年限来界定企业是否为创业企业。在全球创业观察中，成立42个月以内的企业为创业企业，不过学术研究者对于这个多少成立年限内的企业可以被称为创业企业的界定仍具有差异性，但大致落在4~10年这个区间范围内（见表2-6）。不过Kazanjian和Drazin（1990）指出，企业度过生存期和成长期进入成熟期的时间会受所处行业、企业资源和战略等一系列因素的影响，因此不同学者的界定可能也并无对错之分。基于本书的研究目的，并根据现有研究的主流选择标准，本书将科创企业界定为成立时间在8年以内的科技企业。

表2-6　不同学者基于成立年限的创业企业界定

成立年限	采用者	文献来源
4年	Baum等（2011）	*Personnel Psychology*
6年	Zahra等（2000）	*Academy of Management Journal*
8年	Zahra（1996）	*Journal of Business Venturing*
	Li和Atuahene-Gima（2001）	*Academy of Management Journal*
	Li和Zhang（2007）	*Strategic Management Journal*

续表

成立年限	采用者	文献来源
8年	Larrañeta 等（2014）	*Strategic Management Journal*
	Batjargal 等（2013）	*Academy of Management Journal*
	杜运周等（2012）	管理世界
	蔡莉和尹苗苗（2009）	管理世界
9年	何晓斌等（2013）	管理世界
10年	Kiss 和 Barr（2015）	*Strategic Management Journal*

资料来源：笔者整理。

二、科创企业绩效的内涵

科创企业绩效，也被学者称为科技企业创业绩效，是用来衡量创业行为有效性的重要指标。正确认识科创企业绩效的内涵对于开展以科创企业为对象的研究，以及科学评价科创企业成功的标准均具有重要的意义。现阶段关于科创企业绩效的内涵基本沿袭了组织绩效的内涵及界定。在创业研究领域，学者并未过多地将关注点放在科创企业绩效的内涵研究上，而是更多地聚焦于操作化定义上。

科创企业绩效的测量大体沿用了企业绩效的测量体系。现有关于组织绩效的测量主要包含三个层次（Venkatraman & Ramanujam, 1986; Denisi & Smith, 2014）。

第一层次，财务绩效（Financial Performance）。用财务指标来测量组织绩效是经济学和管理学研究普遍采用的做法，财务指标是评价企业发展情况的核心指标，在并购、投资、上市等企业实践中也有较广泛的运用。销售（收入）和盈利是最常用的衡量科创企业绩效的财务指标①。Eesley等（2016）指出，相比于利润、雇员增长和生存来说，以收入测量科创企业绩效可能更加精确，尤其是在中国情境下，企业很可能会通过人为操纵利润率来达到投资者的预期水平或规避税收，所以利润率常常并无法反映企业的真实绩效；而由于生存指标无法细致描述企业发展的好坏，因此也只适用于研究企业是否存续等特定问

① 销售（Sale）和收益（Revenue）尽管在财务统计上存在一定的差异，后者的数值在企业存在递延、商业或现金折扣时会稍小于前者。但在科创企业中，这两者的差异可以基本忽略。

题。一系列学者也均使用收益来作为科创企业绩效的测量指标（Baum & Bird, 2010; Hmieleski & Baron, 2009）。此外，为了突出成长性，也有许多学者采用销售（收益）增长（率）评价科创企业绩效（Feeser & Wilard, 1990; Ensley et al., 2002; Batjargal et al., 2013; Eggers& Song, 2015; 张炜 , 2007; 彭伟等 , 2013）。当然盈利也被一些学者用于测量科创企业绩效，常用的指标包括净利润（范钧和王进伟 , 2011）、利润增长（Eggers & Song, 2015）、投资回报率（何晓斌等 , 2013）和净资产收益率（蔡莉和尹苗苗 , 2009）等。

第二层次，运营绩效（Operational Performance）。这是对组织成功的一个更广义的界定。由于关于科创企业的公开财务数据往往较难获取，加上大样本调研时科创企业也可能不愿意提供自身的财务数据（Sapienza et al., 1988），因此学者也设计了一系列基于企业运营状况的指标来用于测量科创企业绩效。由于研究领域和研究切入点不同，学者对基于运营视角的科创企业绩效的指标设定并不一致。种群生态学视角研究关注科创企业适应环境的指标——生存指标，尽管企业是否存续并无法全面评价科创企业的绩效（Delacroix & Carroll, 1983），尤其是无法对比存活企业的绩效差异，但仍有不少研究采用存续与否（Hiatt & Sine, 2014; Park & Steensma, 2012; Chen & Thompson, 2015）和存续时间（Yang et al., 2015; 傅利平和李永辉 , 2015）作为科创企业绩效的测量方式。战略视角的研究还用市场、产品、雇员和顾客等方面的指标作为绩效的测量方式。市场方面的指标包括市场开发能力（Govindarajan, 1988）、市场份额增长率（Li, 2001; Zahra et al., 2002）、市场准入度（Brouthers & Bakos, 2004）、市场营销能力（Delaney & Huselid, 1996）等；产品方面的指标包括新产品开发能力（Delaney & Huselid, 1996; Chakravarthy, 1996）、产品升级周期（徐宁和朱卫东 , 2005; 沈超红和罗亮 , 2006）、产品数量和质量（Chakravarthy, 1996; Kaplan & Norton, 1996, 2001）等；雇员方面的指标包括雇员生产率（Chakravarthy, 1986; Huselid, 1995; Kaplan & Norton, 1996, 2001）、雇员离职率（Kaplan & Norton, 1996, 2001）、雇员满意度（Kaplan & Norton, 1996, 2001）、创业团队离职率（王重鸣和刘帮成 , 2005）等；顾客方面的指标包括顾客满意度和忠诚度（Anderson & Sullivan, 1993; Fornell et al., 1996; Delaney & Huselid, 1996; Kaplan & Norton, 1996, 2001）。

第三层次，对组织成功的最为广义的界定便是“组织效能”（Organizational Effectiveness）。它将多重组织目标及利益相关者的利益均纳入组织绩效的考察范围内，如环境保护、慈善行为等。尽管第三种界定在理论发展领域已被广泛认同，但在实证研究中并未发展出相对成熟且被广泛采纳运用的测量工具，因此这一层次的科创企业绩效测量仍停留在理论层面。

三、科创企业绩效的测量

由于学者在组织绩效的测量上仍未达成一致见解，这也一定程度上导致了研究在测量科创企业绩效上存在差异性。从本质上来说，科创企业绩效测量指标的选择是基于科创企业绩效内涵的，大体可以划分为财务性绩效和非财务性绩效两种。对近期涉及科创企业绩效的研究来看，大体呈现出了三个发展趋势。

（1）财务指标和非财务指标并重。从已有研究来看，仅选用财务指标或非财务指标作为科创企业绩效的测量方式的研究并不占少数，但一些研究也指出，单纯采用财务指标或非财务指标均无法全面反映科创企业绩效（Murphy et al., 1996; 余绍忠 , 2013; Denisi & Smith, 2014）。因此，采用财务指标和非财务指标相结合的科创企业绩效复合型测量指标的研究开始逐渐增多并被越来越多的学者所认可（Zheng et al., 2015; 李宇和张雁鸣 , 2012; Åstebro & Yong, 2016; Bartz & Winkler, 2016）。

（2）即期绩效和成长绩效并重。针对一般性组织绩效的研究大多仅选用组织的即期绩效指标，而相关研究者在较早以前便指出创业绩效的测量应该关注科创企业的成长性（Chandler & Hanks, 1993; Fombrun & Wally, 1989; Tsai et al., 1991）。一方面，科创企业在成立初期往往不具有营利性，且并不以盈利作为初始投资的目标，而是以收益的增长、市场份额的增加和雇员数的增长作为首要目标（McGee et al., 1995; Merz & Sauber, 1995）。另一方面，科创企业在早期的成长状况对于形成核心竞争力和获取外部支持等来说至关重要，而这些可能会体现在长期的绩效表现上（Orser et al., 2000）。因此，很多学者在测量科创企业绩效时会同时考虑企业的即期绩效和成长绩效（McDougall & Oviatt, 1996; Oviatt & McDougall, 1994; Zahra et al., 2000; 彭学兵等 , 2016）。

（3）采用主观评价法还是客观评价法来测量科创企业绩效应该根据研究情境以及方法可实现性程度而定。客观评价法是指采用可量化的具体数字指标来评价科创企业绩效，它大多来自企业的财务报表（如 ROA、ROE、销售增长率、市场份额增长率、雇员增长等）（吴翠凤等 , 2014; 刘冰等 , 2016）和外部评价组织的客观性评价（如市场排名等）；而主观评价法则是指借助量表的形式间接评价科创企业绩效，通过李克特五点或七点计分法进行打分测量（彭学兵等，2016; Baluku et al., 2016）。当然，客观评价法和主观评价法各具优劣势：客观评价法相对来说数字会更加准确一些，因此在增加研究信度以及计算精确影响系数上具有绝对性的优势。但关于科创企业的面板数据往往极度缺乏，而统计部门统计的数据通常也难以满足研究者的具体研究需求，如对创业导向、合法性等构念进行测量也是客观指标难以实现的，因此客观评价法在一些研究内容上具有显著的优势。此外，创业者往往在提供财务数据上较为谨慎，这一定程度上也加大了客观评价法在科创企业绩效测量上运用的难度。

四、科创企业绩效的前因变量

基于本书的研究目的，本部分主要梳理有关科创企业绩效前因变量的现有研究文献，参考蔡莉等（2011）、蔡莉和单标安（2013）的做法，从网络、资源、创业者 / 创业团队、合法性、环境五个主题分述，分析近些年来不同主题间的交叉性研究状况，最后通过整合构建一个整体性的研究框架来对现有关于科创企业绩效的前因变量有一个更为全面的认识。

（1）网络与科创企业绩效。创业研究者普遍认为，网络能够为科创企业的战略行动提供资源支持从而有助于科创企业的成长和绩效提升（林嵩和姜彦福，2009）。现有研究已经就网络强度和网络规模等网络结构特性与科创企业绩效的关系进行了一系列的实证探索（Hoang & Antoncic，2003），如 Elfring 和 Hulsink（2003）的研究表明，兼具强弱联结的创业网络更有助于科创企业的机会识别、资源获取和合法性确立；Jack（2005）的研究进一步阐述了强弱联结对科创企业的影响机理，他指出，弱联结能够为科创企业提供获取多样化资源和信息的渠道，而强联结则有助于降低科创企业获取资源的时间并提高资源利用的能力；Ozcan 和 Eisenhardt（2009）从网络规模视角入手的研究则表明，创业者立足于整个行业去构建多主体的关系网络更容易形成高效的联盟，从而促进科创企业的成长。此外，一些研究也探讨了创业网络的治理机制对科创企业的影响（韩炜等，2014; 韩炜和杨婉毓，2015）。

（2）资源与科创企业绩效。研究已经表明，资源对创业行为和科创企业绩效具有重要意义，而这在新兴经济体中表现尤为明显（West et al., 2008）。一系列学者的实证研究也证实了社会资本（Jonsson & Lindbergh, 2013; Cao et al., 2016）、知识资源（Zahra et al., 2000; 范钧和王进伟，2011; 黎常等，2016）、金融资源（Guo & Jiang, 2013; 许昊等，2016; Park & Tzabbar, 2016）、政治资源

（张平等，2014; Söderblom et al., 2015; Butler et al., 2016）对科创企业层面的一系列结果变量（如创业绩效、创新行为、创新能力等）具有正向影响。除了这些探索资源获取的研究以外，一些研究也关注资源整合行为（Sirmon et al., 2007; Wiklund & Shepherd, 2009; 彭学兵等，2016）、资源利用行为（Furlan et al., 2014）对科创企业绩效的影响。

（3）创业者（创业团队）与科创企业绩效。现有研究探索了创业者的人口统计学特征、能力特征、心理特征等对科创企业设立及绩效的影响，如创业者的性别（DeMartino & Barbato, 2003）、风险承担倾向（Caliendo et al., 2009）、政治技能（程聪等，2014）、个性（De Jong et al., 2013）、心理资本（程聪，2015）、创业者过往经历（Dencker & Gruber, 2015）。创业团队层面的研究则主要聚焦于团队成员功能性背景的异质性对科创企业绩效的影响（Eesley et al., 2014; 胡望斌等，2014），少部分研究关注创业团队成员特质对科创企业绩效的影响，如 Beckman 等（2014）的研究表明了董事会成员的关系多元化会影响科创企业构建外部联结的能力从而影响科创企业的绩效；Wang 和 Song（2016）基于 2004~2009 年 274 个中国科创企业 IPO 数据的分析表明，当企业的 CEO 非创始人时，创始人在董事会中的比率对 IPO 溢价存在倒 U 形的影响；此外，如果风险投资者列席董事会，那么创始人列席董事会将对 IPO 溢价有着线性的正向影响。

（4）合法性与科创企业绩效。关于科创企业合法性的研究文献近几年一直在呈逐步上升的趋势（Überbacher, 2014）。有关这块内容的详细研究综述详见第二章第三节，这里不再赘述。简要地说，很多研究已经证实了合法性对于科创企业绩效提升的正向作用。

（5）创业战略与科创企业绩效。一系列研究探索了科创企业或创业者战略选择的前因变量和结果变量。如 Fern 等（2012）的研究表明，企业创始人和创业团队成员的过往经历会影响创业战略的选择；李新春等（2010）的研究发现，创业者发展外部关系和构建内部能力对科创企业成长有显著的正向作用；何晓斌等（2013）的研究则探索了创业者的时间分配策略（更多花在内部管理还是社交活动上）对科创企业绩效的影响。

（6）环境与科创企业绩效。Kiss 和 Barr（2015）的研究表明，社会信念结构和所处行业的成长情况对科创企业的战略选择具有影响；Hiatt 和 Sine（2014）的研究指出，高政治和民间暴力环境会影响企业的生存，减少战略性计划的收益但会增加操作性计划的收益；Batjargal 等（2013）的研究则表明了弱性和低效不仅会影响科创企业网络中结构洞的数量，同时也会影响科创企业的收益；Eesley 等（2016）通过对“985 工程”建设项目和科创企业绩效关系的研究发现，当制度变革与更广泛意义上的规制、规范和认知文化制度不一致时，它会对科创企业绩效产生负向影响。早期的研究也将外部能动主体作为企业的一种外部环境因素加以分析，如 Pahnke 等（2015）的研究基于制度理论分析了风险投资者、公司投资者和政府机构的不同制度逻辑是如何影响科创企业的创新行为的。

（7）不同科创企业研究主题间的融合。尽管上述五个主题的研究脉络均较为清晰并独立成体，但关于不同科创企业研究主题的融合性探索在近几年也逐渐增多。在环境与战略融合方面，Larrañeta 等（2014）的研究表明，科创企业在高度动态性的环境下能从多样化战略中获益更多。在环境和创业者融合方面，Ensley 等（2006）的研究表明环境动态性对变革型领导和科创企业绩效的关系存在显著的正向调节作用，对交易型领导和科创企业绩效的关系存在显著的负向调节作用。在资源和环境融合方面，Amezcua 等（2013）的研究表明，外部环境中的资源丰裕性对科创企业存活率的影响受区域中科创企业密度的权变影响。在资源和创业者融合方面，Park 和 Tzabbar（2016）以 482 个美国生物科技公司为样本的研究表明，风险投资者倾向于鼓励科创企业在早期发展阶段追求创新和冒险行为，而规避其在后期阶段的创新和冒险行为；科创企业拥有一个强势的 CEO 会强化前者的正向影响且弱化后者的负向影响。

据此，本书整理出了关于科创企业绩效的研究框架（见图 2-6）。

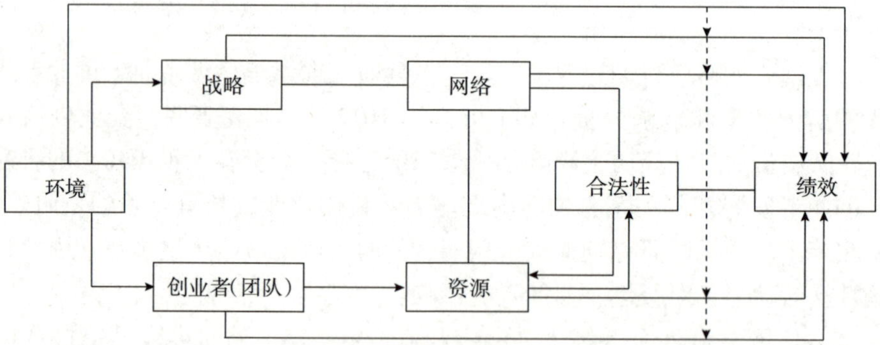

图 2-6　科创企业研究框架体系

注：实线箭头代表直接影响，虚线箭头代表权变影响。

资料来源：笔者整理绘制。

五、评述与展望

创业一直是学者重点关注的研究问题之一，*Academy of Management Journal*、*Academy of Management Review*、*Strategic Management Journal* 等顶级期刊上有关创业研究的文章频现，*Entrepreneurship Theory and Practice*、*Journal of Business Venturing* 等创业研究专刊的影响力也日益攀升，可以说，近几年创业研究得到了快速发展，并已然成为管理和组织研究的一个重要领域。

以企业设立为分界点，现有关于创业的研究大体可以划分为两大块——创业行为和科创企业发展，前者更多关注于内外部因素（如外部环境、个体特质）对个体是否做出创业行为的影响以及个体如何识别和利用创业机会的过程，后者则主要聚焦于影响科创企业绩效的因素，基本形成了以环境、网络、资源、战略、合法性、创业者 / 创业团队为核心主题的六个研究模块，并重点探讨了这些关键要素间的相互联系及对科创企业绩效的影响。科创企业绩效作为评价创业成效及创业成功与否的一个重要指标，在创业研究中一直是学者普遍关注的核心变量之一，也贯穿于创业研究的始末。本小节对科创企业的界定、科创企业绩效的内涵及测量、科创企业绩效的前因变量三块内容进行了详细的回顾和评述，在此基础上，对该方向的研究不足和未来展望分析如下。

第一，外部主体对科创企业的影响。早期的研究大多将外部主体视为一种客观环境要素加以思考，也就是说，从制度视角入手分析这些主体的一般性行为所构筑的宏观环境对科创企业的影响。随着孵化器（张炜和邢潇，2007; Rothaermel & Thursby, 2005; Mas-Verdú, 2015）、加速器（何科方和钟书华，2012; 胡海青等，2013）、创业投资（Guo & Jiang, 2013; 许昊等，2016; Park & Tzabbar, 2016）等领域研究的不断深入，学者开始逐渐重视外部主体的策略性行为及所构建的“中观”社群（Community）环境对科创企业的影响，这些研究深化了我们对风险投资公司等其他营利性组织、孵化器等社会中介组织如何影响科创企业生存和发展的理论和现实理解。但现阶段有关政府行为和创业相结合领域的研究仍大多局限在政策对创业活动的影响上（陈刚，2015），对科创企业层面的研究则略显不足。

第二，不同科创企业研究主题之间的交互作用。近几年来，关于科创企业六个研究模块之间的交叉性探索开始频现，并呈现出了持续上升的态势。学者越来越重视影响科创企业绩效的不同变量间的交互作用，并尝试构建一个更为系统和完善的权变影响模型。现有研究已经就外部环境与战略、网络、资源和创业者等变量之间的交互作用进行了初步探索，但该方向的研究仍处于起步阶段。未来研究需要更深入地探讨不同因素影响科创企业绩效的内在机理和复杂过程，从而有效回应蔡莉和单标安（2013）在研究中所指出的“绝大多数学者的研究仅仅只关注某一创业研究问题，忽略了这些创业研究问题之间的内在联系”问题。

第三，中国情境下的科创企业研究。一系列学者开始倡导中国的管理研究需要“本土化”（徐淑英和张志学，2011），关于创业研究“本土化”的呼声也日益见涨（蔡莉和单标安，2013；杨俊，2014；董保宝，2014）。因此，在中国独有的情境下探索科创企业的生存和发展问题，不仅有助于检验西方成熟创业理论在中国的适用性，更重要的是可以构建能够解释中国独特创业现象和科创企业成长模式的新理论。举个例子，在中国情境下，政府对稀缺资源的控制及资本市场的不完善（Li et al., 2008），使得相比于国外而言，国内的科创企业更加依赖于关系网络来获取资源，尤其是政治关系（Li & Zhang, 2007; Sun et al., 2010; Fuller, 2010）。因此，未来研究可以开展一些更具“中国特色”的创业研究，从而探索在中国情境下影响科创企业绩效的一些关键要素。

第四，科创企业绩效测量的完善及优化。尽管现有学者在科创企业绩效测量指标的选择上并未达成完全一致，但大多数学者已经开始逐渐重视研究目标与绩效测量指标选择相匹配的重要性，且逐渐形成了财务指标和非财务指标相结合、成长性指标和即期性指标相结合、根据研究目的和情境选择客观性评价方法或主观性评价方法三个科创企业绩效测量标准选择原则。但绝大多数研究并未考虑到一些前因变量对科创企业绩效的滞后性（Lagged）影响（Zahra et al., 2000）。而早前的一些研究已经明确指出，将1~2期绩效纳入分析有助于深入理解一些行为型前因变量（如政府扶持、创业投资、网络构建等）对科创企业绩效的影响机理及这种影响是否具有持续性（Tallman & Li, 1996）。因此，学者在探索行为型前因变量对科创企业绩效的影响时应该更加注重对多期科创企业绩效的关注，从而深入认识这些变量对科创企业绩效的影响机理。

第五节　本章小结

本章对政府补贴、组织合法性、创业导向和科创企业绩效四个领域的以往研究情况进行了全面的回顾，并分别就这些领域的现有研究进展和研究不足进行了总结和归纳，并阐明了本书在核心变量定义和研究视角选择上的做法及其理论基础。从文献的回顾和评述结果来看，现阶段关于政府补贴和科创企业绩效的研究仍存在五个方面的不足和局限性，有待学者开展更为深入的探索。

第一，政府补贴的研究对象还需进一步拓展。现阶段关于政府补贴的研究仍主要关注大型企业，针对科创企业的研究仍不多见，考虑到科创企业与大型企业存在着显著的差异，政府补贴对科创企业的作用机理可能与对大型企业的作用机理完全不同。因此，借助大规模的样本调研检验政府补贴对科创企业绩效的影响，有助于进一步丰富现有政府补贴对企业绩效影响的理论体系。

第二，政府补贴影响科创企业绩效的根本机理还需进一步明确，整合资源和制度视角的研究观点以及考察不同类型政府补贴的作用差异将会成为研究的核心切入口。对于政府补贴影响科创企业绩效的根本机理仍缺少足够的关注。以往学者的实证研究普遍支持的一个观点是，政府补贴是借助促进研发投入、增加企业资金储备从而提升科创企业绩效的，也就是说，仅从资源视角考察了政府补贴的影响机理。制度视角的研究为政府补贴的作用机理提供了另一种解释，即与权威机构的联结有助于增加内外部利益相关者对科创企业的正面评价——组织合法性的提升，但遗憾的是，仅有理论研究和制度创业领域的实证研究对此进行了深入的探讨，仍未有学者借助大样本的定量研究对此加以检验。此外，尽管资源视角和制度视角的观点为政府补贴对科创企业绩效的影响可能存在两条截然不同的作用路径提供了理论支持，但鲜有研究对这两个视角的观点加以整合从而厘清基于资源输入和基于合法性提升两种作用机制的差异性。学者已经发现，识别不同类型政府补贴或者说政府补贴的不同成分有助于进一步深化对科创企业的复杂作用机理的理论认识，正如杨洋、魏江和罗来军（2015）指出的，“考察哪一种形式的补贴会产生最好的促进效应以及进一步聚焦到某一种特定形式的补贴，将是我们未来研究的一个重要方向”。但以往研究大多仅实现了对不同政府补贴具体形式差异化影响的考察（江静，2011；柳光强，2016），并未从管理学视角深入探索政府补贴不同成分存在复杂作用机理的根本所在，而 Colombo 等（2013）所指出的考察政府补贴是否具有选择性，很有可能会成为实现这一研究目的的关键突破口。

第三，早期关于政府补贴和科创企业绩效的权变关系观还需进一步深化和拓展。从现有关于政府补贴与规模以上企业绩效关系的实证研究结果来看，学者已经开始从简单的“正向论”和“负向论”观点逐渐转向“权变论”的观点，更多地开始关注于政府补贴发挥正向作用或负向作用的情境条件，如针对哪些类型的企业、在哪些区域、在怎样的制度环境下、采用怎样的补贴方式、补贴多少数额等问题对政府补贴有效性的影响，并逐步形成了政府补贴与企业绩效关系的权变影响观。这为探索政府补贴和科创企业绩效的权变关系模型奠定了一定的理论基础，Amezcua 等（2013）证实了外部主体对科创企业的资金支持与科创企业存活率的关系受区域科创企业密度的调节影响，而项国鹏和黄玮（2016）则证实了政府补贴对科创企业绩效的影响受企业成立年限的调节作用，这些研究的开展均对政府财政支持与科创企业绩效权变关系模型的构建有着重要的推动作用。而从关注于企业人口统计学层面的变量，如成立年限、规模、所有权属性等，突破到关注于企业能力和行为特质层面的变量，如吸收能力、创业导向、竞争导向、网络导向等，将有助于深化学者以及创业者对政府补贴复杂作用机理的认识，从而为政府制定更加完善的科创企业财政补贴政策提供直接的现实启示。

第四，组态视角下政府补贴与科创企业绩效研究。资源观与制度理论的整合，因素条件的组态效应分析，可能能够更好地解析政府扶持资金对科创企业绩效的影响。以往传统单一的情境因素研究无法全面解释资金补贴对科创企业绩效的复杂影响机制，前述政府补贴成效的“正向观—不相关观—负向观”悖论也说明了这一点，研究的碎片化会导致结论不一致性问题。科创企业的“新创弱性”使得政府补贴与资源层面要素、制度层面要素的整合更具有紧迫性。定性比较分析（Qualitative Comparative Analysis, QCA）是管理学研究的一条新道路（Fiss, 2007, 2011; 杜运周和贾良定 , 2017; 杜运周 , 2019），与传统定量分析考察情境要素的“净效应”不同，它关注情境因素条件的组态（Configuration）与结果间复杂的因果关系，提倡用整体的、组合的方式探究复杂的社会现象（Ragin, 2000; Fiss, 2007），并通过集合分析发现条件组态与结果的集合关系，有助于应对情境因素的复杂性、因果关系非对称性和多种方案结果等效性等问题（Misangyi et al., 2017; 杜运周和贾良定 , 2017）。

第五，政府补贴对科创企业成长的可持续性影响。“科创企业补贴热”而“吸血僵尸”频现并且理论研究呈现成效悖论，即“正向观—不相关观—负向观”悖论，政府补贴研究缺乏细分考察，不同类型的政府补贴对科创企业绩效的成效及可持续性影响亟待进一步明确。政府补贴成效悖论在中国转型经济独特情境下较为凸显，因为转型经济下“摸着石头过河”的哲学思想，金融市场、产品市场等逐步变革的“实验型”特征（2011），使得成效与可持续性研究更加复杂。从研究方法上，已有相关实证研究多采用普通最小二乘法（OLS）估计，样本选择偏差和内生性偏差问题严重，须采用更为科学的基于倾向得分匹配的倍差法（PSM-DID），准确评估政府补贴的“时间效应”与“政策处理效应”，并在此基础上采用生存分析模型进一步研究两类政府补贴与科创企业绩效增长持续时间的关系，以动态揭示两类政府补贴作用科创企业绩效的复杂机理。

第三章

竞争性与普惠性政府补贴对科创企业成长的影响：概念模型

上一章节对本书核心变量或构念的以往研究进行了回顾和分析，围绕“如何最大化科创企业政府补贴成效”这一根本问题，本章分解出了竞争性和普惠性两类政府补贴的影响机制研究（研究 1）、竞争性和普惠性两类政府补贴的影响边界研究（研究 2）、竞争性和普惠性两类政府补贴的成效检验与可持续性影响研究（研究 3）3 个核心研究的概念模型。

第一节　竞争性和普惠性两类政府补贴的影响机制：变量间统计关系模型

基于研究 1 的目的，研究假设和研究模型将围绕三个内容提出并构建：①竞争性和普惠性政府补贴影响科创企业绩效的路径；②随着时间的推移，竞争性和普惠性政府补贴对科创企业绩效影响的变化，即竞争性和普惠性政府补贴对科创企业两期绩效（T_0 和 T_1）影响的差异；③创业导向对科创企业合法性的影响，以及在竞争性政府补贴影响科创企业合法性和借助科创企业合法性影响科创企业绩效上的调节作用。

一、竞争性和普惠性政府补贴对科创企业绩效的影响

整合资源视角和制度视角的观点，本书认为，不同类型的政府补贴对科创企业绩效的影响存在差异，普惠性政府补贴仅对科创企业绩效存在直接影响，而竞争性政府补贴对科创企业绩效存在双路径影响，包括基于资源输入的直接影响路径和基于提升利益相关者合法性评价从而促进资源输入的间接作用路径。

（一）竞争性和普惠性政府补贴对科创企业绩效的直接影响：资源视角

无论是竞争性政府补贴还是普惠性政府补贴，它们对科创企业绩效都具有直接的正向影响，原因主要在于政府补贴作为一种直接的资金资源，能够起到缓冲（Buffering）作用（Amezcua et al., 2013），从而能有效补充科创企业早期的初始资金量，保护科创企业免遭“资源耗竭”直到它们能够从环境中主动获取资源为止。

具体来说，创业行为往往伴随着较大的风险，且需要大量的资源投入，这使得科创企业在早期通常呈现出较高的死亡率，因此是否具有充足的资源，对于科创企业的生存和发展来说尤为重要。Stinchcombe（1965）在其代表作中将这一现象称之为“新生劣势”，并详细阐述了“新生劣势”的表现形式和原因：①缺少顺利运作所需的技术和社会技能；②必须明确角色以及角色与奖赏、惩罚之间的关系；③在与陌生人相处时面临着不确定性；④通常缺乏与外部机构之间的强社会联结，这让它们在调动资源来抵御攻击时变得更为艰难。而解决这些问题的核心要素之一便是资源，包括资金资源、人力资源、关系资源等。

一系列的研究已经证实了初始资源禀赋会影响新创组织绩效，企业在创立阶段拥有一个充实的资源禀赋会带来更为可观的能力发展，从而提高企业的生存预期（Cooper et al., 1994; Hannan, 1998）。科创企业需要获取外部资源用于初期的运营并过渡到一个稳定的运营状态。这些初始资源禀赋能使企业免除“资源耗竭”的危险，直到科创企业具备自己创造资源或持续从外部环境中获取资源的能力。Baum 和 Oliver（1991）的研究也证实了补贴作为保留剩余资源的一种方式，可以有效减缓新创组织资源耗竭的速度。Amezcua 等（2013）

在发表于美国管理学会杂志（*Academy of Management Journal*）上的实证文章中明确指出，“科创企业及其企业家会受到外部环境带来的资源依赖性的挑战，从而威胁它们生存的机会。在这一背景下，补贴可以被视为保留剩余资源的一种方式，减缓新创组织资源耗竭的速度”，他们的实证研究也证实了诸如办公场所租赁补贴和办公系统建设资助等形式的组织扶持行为对科创企业的存活率有着显著的正向影响。

Le Mens 等（2011）的文章整合了科创企业存活率取决于资源存量还是资源流量两个学派的观点，指出科创企业的初始资源存量和某一年度的资源流量都不足以对科创企业的存活产生足够显著的影响，能否持续保持一个基准水平上的资源存量才是科创企业得以存活和发展的关键所在。基于这一逻辑，政府补贴作为一种资源流入形式，它有助于科创企业持续更新并补充资源，从而为持续正常经营、制定和开展有助于绩效提升与企业发展的活动和战略提供物质层面上的保障。项国鹏和黄玮（2016）、刘宁等（2020）的研究进一步证实了这一观点，他们的研究指出政府补贴对科创企业绩效存在显著的正向影响，这种影响作用在早期相比于网络构建等其他形式的政府扶持行为来说要显得更为显著且重要。

综上所述，无论是竞争性政府补贴还是非选择性政府补贴都对科创企业绩效有着直接的正向影响作用，而如下文所述，竞争性政府补贴对科创企业绩效还存在着间接的正向影响作用。据此，本书提出如下假设：

假设 1：普惠性政府补贴正向影响科创企业绩效。

假设 2：竞争性政府补贴正向影响科创企业绩效。

（二）竞争性政府补贴对科创企业绩效的间接影响：制度视角

本书认为，竞争性政府补贴还对科创企业绩效存在间接影响，这种间接作用借助组织合法性得以传递。也就是说，竞争性政府补贴作为政府释放的对科创企业认可的信号，它有助于利益相关者对科创企业做出肯定性的评价，从而提升投资者和雇员对科创企业的合法性评价，进而正向影响科创企业绩效。在下面内容里，研究就这一中介作用机制的另外三个构成要素——竞争性政府补贴与科创企业合法性、科创企业合法性与科创企业绩效、科创企业合法性在竞争性政府补贴和科创企业绩效之间的中介作用分别进行假设推演。

1．竞争性政府补贴与科创企业合法性

竞争性政府补贴对科创企业的合法性的影响主要来自政府补贴的认证效应（Certification Effect），它向利益相关者释放了一个明确的信号，即科创企业具备生存和进一步发展的可能性，从而诱发社会主体对科创企业做出正面的合法性评价。

首先，竞争性政府补贴可以被视为科创企业被可信来源认可的信号，从而增加社会主体对科创企业的合法性评价。一方面，大型上市股份公司依规需要披露基本信息和重要事件，科创企业可供外部人员审阅的书面合同、报告和其他正式文件并不多（Carney, 2005）。另一方面，由于经营周期较短和不成熟的管理体系，科创企业通常缺少可靠的外部信息发布渠道。这两个因素导致外部主体很难收集关于科创企业的有关信息，也就是说，创业者所持有的大量私人知识很难传递给外部利益相关主体。Stiglitz 和 Weiss（1981）的研究已经表明，信息不对称使得资助者很难判定风险程度，从而会增加创业者的投机行为，诱发逆向选择问题。后续一系列关于政府补贴的实证研究也直接或间接证实了选择性的政府补贴，对于不知情的第三方有着正向的信号作用，如潜在的资本供应者（Feldman & Kelley, 2006; Meuleman & De Maeseneire, 2012）、求职者（Lerner, 1999）、客户及供应商等。Colombo 等（2013）的研究也明确指出，政府补贴可以减少目标企业与外部利益相关者之间的信息不对称，当补贴是选择性的补贴时（如针对某一特定对象或特定行为），这种"专家甄选式"补贴所传递的企业被认可的信号将尤为强烈。因此，竞争性政府补贴一定程度上证明了被扶持企业在同类企业中是具有竞争优势的，或者证明了被扶持企业所属的产业是区域乃至国家重点优先发展的产业，这都有助于外部利益相关者对被扶持科创企业生存和持续发展的信心和正面评价的形成。

其次，竞争性政府补贴还有助于科创企业与政府形成良好的关系，从而提升社会主体对科创企业的合法性评价。现阶段国内外学者在一个基本假设上已经达到广泛的共识，即政府补贴是企业与政府具有联系的一种重要表现形式（Faccio, 2006; Söderblom et al., 2014; Bronzini & Piselli, 2016; 佟爱琴和陈蔚，2016; 罗兴武等，2017）。当补贴是非选择性的补贴时，这种政治关联的作用可能是较弱且不稳定的，因为普惠性政府补贴的获得通常较为简单，它只需要科创企业符合一定的条件即可申请。而竞争性补贴的申请通常较为复杂和烦琐，且资金量大，通常以项目形式加以操作，如政府的创业扶持资金项目、中小企业创新基金项目、青蓝计划、雏鹰计划等。因此，申请竞争性政府补贴的企业通常需要在很长一段时间里与政府部门进行接触，提交材料、修改、参加答辩等。而获得竞争性政府补贴的企业也通常会成为政府官员视察和调研的重点选择对象。这些都有助于向利益相关者释放企业与政府存在一种良性关系的信号（蔡莉和单标安，2012; Li & Zhang, 2007; Sheng et al., 2011），而这种政企关系在中国情境下可能对于企业的发展有着至关重要的作用。因此，获得竞争性政府补贴的科创企业更有可能获得利益相关者的合法性认同。

综上所述，竞争性补贴所具有的政治关联效应和认证效应有助于增加利益相关者（如投资者、雇员和客户）对科创企业的合法性正向评价，因此，本书提出如下假设：

假设 3：竞争性补贴正向影响利益相关者对科创企业的合法性评价。

假设 3a：竞争性补贴正向影响投资者对科创企业的合法性评价。

假设 3b：竞争性补贴正向影响雇员对科创企业的合法性评价。

假设 3c：竞争性补贴正向影响客户对科创企业的合法性评价。

2. 利益相关者的合法性评价与科创企业绩效

合法性是社会主体对一个组织的适当性、可接受性和可取性的主观评价（Suchman, 1995），一系列研究已经证实了合法性对于组织设立（Deephouse, 1996; Tornikoski & Newbert, 2007）及跨国经营（Kuilman & Li, 2009; Li et al., 2007; 程聪等，2017; 杨洋等，2017）等方面的重要作用。在科创企业合法性研究领域，研究者已经就合法性对科创企业生存及发展的影响进行了一系列的探索。Stinchombe（1965）的研究指出，合法性有助于克服“新生劣势”的问题，并增加生存的机会。Singh 等（1996）的研究也证实了，诸如进入社区企业目录和慈善登记列表、拥有适合的董事会规模等外部合法性形式均有助于显著降低新生组织的死亡率。Zimmerman 和 Zeitz（2002）的研究也表明，若一个科创企业无法在一定时间内获取足够的合法性，即无法突破其“合法性瓶颈”，那么这个企业便很可能会走向死亡。Guo 等（2014）、杜运周和刘运莲（2012）、杜运周和张玉利（2012）、杜运周和李毛毛（2012）、彭伟等（2013）、杜运周等（2012）等学者的一系列实证研究也证实了，合法性对于科创企业的财务绩效表现和成长绩效表现均具有正向影响。因此，正如 Überbacher（2014）发表于美国管理学报（*Journal of Management*）上的一篇文章中所指出的，“尽管现有学者对科创企业合法化的途径各持己见，但在‘合法性对科创企业具有关键性作用’这一基本假设上已经达成一致见解”。具体来说，合法性对科创企业绩效的正向影响作用主要体现在两个方面：一是环境塑造作用，即为科创企业发展塑造了一个宽容的发展环境；二是资源转化作用，即增加了利益相关者对科创企业资源输入的可能性。

（1）合法性的环境塑造作用。合法性是社会主体对一个组织的适当性、可接受性和可取性的主观评价（Suchman, 1995），也就是说，合法性是社会主体依据组织特质及其行为而呈现出来的一种主观感知。当某一社会主体对科创企业持有较高的评价时（即合法性水平高），那么它从主观上便认同和接受了这一组织及其行为。这种高认可度所塑造的一种宽容的环境有助于科创企业采取高偏离性和风险性但高预期收益率的行为，如突破式创新行为、新市场开拓行为等，从而有可能获得高额的回报（Criscuolo et al., 2014）。举个例子，投资者通常对具有较高声誉的创业者认可度更高（即具有高合法性），从而较少干预科创企业的内部治理和战略制定，而这种“放手式”和“参与式”的模式相比于“干预式”和“主导式”的模式来说更有助于科创企业的绩效提升（Voss et al., 2008）。同理，当雇员对科创企业给予较高的合法性评价时，他们往往更有可能表现出更高的组织承诺和更低的离职倾向，更倾向于支持和维护企业高层团队的决策，从而为科创企业的日常经营和持续发展提供保障（Söderblom et al., 2015）。

（2）合法性的资源转化作用。Meyer 和 Rowan（1991）的研究指出，利益相关者更愿意将资源提供给那些看起来符合社会规范和期望的组织。李靖华和黄继生（2017）的研究也明确指出，创新合法性有助于信息、知识、资金等资源的获取。合法性对于成熟组织的资源获取都至关重要，对于科创企业资源获取的正向影响作用则可能更为明显。因为科创企业通常缺少足够的渠道和能力去获得资源，合法性可以用以弥补科创企业在其他方面及表现上的不足，如往期的绩效表现、与合作者的关系联结等，从而增加外部有利于科创企业发展的相关活动及交易发生的可能性（Zimmerman & Zeitz, 2002）。曾楚宏等（2008）的研究则进一步指出，在没有更有效的显示信号的情况下，外部资源拥有者会把科创企业是否具备合法性作为判断它们是否值得信任的依据，并作为其决定是否向科创企业输送资源的重要考量因素。关于利益相关者更倾向于向具有高合法性的科创企业输送资源的观点在不少研究中已经得以证实，如 Turban 和 Cable（2003）、Cable 和 Turban（2003）的研究表明，具有高合法性的组织（尤其是新创组织）更有利于吸引优质的雇员前来求职，并增加已有雇员留任的意愿；Söderblom 等（2014）的研究也证实了高合法性的科创企业更容易获得外部的融资和优质的雇员。而 Fisher 等（2016）的研究已经明确表明，人力资源（招到合适且有能力的雇员）、资金资源（吸引到足够的投资和贷款）、市场资源（顺利找到合作伙伴和客户并完成销售目标）都是科创企业实现高绩效表现的重要因素。因此，当利益相关者对科创企业的合法性评价较高时，他们更愿意且会更主动地向这些企业提供资源，而这些资源恰恰是决定科创企业绩效能否不断提升的根本所在。

基于上述分析，本书提出如下假设：

假设 4：利益相关者对科创企业的合法性评价正向影响科创企业绩效。

假设 4a：投资者对科创企业的合法性评价正向影响科创企业绩效。

假设 4b：雇员对科创企业的合法性评价正向影响科创企业绩效。

假设 4c：客户对科创企业的合法性评价正向影响科创企业绩效。

（3）科创企业合法性的中介作用。一系列研究已经深入探讨了合法性在企业高管团队威望（Prestige）的感知与企业绩效之间（Certo & Hodge, 2007），顾客关系网络与新企业绩效之间（杜运周和刘运莲, 2012），组织互动导向与新企业绩效之间（杜运周和张玉利, 2012），科创企业联盟网络和企业成长绩效之间（彭伟等, 2013），魅力型领导和新企业绩效之间（杜运周和李毛毛, 2012），竞争者导向与科创企业绩效之间（杜运周等, 2012），事项整合与组织绩效之间（邓新明等, 2008），科创企业产业集群政治关系嵌入、商业关系嵌入和创业绩效之间（俞园园和梅强, 2016）存在中介作用。总结这些检验组织合法性中介作用的研究可以发现，相比于企业层面所表现出来的姿态及做出的决策和行为，组织合法性作为利益相关者对企业的直接评价，在影响企业绩效上来说可能表现得更为直接。也就是说，企业所呈现出来的姿态（如竞争者导向、互动导向等）及做出的行为（如事项整合、关系嵌入等），更多的是为了满足利益相关者对企业本身及行为的预期，从而来诱发这些利益相关者做出有利于企业发展的行为，如资源输送。

因此，结合假设 2–4，本书认为，科创企业合法性在竞争性政府补贴和科创企业绩效之间存在中介作用，这种中介作用很可能是部分中介作用。

首先，竞争性政府补贴的资源输入效应对科创企业绩效存在直接的影响，高额的政府补贴有助于补充科创企业早期的资金量，从而维持日常经营所需现金流的稳定。也就是说，政府补贴一定程度上为科创企业一系列活动及行为的开展（如招聘、办公场地租赁、广告等）提供了资金保障。此外，这种直接影响作用并不受其他因素的干扰，它对于科创企业的帮助可能是直接的、不具有时滞性的，当政府补贴款拨付至科创企业时，这种作用便产生了。

其次，竞争性政府补贴的认证效应和政治关联效应会给内外部利益相关者释放一种科创企业获得政府认可的信号，这有助于缓解因在信息发布渠道上的缺乏以及信息传递能力上的不足而导致的信息不对称问题（Brealey, 1977），从而显著缓解如投资者对创业失败的高估、求职者对就业稳定性的不确定、供应商和客户交易合作的不信任等一系列利益相关者偏离式评价的问题。也就是说，政府补贴可以扮演信息传递媒介通道的角色（Feldman & Kelley, 2006; Kleer, 2010），当科创企业获得了竞争性政府补贴，便可以视为政府释放出了对该企业乃至该行业认可的信号，从而可降低利益相关者对企业及行业发展的不确定性，增加它们对科创企业合法性的正面评价，进而更愿意做出一系列有助于科创企业发展的行为，如投资者的注资、雇员的留任等。竞争性政府补贴这种借助增加利益相关者对科创企业合法性感知进而促进其绩效提升的间接作用机制在中国情境中可能尤为明显，因为在一个遵循政治主导的制度逻辑背景下（Besharov & Smith, 2013），政府所释放的信号往往会对市场主体产生至关重要的影响。

因此，综合上述分析，本书认为，竞争性政府补贴对科创企业绩效的影响可能存在两条作用路径，即基于资源输入的直接影响路径和基于提升利益相关者合法性评价从而促进资源输入的间接作用路径，这两条路径独立、共同对科创企业绩效产生影响。基于此，提出如下假设。

假设 5：利益相关者对科创企业的合法性评价在竞争性政府补贴与科创企业绩效的关系间具有中介作用。

假设 5a：投资者对科创企业的合法性评价在竞争性政府补贴与科创企业绩效的关系间具有中介作用。

假设 5b：雇员对科创企业的合法性评价在竞争性政府补贴与科创企业绩效的关系间具有中介作用。

假设 5c：客户对科创企业的合法性评价在竞争性政府补贴与科创企业绩效的关系间具有中介作用。

二、竞争性和普惠性政府补贴影响的可持续性

从前文中可以看到，不同类型政府补贴对科创企业绩效的作用机制可能存

在两种，基于资源输入的直接作用和基于提升利益相关者对科创企业合法性感知的间接作用。那么一个新的问题是，这两种作用机制存在怎样的差异？本书通过引入时间变量，来考察政府补贴基于资源输入的直接作用和基于提升利益相关者对科创企业合法性感知的间接作用是否会随着时间的推移而发生改变。

根据创业资源禀赋（Endowment）研究的观点，新创组织拥有一个初始禀赋，但仅仅只能持续一个固定的周期，在这个周期内它能够保护组织免于死亡（Stinchcombe, 1965; Brüderl & Schüssler, 1990; Fichman & Levinthal, 1991）。Hannan等（2007）的研究也明确指出，如原始资本、来自利益相关者的信用和承诺、政治支持等初始资源禀赋，可以为科创企业提供保护伞，他们也将这一科创企业从初始资源禀赋中获取“死亡豁免权”的阶段称为禀赋阶段。这一视角的研究者认为，禀赋的规模与豁免的强度存在线性相关关系。但不管禀赋初始规模有多大，它最终会消耗完，也就是说，这一禀赋所带来的豁免权会随着时间的推移而减弱，从而导致失败风险的增加（Le Mens et al., 2011）。政府补贴作为一种直接的资源供给，可以在输入企业时增加企业当期的资源禀赋，但考虑到科创企业的资源消耗量大及政府对于科创企业补贴的数量通常不多两个因素，这种直接资源供给科创企业带来的绩效提升作用可能并无法持续太久。

而如果政府补贴可以转化为利益相关者对科创企业的正面合法性评价，情况则会大为不同。因为基于合法性的定义，合法性是社会主体对目标组织的一种主观评价，这种评价与一般性的物质资源存在着本质差异的，它在使用过程中并不会减少。Zimmerman 和 Zeitz（2002）在研究中也明确指出，科创企业的合法性有助于增加的是企业获取资源的渠道，而不是资源本身。因此，如果政府补贴可以转化为利益相关者对科创企业合法性的正面评价，它在一定程度上（至少在某一段时间内）是具有稳定性的，它可以在这段时间里成为科创企业获取稳定资源的渠道（Luo et al., 2020）。Le Mens 等（2011）的研究指出，科创企业能否得以存续的关键在于资源的存量而不是资源的流量，也就是说，科创企业是否具备获取资源的能力和渠道才是决定企业绩效能否不断提升的关键所在。而合法性恰恰使科创企业具备了长期获取资源的能力和渠道，这种以利益相关者认同企业战略、目标、愿景、行为、价值观乃至未来发展预期作为表现形式的主观感知，能使科创企业在很长一段时间内从该利益相关者及其关系网中获取资源时获得便利性。Fisher 等（2016）的研究明确指出，科创企业在早期阶段获得的高合法性水平，还具有缓冲作用（Buffering），这种作用有助于科创企业在进入新的生命周期阶段后，仍然会在资源和合法性获取上发挥积极的作用。这一研究也进一步证实了，组织合法性的作用是具有可持续性的。

本书认为，政府补贴对科创企业绩效的基于资源流入效应的影响会随着时间的推移而减弱，而借助科创企业合法性对科创企业绩效的影响则不会随着时间的推移而减弱，如果政府补贴能够有效转化为利益相关者对科创企业的合法性评价，那么它对科创企业绩效的影响相比于它对科创企业绩效的直接影响来说要更具可持续性。如前文假设中所提出的，普惠性政府补贴因为无法转化为利益相关者对科创企业的合法性评价，它对科创企业绩效的提升作用可能是短暂性的；而竞争性政府补贴则可以通过提升利益相关者对科创企业的合法性评价来对科创企业绩效产生持续的正向影响。基于上述分析，本书通过引入两期科创企业绩效变量来考察竞争性和普惠性政府补贴在影响可持续性上的差异，并提出如下假设：

假设 6：相较于普惠性政府补贴，竞争性政府补贴对科创企业绩效[①]的持续性影响要更强：普惠性政府补贴对科创企业下期绩效不存在显著正向影响；竞争性政府补贴对科创企业下期绩效存在显著正向影响，利益相关者对科创企业的合法性评价在其中起完全中介作用。

假设 6a：投资者对科创企业的合法性评价在竞争性政府补贴和科创企业下期绩效的正向关系间起完全中介作用。

假设 6b：雇员对科创企业的合法性评价在竞争性政府补贴和科创企业下期绩效的正向关系间起完全中介作用。

假设 6c：客户对科创企业的合法性评价在竞争性政府补贴和科创企业下期绩效的正向关系间起完全中介作用。

三、创业导向的作用

（一）创业导向和科创企业合法性

本书认为，创业导向对科创企业合法性存在正向影响，具体分析如下。

---

① 本书中未特别标注的科创企业绩效均是指科创企业当期绩效，科创企业绩效（T_0）指的也是科创企业当期绩效。而科创企业下期绩效是指科创企业当期绩效后一年的企业绩效，科创企业绩效（T_1）指的也是科创企业下期绩效。

创业导向作为“企业层面在追逐新机会以推动组织成长和更新的一种战略姿态”（Covin & Wales, 2012），体现了组织在创新性、风险承担性和前瞻性三个行为导向上的态度，而这些特征恰恰是利益相关者判定一个组织是否具有竞争优势的核心标准。而具有高创业导向的科创企业往往更容易获得包括投资者和雇员在内的利益相关者的认同，从而提高他们对科创企业的合法性正面评价。

从发展理念上来看，相比于低创业导向的科创企业，高创业导向的科创企业往往更追求创新和发展。高创业导向的科创企业通常在创新性（支持技术领导、新产品和重大产品变革）、先动性（在竞争者之前发布新产品、新服务和新技术）和风险承担性（开展激进的、高风险项目从而最大可能谋求潜在高收益）上表现出更为积极的态度，它们希望借助这些行为来获取高额的利润回报和稳定的竞争优势，从而实现企业自身的快速成长。而这种战略决策导向及创业团队所呈现出来的态度是符合包括投资者和雇员等在内的利益相关者对一个优秀科创企业的基本评价标准的。从资源获取和利用方式上来看，相比于低创业导向的科创企业，高创业导向的企业将外部资源投入到有助于企业发展的活动上往往更加积极且有效。从积极性上来说，高创业导向的企业更倾向于将外部输入的资源用于研发、新市场进入及高风险高收益投资等有助于企业绩效提升的企业行为中去（Lumpkin & Dess, 1996; Liao et al., 2003; Wiklund & Sheperd, 2005）；而低创业导向的企业（也被称为保守型企业）则可能采取较为保守的策略，从而无法实现对外部资源的及时有效利用，甚至仅仅将政府补贴作为增加企业收入的一种途径。从有效性上来说，正如研究所指出的，作为一个企业层面的战略姿态，创业导向能够帮助企业将外部流入的资源转化成为能够为企业自身创造价值的资源集（Wiklund & Shepherd, 2003; Ireland et al., 2003）。高创业导向的企业往往是创造性资源的集成者，能够做到资源的循环利用，并最大化资源的利用价值（Stevenson & Gumpert, 1985）。因此，积极的资源获取态度、正确的资源利用方式和科学的资源配置策略使得高创业导向的科创企业更易于获得利益相关者的认同，从而提高对其的合法性正面评价。从预期发展情况上来看，相比于低创业导向的科创企业，高创业导向的科创企业往往预期绩效更优。研究已经证实，创业导向不仅对企业短期绩效存在正向影响（Zahra & Covin, 1995; Rauch et al., 2004; Wiklund & Shepherd, 2003; 林枫等，2011），对企业的长期绩效也存在正向影响（Wiklund, 1999）。因此，利益相关者通常会对表现出高创业导向的科创企业的预期绩效有一个积极的预期，从而会提高对其的合法性正面评价。

基于上述分析，本书提出如下假设：

假设 7：创业导向正向影响利益相关者对科创企业的合法性评价。

假设 7a：创业导向正向影响投资者对科创企业的合法性评价。

假设 7b：创业导向正向影响雇员对科创企业的合法性评价。

假设 7c：创业导向正向影响客户对科创企业的合法性评价。

（二）创业导向在竞争性政府补贴和科创企业合法性关系中的调节作用

本书认为，创业导向会调节竞争性政府补贴对科创企业合法性的正向影响，原因在于创业导向所释放的信号和竞争性政府补贴所释放的信号存在交互影响，当创业导向所释放的信号与竞争性政府补贴所释放的信号一致时，它会强化竞争性政府补贴所释放的信号的影响，而当创业导向所释放的信号与竞争性政府补贴所释放的信号相冲突时，它会弱化竞争性政府补贴所释放的信号的影响。

Li 和 McConomy（2004）的研究指出，目标企业也会借助多种途径向利益相关者发送信号，从而与社会主体所释放出的关于目标企业的信号一起对信号接收方产生影响。也就是说，利益相关者对一个目标企业的评价很可能是在多重信号交织的“嘈杂”（Noisy）环境中进行的（Connelly et al., 2011）。由于科创企业缺少足够向利益相关者释放信号的渠道，利益相关者通常会依托第三方组织所释放的信号来对目标科创企业进行评价，如投资者有可能会依托科创企业所拥有的专利及创新产品数量（政府科技部门和科技查新部门释放的信号）来评价该企业的技术和产品竞争力、雇员可能会依托科创企业是否拥有风险投资机构注资来判定该企业的预期发展前景。但同时，利益相关者也会主动去收集一些有关科创企业的信息，从而来进一步强化或质疑这些第三方机构所释放的信号的真实性。一系列研究（Higgins & Gulati, 2006; Petkova, 2012; Pollock & Gulati, 2007; Plummer et al., 2015）已经指出，组织所呈现或主动释放出来的两种信号会对第三方组织释放的信号产生强化或干扰作用：一是组织的特征（Characteristics），如规模、人员构成、组织架构、组织文化等；二是组织的行为（Activities），如市场定位、营销、创新、服务等。

那么创业导向和政府补贴所释放的信号会对利益相关者对科创企业的合法性评价产生怎样的影响？如前文所述，政府补贴对科创企业合法性的作用源于政治关联效应和认证效应，但也正如 Lerner（1999）所指出的，“政府补贴能为企业带来合法性提升的前提条件之一是政府补贴是具有权威性的”。如果说补贴并非是在政府做到尽职调查后给予的，也就是说，存在较高水平的随机性或“寻补贴”行为，那么补贴给科创企业带来的合法性提升作用将会十分有限（Kleer, 2010）。尽管现阶段对于补贴申请和发放的监管变得日益规范，但利益相关者获取补贴发放过程的公平性的信息渠道仍较为有限，相关信息公开的机制还有待于进一步的完善。因此，利益相关者可能会借助其他替代性的信息来判断政府补贴的公平性与否，从而来评估科创企业的合法性，而企业是否具有高创业导向便是一个重要的替代性信息。

如前文所述，高创业导向科创企业在发展理念、资源获取和利用方式、预期发展情况三个方面所呈现出的特征往往符合投资者、雇员等利益相关者对一个优秀科创企业的评价标准，因此，高创业导向科创企业更容易获得这些利益相关者的合法性认可。基于此，当科创企业获得高额政府补贴且具有较高的创业导向水平时，它们一致向利益相关者释放了关于科创企业积极面的信号，从而交互促进利益相关者对科创企业合法性正面评价的形成。而当科创企业获得高额政府补贴但具有较低的创业导向水平时，利益相关者所接收的信号是冲突的。这种冲突性会使利益相关者在做合法性评价时产生困惑，因为它们需要去评估哪一个信号更具可信度，但无论选择哪个，都无疑会降低利益相关者对科创企业的正面合法性评价。

如上分析，本书认为，当企业的创业导向水平较高时，政府补贴更有助于转化为组织合法性；而当企业的创业导向水平较低时，政府补贴转化为组织合法性的可能性降低甚至无法有效转化为组织的合法性。据此，本书提出如下假设：

假设 8：创业导向在竞争性政府补贴和利益相关者对科创企业的合法性评价的关系中存在调节作用：企业的创业导向水平越高，竞争性政府补贴的正向影响越强。

假设 8a：创业导向在竞争性政府补贴和投资者对科创企业的合法性评价的关系中存在调节作用：企业的创业导向水平越高，竞争性政府补贴的正向影响越强。

假设 8b：创业导向在竞争性政府补贴和雇员对科创企业的合法性评价的关系中存在调节作用：企业的创业导向水平越高，竞争性政府补贴的正向影响越强。

假设 8c：创业导向在竞争性政府补贴和客户对科创企业的合法性评价的

关系中存在调节作用：企业的创业导向水平越高，竞争性政府补贴的正向影响越强。

（三）有调节的中介作用

至此，本书已经提出了利益相关者对科创企业的合法性评价在竞争性政府补贴与科创企业绩效的关系间具有中介作用（假设 5）、创业导向在竞争性政府补贴和利益相关者对科创企业的合法性评价的关系中存在调节作用（假设 8）等一系列假设。这些假设的提出也意味着可能存在一个被调节的中介作用（Moderated Mediation）（Baron & Kenny, 1986; Edwards & Lambert, 2007; Muller et al., 2005）[①]。

本书认为，创业导向有可能会调节政府补贴借助组织合法性影响科创企业绩效的间接影响路径。具体来说，高创业导向的企业通常会呈现出积极的战略姿态和行为模式，且一般具有更高的绩效表现，这些信息有助于向利益相关者间接证实政府对于这类企业进行补贴的必要性和公平性，从而能增加这些利益相关者对科创企业的合法性感知（Lumpkin & Dess, 1996; Wiklund & Sheperd, 2005）。因此，当企业的创业导向水平较高时，政府补贴更有助于传递一个良性的信号，来帮助科创企业获取内外部利益相关者的认可，增加自身的合法性水平，进而带来绩效的提升。而当企业的创业导向水平较低时，利益相关者可能会对科创企业获得政府补贴的过程和动机产生怀疑。由于中国正处于转型期，法律和制度的不健全使得财政支持缺乏有效的监督，这一定程度上使得政府在向企业提供财政补贴时具有较大的自由裁量权（Hellman et al., 2003），这种模糊性和任意性给企业提供了寻租的空间（余明桂等，2010）。因此，如果企业在自身资质不够好的情况下获得政府补贴，那么利益相关者便有可能会认为企业是因为具有政治联结（Faccio, 2006; 潘越等，2009）等其他因素而获得

---

① 作者严格参照刘东等（2012）、罗胜强和姜嬿（2014）、Aguinis 等（2016）、温忠麟和叶宝娟（2014）、Baron 和 Kenny（1986）、Edwards 和 Lambert（2007）、Muller 等（2005）等学者关于有调节的中介作用的方法论文献，并借鉴 van Dick 等（2008）、Liu 等（2012）、Bunderson 等（2014）、Chen 等（2013）、De Jong 等（2014）、薛亦伦等（2016）等实证研究文献，这些绝大部分是近几年发表在诸如 *Academy of Management Journal*、*Organization Science*、*Human Relations*、《管理世界》等权威杂志上的被引次数较多的文章，通过对上述文献的充分阅读和与研究团队的广泛讨论，作者以期能基于一套科学的、规范研究流程来提出本书有关被调节中介作用的理论假设。

了政府补贴，这种“寻补贴”的动机很可能会降低政府补贴转化为组织合法性的可能性（Kleer, 2010），甚至有可能会对组织合法性造成负面印象，产生所谓的“政治资源诅咒效应”（袁建国等，2015）。从上述分析中可以得出，当企业的创业导向较低时，政府补贴有效转化为组织合法性的可能性会大大降低，甚至无法有效进行转化，从而使得科创企业绩效难以得到提升。也就是说，当企业的创业导向较低时，政府补贴借助组织合法性正向影响科创企业绩效的间接影响作用可能会显著降低甚至不复存在。据此，本书做出如下假设：

假设 9：创业导向在竞争性政府补贴借助利益相关者对科创企业的合法性评价影响科创企业绩效的关系中起到调节作用：企业的创业导向水平越高，竞争性政府补贴借助利益相关者对科创企业的合法性评价影响科创企业绩效的作用越强。

假设 9a：创业导向在竞争性政府补贴借助投资者对科创企业的合法性评价影响科创企业绩效的关系中起到调节作用：企业的创业导向水平越高，竞争性政府补贴借助利益相关者对科创企业的合法性评价影响科创企业绩效的作用越强。

假设 9b：创业导向在竞争性政府补贴借助雇员对科创企业的合法性评价影响科创企业绩效的关系中起到调节作用：企业的创业导向水平越高，竞争性政府补贴借助利益相关者对科创企业的合法性评价影响科创企业绩效的作用越强。

假设 9c：创业导向在竞争性政府补贴借助客户对科创企业的合法性评价影响科创企业绩效的关系中起到调节作用：企业的创业导向水平越高，竞争性政府补贴借助利益相关者对科创企业的合法性评价影响科创企业绩效的作用越强。

四、假设汇总和模型构建

鉴于以往研究在政府补贴影响企业绩效悖论上的不足及对政府补贴对科创企业绩效影响关注的缺失，深入解释政府补贴对科创企业绩效的影响机理有着重要的理论意义和现实指引。基于本书的研究问题——政府补贴如何影响科创企业绩效，本书通过区分政府补贴的类型和引入组织合法性和创业导向两个构念，围绕三个内容提出了一系列的研究假设（见表 3-1）并构建了研究的理论模型（见图 3-1），这三个内容分别是：①竞争性和普惠性政府补贴影响科创企业绩效的路径；②随着时间的推移，竞争性和普惠性政府补贴对科创企业绩效影响的变化，即竞争性和普惠性政府补贴对科创企业两期绩效（T_0 和 T_1）

影响的差异；③创业导向对科创企业合法性的影响，以及在竞争性政府补贴影响科创企业合法性和借助科创企业合法性影响科创企业绩效上的调节作用。

表 3–1　本书研究假设汇总

研究问题	假设
子研究 1–1	H1：普惠性政府补贴对科创企业绩效具有正向影响
	H2：竞争性政府补贴对科创企业绩效具有正向影响
	H3：竞争性补贴正向影响利益相关者对科创企业的合法性评价
	H4：利益相关者对科创企业的合法性评价正向影响科创企业绩效
	H5：利益相关者对科创企业的合法性评价在竞争性政府补贴与科创企业绩效的关系间具有中介作用
子研究 1–2	H6：相较于普惠性政府补贴，竞争性政府补贴对科创企业绩效的持续性影响要更强：普惠性政府补贴对科创企业下期绩效不存在显著正向影响；竞争性政府补贴对科创企业期绩效存在正向影响，利益相关者对科创企业的合法性评价在其中起到完全中介作用
子研究 1–3	H7：创业导向正向影响利益相关者对科创企业的合法性评价
	H8：创业导向在竞争性政府补贴和利益相关者对科创企业的合法性评价的关系中存在调节作用：企业的创业导向水平越高，竞争性政府补贴的正向影响越强
	H9：创业导向在竞争性政府补贴借助利益相关者对科创企业的合法性评价影响科创企业绩效的关系中起到调节作用：企业的创业导向水平越高，竞争性政府补贴借助利益相关者对科创企业的合法性评价影响科创企业绩效的作用越强

注：其中 H3、H4、H5、H6、H7、H8 和 H9 均包含三个子假设，分别为投资者、雇员和客户视角的科创企业合法性，表中不再详细列出。

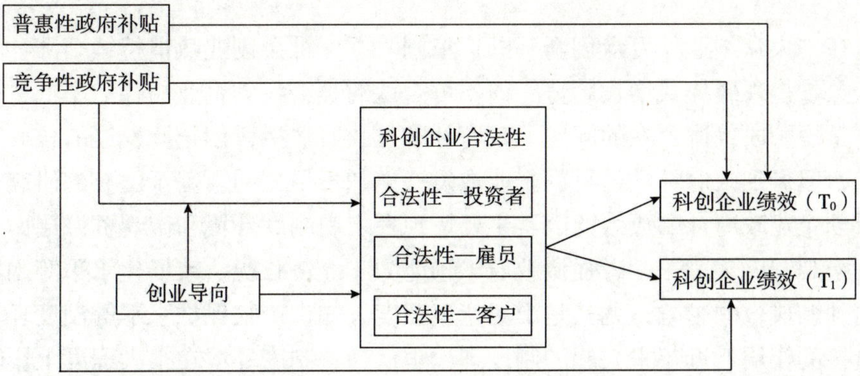

图 3–1　整体研究理论模型

第二节　竞争性和普惠性两类政府补贴的影响边界研究：集合关系模型

科创企业的生存和发展是一个受多因素影响的复杂结果，政府补贴作用于创业绩效是一个多情境因素协同联动的复杂过程。定性比较分析（Qualitative Comparative Analysis, QCA）提倡用整体的、组合的方式探究复杂的社会现象（Fiss, 2007; Ragin, 2008），与传统定量分析考察情境要素的“净效应”不同，它关注情境因素条件的组态（Configuration）与结果间复杂的因果关系，兼具传统范式中的定性研究和定量研究的优点（杜运周和贾良定，2017），是解决战略管理（如创业）等领域复杂因果关系的重要工具（Fiss, 2007; Fiss, 2011; Misangyi et al., 2017; 杜运周和贾良定，2017; 张明和杜运周，2019），能够挖掘政府补贴与多层次情境对创业绩效的协同影响。为此，研究 2 可以通过定性比较研究探讨科创企业政府补贴中国情境下的治理边界，展开两类政府补贴与资源、制度层面情境因素条件的组态效应分析，探索政府补贴是否是科创企业获取高绩效的充分必要条件以及产生高绩效的多种等效方案，以拓展关于政府补贴边界条件的现有研究。

一、科创企业政府补贴成效的影响因素：宏观与微观层面的整合

在“大众创业、万众创新”的“浪潮”下，社会创业热情持续高涨，科创企业数量呈现爆炸式增长趋势，但不可否认的是，科创企业的存活率低、死亡率高是现阶段普遍存在的问题。政府补贴是政府扶持科创企业发展的核心政策之一，但得到政府补贴的科创企业在发展上却不尽相同。基于已有的研究，影响科创企业政府补贴成效的因素主要体现在宏观制度环境和微观资源层面。

宏观制度环境，学者强调政府干预能力、经济状况、市场化水平等因素对政府补贴成效的影响，尤其是市场竞争强度、知识产权保护水平等制度环境起更直接的作用。近年来兴起的制度理论也认为，制度环境在很大程度上影响补贴成效。一般而言，制度环境越优良，补贴成效越显著。如在具有适当知识产

权保护的环境中，创新成果能有效地转化为利润，科创企业更倾向于将政府补贴投入研发中。

微观企业层面，包括社会资本、企业规模和企业资源等，其中，企业融资约束、研发投入和企业家精神等企业资源更是起着主导作用。这是因为，对于企业规模与社会资本而言，当国家补贴创业，这类资本薄弱的企业在获取补贴时将面临挑战，这将导致更大的社会不平等。而现实情况却是，我国不少规模小、社会资本缺乏的科创企业获得了政府补贴并取得了高绩效。究其原因，企业资源发挥着重要作用，尤其地，融资约束、研发投入、企业家精神对政府补贴成效起着不可或缺的影响作用，这也受到了学者的广泛认可 (Colombo et al., 2013; Söderblom et al., 2015; 杜运周 , 2019)。

综上所述，制度环境和企业资源对科创企业政府补贴成效有重要影响，国内外学者也获得丰富的研究成果。然而，现有研究局限于政府补贴、资源观或制度环境的某一层面，三个层面的要素究竟如何共同影响企业绩效尚不明确，这忽略了科创企业创业情境下多重因素并发的效应，导致现有结论不一致。

实际上，科创企业创业是由资源、制度等多层次互联的复杂过程，亟须采用多元、整体的视角审视科创企业政府补贴成效。基于此，本书整合政府补贴类型、资源层面和制度层面来探讨影响政府补贴成效的多重并发因素和因果复杂机制。即下述 3 个层面的 7 个前因变量之间如何互动、如何匹配，怎样能够最大效果提升科创企业创业绩效，需要结合实际案例，通过 QCA 方法进一步探索，故本书构建了政府补贴实现模型。其中，本书基于 Colombo 等（2013）的观点，将政府补贴分为普惠性政府补贴和竞争性政府补贴，将资源层面影响因素划分为企业融资约束、企业研发投入、企业家精神；将制度层面影响因素划分为市场竞争强度、知识产权保护水平。各影响因素阐述如下。

二、补贴类型

（1）普惠性政府补贴。普惠性政府补贴是指具有普适性而不具有竞争性的政府补贴，不具有排他性，只要符合特定的条件，所有的科创企业均可以申请并获取，主要形式包括办公室场所租赁补贴、创业补贴、创业贷款贴息等。这作为一种直接的资金资源，能够起到缓冲（Buffering）作用 (Baum & Oliver, 1991; Amezcua et al., 2013)，能有效补充科创企业早期初始资金量，保护科创企业免遭“资源耗竭”，直到它们能够从环境中主动获取资源为止。一系列研究已经证实初始资源禀赋会影响科创企业绩效，在创立初期拥有一个优渥的资源禀赋会带来更为可观的能力发展，从而提高企业的生存预期 (Cooper et al., 1994)。基于这个逻辑，政府补贴作为一种资源流入形式，有助于科创企业持续更新并补充资源，从而为持续正常经营、制定和开展有助于绩效提升与企业发展的活动和战略提供物质层面上的保障。

（2）竞争性政府补贴。竞争性政府补贴是指科创企业获得的具有选择性的政府补贴，通常是经过专家甄选程序的，主要为与创业项目、科研创新和新产品开发有关的政府补贴。竞争性政府补贴除了具有与普惠性政府补贴相同的作用外，竞争性政府补贴还对科创企业产生认证效应（Certification Effect），它向利益相关者释放了一个明确的信号，即科创企业具备生存和进一步发展的可能性，从而能诱发社会主体对科创企业做出正面的合法性评价，进而正向影响科创企业绩效。

此外竞争性政府补贴有助于科创企业与政府形成良好的关系。现阶段国内外学者已广泛认同，政府补贴是企业与政府具有联系的一种重要表现形式 (Faccio, 2006; Bronzini & Piselli, 2016; Söderblom et al., 2015)。当补贴是普惠性的，这种政治关联可能比较弱且不稳定。而竞争性政府补贴的申请通常较为复杂和烦琐，且资金量大，在申请过程中通常需要与政府部门进行长时间接触，获得竞争性政府补贴的企业通常也成为政府官员视察和调研的重点选择对象。这些有助于向利益相关者释放企业与政府存在一种良性关系的信号 (Li & Zhang, 2007), 而这种政企关系在中国情境下可能对于企业发展有着至关重要的作用。

三、组织资源

（1）企业融资约束。企业融资约束指市场不完备引起外源融资成本过高，使得企业投资机会得不到充分的资金支持，投资无法达到最优水平（Fazzari et al., 1988; 邓可斌和曾海舰, 2014）。有学者表示较小的融资约束有利于企业的绩效发展（Nickell & Nicolitsas, 1999），而也有学者认为融资约束将负向影响科创企业。科创企业需要一次性投入巨大资源在研发、启动、生产中，内部资金和贷款通常难以维持。而科创企业普遍处于规模小、非国有企业的状况，在融资上更容易面临约束（曾海舰, 2014; 贺小刚等, 2017）。一旦科创企业投资活动受到融资约束，就会对绩效造成负向冲击。这是因为受融资约束的企业在资金短缺时不得不放弃投资机会，进而会造成资源配置扭曲、生产率水平下降。而当科创企业获得政府补贴时，一方面补贴作为直接资金一定程度上平缓了这一负面影响，另一方面获得政府补贴的科创企业会释放利好信号，有利于科创企业获得外源融资。

（2）企业研发投入。企业研发在提升企业绩效、促进经济持续高效发展中扮演着至关重要的角色，是提升企业创新能力与核心竞争力的关键（Rivera-Batiz & Romer, 1991; Griliches, 1992）。而企业技术创新存在外部性，这一定程度上挫伤了企业技术创新的积极性。而政府补贴有助于提高企业自有投资的边际回报率，激励企业从事基础性、具有正外部性的研发活动（David et al., 2000）。事实上，政府补贴对研发投入的效应，并无一致的结论。有学者主张政府研发资助对企业研发投入具有互补效应，政府补贴对企业研发投入产生正向影响（Link, 1982; Czarnitzki et al., 2011; Lach, 2002; Lee & Hwang, 2003）。也有学者认为政府研发资助对企业研发投入具有替代效应 (Wallsten, 2000)，能减少企业对研发的投入。这是因为政府在分配补贴资金时，为了避免浪费可能会更倾向于将补贴投向具有更大成功预期的企业研发项目，而这些项目也常被企业外部资金所青睐，政府资金可能是多余的，进而挤出企业自有的研发投入（Lach, 2002）。

（3）企业家精神。企业家精神是一种以创新、冒险和前摄性为特点的战略导向（Covin & Slevin, 1991）。Drucker（2006）认为企业家精神的本质是有目的、有组织的系统创新，是一种行为，而不是人格特征。许多研究表明企业家精神是影响科创企业绩效的关键因素（Li & Atuahene-Gima, 2001,2002; Lyles et al., 2004），促进了组织学习的行为（Zahra et al., 1999; Dess et al., 2003），降低了创业过程的不确定性。例如，具备企业家精神的科创企业开发一个全新产品的战略导向会促使企业去探索各种有关技术和市场的新信息和知识，而这些信息和知识是企业所缺乏的。企业家精神的前摄性在一定程度上保证了机会转换以及对外变换信息流的高效处理，从而能够降低创业过程中的不确定性。在竞争性市场，企业家精神的发挥最终会使得科创企业在发掘利用市场机会、开发新产品和市场、形成组织能力等一系列方面形成竞争优势。

四、制度环境条件

（1）市场竞争强度。市场竞争是影响企业创新的关键因素（Aghion et al.,

2015）。它作为一种市场信号，与企业创新投入的关系具有不确定性。当市场竞争强度在企业可接受的范围内，随着竞争的不断加剧，企业往往会自发性地增加研发投入（Zhang & Liu, 2012）。但当市场竞争强度超越某一临界值而威胁企业生存时，决策者就会把注意力放在生存问题上，采取保守的经营策略，尤其当企业濒临破产时，会降低冒险的意愿和动力（贺小刚等，2017）。同时，市场竞争强度与政府补贴具有相互影响关系。王杏芬和曹茹玥（2016）实证发现市场竞争越弱的行业与地区，政策法规不太完善、资本市场低效，此时政府补贴将带来较大影响。夏清华和黄剑（2019）发现政府补贴既减弱了适度市场竞争对创新投入的正相关关系，也抑制了过度市场竞争对创新投入的负相关关系，其有效性与市场竞争的程度密切相关。

（2）知识产权保护水平。知识产权保护水平（IPP）是通过立法、司法、执法对创造性的治理成果和工商标记依法产生的权力保护情况（韩玉雄和李怀祖，2005）。知识产权保护是维护市场秩序、保障技术进步和创新的重要条件（樊纲等，2011）。科创企业的核心特征在于创新，当科技成果转化为利润，使研发创新投入有效获利，科创企业的创新活动才能持续。当某地的知识产权保护水平较低时，知识产权侵权成本低，竞争对手可在短时间内推出类似产品或复制品，知识产权侵权对科创企业的业务造成了伤害，一定程度上抑制了企业研发的主动性。因此适度水平的知识产权保护可以降低技术溢出效应，有效地维持创新者利润，从而激励创新活动。同时，研发为科创企业带来的无形资产的潜在价值与稳定性又严重依赖于外部制度环境，特别是知识产权保护水平（高洪利等，2017）。此外，若在知识产权保护不力的情境下，科创企业寻求政府的补贴更偏向于"寻租"动机而非自主创新动机（肖兴志和王伊攀，2014）。也就是说，此情境下科创企业获取政府补贴而非将补贴用于有利于企业绩效的活动中去，政府补贴并未发挥作用。

五、组态视角下的政府补贴与科创企业成长

综上所述，政府补贴、组织资源、制度环境三个一级条件下一共囊括了七个二级条件。其中，市场竞争强度、知识产权保护水平属于宏观制度条件，融资约束、研发投入、企业家精神属于微观组织条件，竞争性和普惠性政府补贴条件对科创企业高绩效的实现离不组织能动性的发挥，也离不开宏观环境的支持。

在组态视角下，政府补贴条件、组织资源条件和制度环境条件对科创企业

绩效的影响并非相互独立，而是通过联动匹配的方式协同发挥作用。具体而言，多重条件的并发协同效应可能通过适配来相互强化影响科创企业的绩效。分析框架如图 3–2 所示。

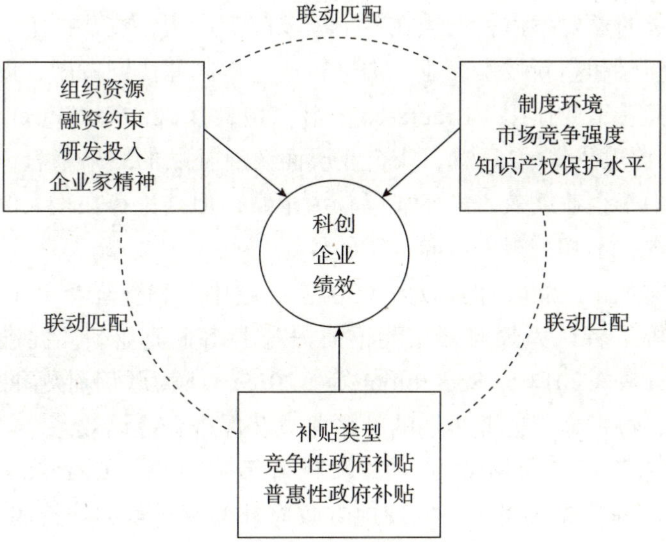

图 3–2 组态关系下分析框架

第三节 政府补贴成效检验与可持续性影响：动态面板数据经济关系模型

研究 3 承接研究 1、研究 2，结合中国工业企业数据库动态面板数据，综合运用倾向得分匹配的倍差法（PSM-DID）和生存分析法，通过“是否有成效”“如何影响绩效”和“能否持续影响绩效”三个子研究，从资源与制度视角检验普惠性与竞争性政府补贴对科创企业绩效的成效和可持续性影响，以期提供中国转型经济情境下化解“正向观—不相关观—负向观”悖论的系统性理论解释。

一、关于政府补贴成效的研究

现有研究对此种关系进行了广泛的探讨。从宏观层面来看，学者们普遍认为政府扶持资金作为宏观调控的重要手段、政府干预市场和经济的重要工具、纠偏市场失灵的重要举措，已经在各个国家广泛运用，在扶持落后地区和薄弱行业、发展新兴和高新技术产业、推进行业与地区间协同发展、促进创新和创业等方面发挥着重要作用（Brautzsch et al., 2015; Bronzini & Piselli, 2016; 王红建等 , 2014; 魏志华等 , 2015）。从企业层面政府补贴的结果来看，学者的关注点总体上集中于企业绩效，虽然成果较为丰富，但结论存在很大的分歧，呈现出了“正向观—不相关观—负向观”的悖论（见表 3–2）。

（1）正向观。江新峰和张敦力（2017）、赵中华和鞠晓峰（2013）、范黎波等（2012）等学者认为政府补贴能正面提升上市企业业绩，促进企业研究产出。Amezcua 等（2013）、Söderblom 等（2015）认为政府补贴能提高新创企业的存活率，特别地，创业早期的补贴能显著促进企业绩效。

（2）不相关观。韩超（2014）、郭晓丹等（2011）、Czarnitzki（2011）对战略新兴产业进行深入研究，发现地方政府补贴有显著的扶持弱者行为倾向，没能直接促进企业研发投入。邵敏和包群（2012）以工业企业为例，研究认为政府补贴并不必然影响企业生产率。

（3）负相关观。耿强（2011）、步丹璐和黄杰（2013）、毛其淋和许家云（2015）研究发现高额补贴抑制了企业新产品创新，政策性补贴可能导致产能过剩。任曙明和张静（2013）基于中国高端装备制造业的实证，发现受补贴企业的加成率反而低于非补贴企业。

表 3–2　政府补贴与企业绩效的总体关系

关系	主要观点	补贴对象	代表性文献
正向观	政府补贴正面提升民营上市企业业绩；正向提升军工上市企业技术研发产出	上市公司	江新峰和张敦力（2017）；赵中华和鞠晓峰（2013）
	政府补贴能够帮助企业获得更多的长期债务融资；政府补贴显著提升了制造业企业出口产品质量	国有企业或规模以上非国有企业	张洋（2017） 康志勇（2016）
	政府补贴有助于科技企业摆脱束缚投资活动的金融约束、外部资金获取、促进企业创新绩效	研发补贴	高洪利等（2017）；杨洋等（2015）；Colombo 等（2013）

续表

关系	主要观点	补贴对象	代表性文献
正向观	政府补贴能显著提高新创企业的存活率；早期的创业补贴促进企业绩效；	新创企业政府补贴	Amezcua 等（2013）；Söderblom 等（2015）
	政府补贴的平滑机制促进了企业生产率增长	高端装备制造业	任曙明和吕镯（2014）
	政府补贴促进农业企业业绩	农业上市公司	范黎波等（2012）
不相关观	政府补贴不一定促进高技术企业增加研发投入	研发补贴	姜宁和黄万（2010）
	政府补贴没有增强上市公司经济效益；对新能源概念类公司业绩没有显著影响	上市公司	唐清泉（2007）；魏志华（2015）；Autio和Rannikko（2015）
	政府补贴并不必然影响企业生产率	工业企业补贴	邵敏和包群（2012）
	政府补贴没能直接促进企业研发投入；地方政府补贴具有显著的扶持弱者行为取向	战略新兴产业政府补贴	韩超（2014）；郭晓丹等（2011）Czarnitzki（2011）
负向观	出于扭亏或保壳动机，盈余操纵至亏损状态的企业获得更多政府补贴导致边际价值降低	非金融类上市公司	王红建等（2014）；陈晓和李静（2001）
	无效率投资来寻租扭亏；高额补贴抑制了企业新产品创新；政策性补贴可能导致产能过剩	研发补贴	步丹璐和黄杰（2013）；毛其淋和许家云（2015）；耿强（2011）
	政府补贴最终通过通胀或税收转由社会公众承担	国有银行补贴	俞乔和赵昌文（2009）
	受补贴企业的加成率低于非补贴企业	高端装备制造业	任曙明和张静（2013）
	政府补贴扭曲了企业投资行为	战略新兴产业	肖兴志和王伊攀（2014）

注：笔者整理。

政府补贴成效的“正向观—不相关观—负向观”悖论在中国转型经济独特情境下较为凸显，因为转型经济下“摸着石头过河”的哲学思想，金融市场、产品市场等逐步变革的“实验型”特征，使得知识和技术的溢出效应（Spill Over Effects）、政府扶持资金的挤出效应（Crowding Out Effects）更加复杂。故由于政府补贴在企业绩效上的评估存在较大分歧，本书研究有必要对科创企业政府补贴进行成效检验，在此基础上方能更好地分析竞争性和普惠性政府补贴的影响机制。

二、竞争性和普惠性政府补贴对科创企业的成效：悖论解析与假设提出

子研究 3–1 的目的是回答“是否有成效”，验证竞争性和普惠性两类补贴的差异化影响，即竞争性政府补贴成效是否优于普惠性政府补贴。

政府补贴成效的“正向观—不相关观—负向观”悖论在当前中国转型经济独特情境下较为凸显，是因为转型经济下市场逐步变革的“实验型”特征，使得知识和技术的溢出效应、政府扶持资金的挤出效应更为复杂。一方面，正如 Colombo 等（2013）、杨洋等（2015）所指出的问题，“对创新补助资源细分类别的考察，特别是扶持资金是否具有竞争性，将是未来研究的重要方向和关键突破口”，而已有的研究政府补贴成效的文献，往往把政府补贴作为一个整体，缺乏补贴内部差异性的分析。另一方面，相关实证研究多采用截面数据进行普通最小二乘法（OLS）估计，无法有效区分“时间效应”与“分组效应”，故所得结论存在较大差异。故有必要利用权威数据库的面板数据来检验政府补贴成效。同时针对政策实施的补贴类别与作用机制（杨洋等，2015），深入研究不同类型政府补贴的异质性效果，将成为化解补贴成效悖论的关键契机。为了解决 OLS 估计存在的样本选择偏差与内生性问题，我们将采用 PSM-DID 法以更准确地度量针对科创企业政府补贴的政策效应。

基于 Colombo 等（2013）的观点，以及对科创企业的现实观察，我们将科创企业补贴分为竞争性政府补贴与普惠性政府补贴，普惠性补贴是指缓解科创企业早期运营支出的政府补贴，不具有排他性，科创企业只要符合特定条件即可申请并获取。竞争性政府补贴是指经专家甄选后予以发放的，与创业项目、科研创新和新产品开发有关的政府补贴。而无论是竞争性还是普惠性政府补贴都是直接的资源供给，可以有效减缓科创企业的资源消耗速度（Colombo et al.，2013），进而正向影响科创企业绩效。Amezcua 等（2013）的实证研究证实了政府补贴侧重于帮助科创企业开发内部资源，降低启动和维持运营所需的初始资源门槛。同时一系列研究也表明企业拥有的资源禀赋对科创企业绩效有直接的正向作用（Söderblom et al., 2015）。申请制下的普惠性政府补贴旨在“鼓励弱者”，其初始资源禀赋远不如审核制下“扶持强者”的竞争性政府补贴。故得到政府补贴的科创企业在发展上不尽相同，但瑕不掩瑜；竞争性政府补贴由于其资源的门槛效应，理论上使得其成效优于普惠性政府补贴。

基于以上分析，本书提出：

假设 1：竞争性与普惠性政府补贴都会正向影响科创企业绩效。

假设 2：政府补贴是否能够激励科创企业绩效与补贴类型有关。相对于普惠性政府补贴，竞争性政府补贴对科创企业绩效的促进作用更强。

三、竞争性和普惠性政府补贴对科创企业绩效的影响：资源与制度视角

子研究 3–2 旨在回答“如何影响绩效”，结合动态面板数据，从资源和制度整合的视角考察竞争性与普惠性政府补贴对科创企业绩效作用路径的差异。研究 2 将继续沿用研究 1 得出的普惠性与竞争性政府补贴成效的结果，考察组织合法性的中介作用。

综观资源依赖理论与制度理论的相关文献，可知：以往的研究普遍支持资源观视角；少数学者开始关注制度理论。一方面，这些研究强调政府补贴可以通过创造资源丰裕中介企业和生存环境的关系（Amezcua，2013），能有效缓解企业的资源耗竭（Colombo et al.，2013），能为企业吸引人力资本、金融资本，摆脱企业的融资约束（Butler,2016），从而促进企业研发活动及企业绩效；另一方面，这些研究发现政府补贴具有结果额外性，并通过信号传递、认证效应来解释资金扶持如何桥接更多外部利益者并以此获取额外资源。由此我们认为，政府补贴对科创企业不仅具有“资源流入”的直接影响，而且具有政府补贴选择导致“合法性提升”所带来的认证效应和政治关联效应，更大程度扩展了科创企业获取资源的渠道。普惠性政府补贴与竞争性政府补贴由于其自身初始资源禀赋的差异和复杂制度情境中产生的合法性差异使得他们影响科创企业绩效的过程也会有不同表现。

首先，从资源依赖理论出发，企业资源是解释绩效或竞争优势的主要驱动力（Barney, 1991; Campbell, 2017）。政府补贴代表政府赋予企业的可自由支配的资源，可以用来支持不同的组织行为和战略运营目的，通过价值再创造、创新和企业嵌入、与其他利益相关者相关的网络关系等途径为企业创造竞争优势（Pfeffer, 1978; Hussinger, 2008; 康志勇，2018），使企业获得卓越的长期绩效。科创企业通过调动政府补贴这一直接的资源供给，提高科创企业的生存率，增加自身的资源禀赋，缓冲科创企业处于“新生劣势”下的“资源耗竭”。张洋（2017）对中国制造业企业的研究表明，高融资约束企业接受政府补贴可以改善其融资状况并提升资金规模从而增加企业的效益。Amezcua 等（2013）的实证研究也证实

了政府补贴侧重于帮助科创企业开发内部资源，保留启动资金，并降低启动和维持运营所需的初始资源门槛。具体而言，竞争性补贴相比普惠性补贴赋予了企业更高的资源禀赋，可为企业带来更为稳定的资源流入，提高企业的生存预期。毛其淋和许家云（2015）的研究也佐证了这一点，他们的研究指出政府补贴存在不同补贴强度的“适度区间”，较高的补贴强度有助于降低企业创新成本和面临的风险，激发企业创新投资的意愿的同时提高企业的绩效。但由于针对科创企业的政府补贴数量并不足以覆盖资源消耗量，对科创企业绩效的直接影响会随着时间的推移而减弱。同时，科创企业也面临外部认知不足和自身组织结构的不完善，与利益相关者之间存在严重的信息不对称，致使市场无法提供外源融资渠道，长此以往科创企业依旧不可避免地面临“资源耗竭”的困境。

其次，从制度理论出发，合法性是在一个既有社会体系建构的规范、价值和标准中，组织行为的适当、正确和合意的程度（Scott，1995）。学者们普遍采用制度与战略视角解释组织合法性与企业之间的关系。制度视角强调企业发展应符合社会标准和判断，获取合法性是对外部环境的被动反应（Meyer，1977; Dimaggio,1983）；战略视角则强调将合法性视作一种可操作的组织资源，为企业撬动其他资源（Zimmerman，2002）。一定程度上，科创企业成长的过程就是合法性提升的过程，这需要获得来自利益相关者的认可（Tornikoski，2007）。而具有声誉的第三方机构的扶持政策能否赋予企业基于认证效应和政治关联效应的合法性提升决定了利益相关者能否认可科创企业（Besharov，2014），进而缓解企业的外部融资约束，破除“资源耗竭”的困境。Hottenrott（2017）发现在西班牙地区企业获得政府补助能提高公众支持度。在中国转型经济下，政府具有相对的独立性和一定的信息优势，是为数不多的具有高声誉和公信力的第三方机构（郭海等，2018）。科创企业获得政府补贴，从社会角度“朝里看”（Dimaggio，1983），意味着在制度视角下政府对企业具有隐性支持，企业嵌入政府声誉、规范支持等制度环境中，并被所处的制度环境同构。这向市场释放了一个科创企业具备生存和进一步发展可能的信号，缓解了市场与企业之间的信息不对称（Feldman，2006; 杨洋等，2015），使得市场基于政府的判断从而信任企业；补贴力度越高，利益相关者对企业的价值判断愈加深化，进而对科创企业的投资越多。从组织管理者的角度“往外看”（Zimmerman，2002），则意味着在战略视角下科创企业由于合法性与资源的内在联系，充分发挥主观能动作用参与甄选项目并获得组织合法性（Guo et al.，2014; 郭海等，2018）。合法性高的企业可视作与政府保持着良好关系（李燕等, 2016; 高洪利等, 2017)，这可能使得企业在未来发展中不断获得政策红利，从而在一定程度上保障了利益相关者的投资回报。因此相比普惠性政府补贴，科创企业会更倾向于通过获得竞争性政府补贴来实现更大程度的合法性提升，进而激励科创企业不断增强自身的持续盈利能力。由此可见，政府补贴通过组织合法性路径激励科创企业绩效也与政府补贴类型相关。

基于此，本书提出以下假设：

假设 3：组织合法性强化了竞争性政府补贴对科创企业绩效的正向效应。

假设 4：组织合法性在普惠性政府补贴与科创企业绩效中也存在正向效应，但弱于竞争性政府补贴。

四、普惠性、竞争性政府补贴与科创企业绩效增长持续时间

子研究 3–3 旨在回答“能否持续影响绩效”。在检验了普惠性与竞争政府补贴对科创企业绩效的因果效应后，出现了一个新的问题，政府补贴作为政府干预市场与经济的重要手段，每隔一定时期按照特定规则申请、发放，对于在补贴发放前即存在正向绩效的科创企业，两类政府补贴对企业绩效增长的持续时间究竟有何影响？我们采用生存分析模型进一步考察普惠性、竞争性政府补贴与科创企业绩效增长持续时间的关系。

这里先假设科创企业绩效提升的持续时间是一个科创企业从存在绩效增长情况到绩效不增长或负向增长所经历的时间长度。分析样本为从中国工业企业数据库中选取的持续经营的科创企业，避免了企业破产、停业或其他行为对持续时间结果产生干扰。由于绩效增长率的计算需要涉及上一年度的利润，我们的处理方法是以都有绩效记录的企业作为分析样本。与子研究 1 相同，研究 3 依旧采用倾向得分匹配为处理组企业配对一个倾向得分较为接近的控制组企业，通过两组样本的对比进行生存分析以避免其他干扰因素的影响。

首先，进行描述性分析，即通过绘制样本生存函数——Kaplan-Meier 估计量来初步考察政府补贴对科创企业绩效增长持续时间的影响。根据普惠性与竞争性政府补贴的定义，将政府补贴划分为两种类型（Type1 和 Type2），Type1 表示竞争性政府补贴组，Type2 表示普惠性政府补贴组。对比两类补贴的绩效增长持续时间的 Kaplan-Meier 生存估计曲线。我们预期，与非补贴企业相比，受普惠性政府补贴的企业绩效增长持续时间相对较短，而受竞争性政府补贴的企业绩效增长持续时间比受普惠性政府补贴的长。

其次，构建离散时间 cloglog 生存分析模型进行分析。政府补贴理论上能够降低科创企业绩效增长情况的风险率，延长科创企业的绩效增长持续时间。这与上一步骤 Kaplan-Meier 生存估计曲线的估计结果可能相吻合，原因是政府补贴减少了科创企业初创期的融资约束，为科创企业的业务开展提供了资金支持，有助于提升科创企业的绩效。但“扶持强者”竞争性政府补贴，与“鼓励弱者”的普惠性补贴，在延长科创企业绩效增长持续时间的差异性上还有待于实证检验。

总之，子研究 3 对子研究 1、子研究 2 可以起到佐证的作用，并进一步回答了两类政府补贴对科创企业成长的可持续性影响。

第四节　本章小结

在中国转型经济制度不完善和科创企业融资约束的条件下，围绕“如何最大化科创企业政府补贴成效”的核心问题，探讨竞争性和普惠性两类政府补贴的影响机制、治理边界、成效及可持续性检验，充分反映了国际理论前沿和中国情境政府扶持资源发展现实问题的紧密结合。

通过对国内外相关研究的梳理与分析，笔者提出了本书的总体研究框架模型（见图 3–3），其中以下四个方向需要开展进一步的研究。

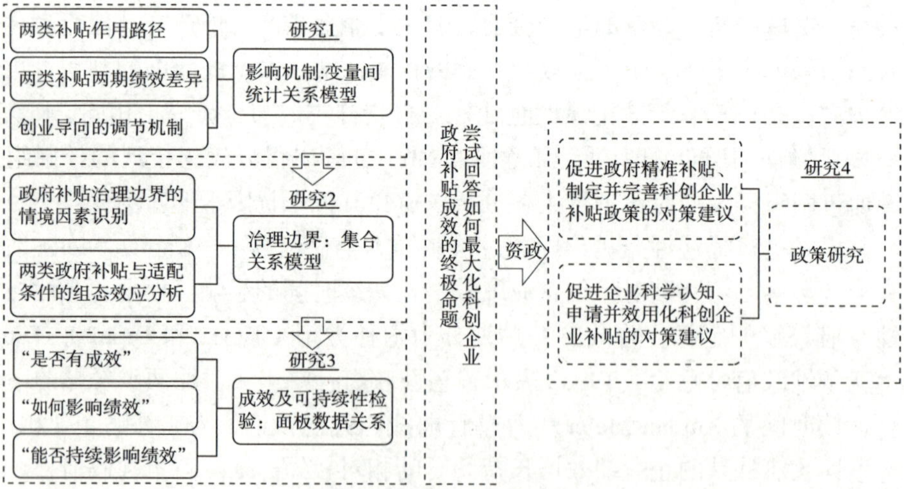

图 3–3　总体研究框架的概念模型

研究 1：竞争性和普惠性政府补贴对科创企业绩效的影响机制研究，即政府补贴、合法性、创业导向与科创企业绩效——变量间统计关系模型。该模型旨在构建并探索：①两类补贴作用路径。竞争性和普惠性政府补贴影响科创企业绩效的路径及其差异。②两类补贴两期绩效差异。随着时间的推移，竞争性和普惠性政府补贴对科创企业绩效影响有何变化，即竞争性和普惠性政府补贴对科创企业两期绩效（T0 和 T1）影响的差异。③创业导向的调节机制。创业导向对科创企业合法性的调节机制，以及在竞争性政府补贴影响科创企业合法性和借助科创企业合法性影响科创企业绩效上的调节作用。为此，此研究将采用层级回归方法和 Bootstraps 法，对浙江省 11 个地市 237 个科创企业的数据进行实证分析。

研究 2：竞争性和普惠性政府补贴对科创企业绩效的治理边界研究，即政府补贴、组织资源与制度环境的联动匹配——集合关系模型。该模型旨在构建并探索：①政府补贴治理边界的情境因素识别。两类政府补贴主要受到宏观制度环境和微观组织资源两个层面的影响，宏观制度环境层面的影响因素主要包括市场竞争强度、知识产权保护水平，微观组织资源层面的影响因素主要包括融资约束、企业研发投入、企业家精神。②两类政府补贴与适配条件的组态效应分析。首先，在科创园区以定性抽样的方式选择 237 家科创企业作为研究对象。其次，基于 fsQCA 集合论的方法，根据理论和经验知识，选择校准（Calibration）标准，把前因条件和结果变量概念化为案例的集合隶属（Set Membership）。再次，从“集合—子集”关系探索前因条件和结果变量之间的因果关系模式，生成真值表（Truth Table），并选定案例频数门槛值和一致性临界值，利用 fsQCA3.0 筛选出可充分解释结果的前因条件组态。最后，为了简化条件组态，进行反事实分析（Counterfactual Analysis）产生简约解和中间解，简约解和中间解共同包含的前因条件即为核心条件（Core Condition），而仅中间解包含的前因条件即为辅助条件（Peripheral Condition）。为此，此研究将整合政府补贴、组织资源与制度环境的 7 大要素，采用基于组态视角的 fsQCA 方法，以 237 个科创企业为样本，挖掘两类政府补贴驱动科创企业高绩效的因果复杂机制；核心条件与辅助条件的区分，多个条件组态的析出，政府补贴与资源、制度要素适配情形的类型化解释，必将为竞争性和普惠性政府补贴政策指明多种等效方案的同时，清晰两类政府补贴的边界治理。

研究 3：竞争性和普惠性政府补贴对科创企业的成效检验与可持续性影响，即政府补贴成效检验与可持续性影响——动态面板数据经济关系模型。该模型旨在构建并探索：①回答“是否有成效”。验证两类政府补贴的差异化影响，即竞争性政府补贴的成效是否优于普惠性政府补贴。②回答“如何影响绩效”。在政府补贴成效检验的基础上，从资源和制度整合的视角考察竞争性与普惠性政府补贴对科创企业绩效作用路径的差异。③回答“能否持续影响绩效”。采用生存分析模型进一步研究两类政府补贴与科创企业绩效增长持续时间的关系，以动态揭示两类政府补贴作用科创企业绩效的复杂机理。为此，本书研究将采用中国工业企业数据库（2003~2007 年）面板数据，综合运用基于倾向得分匹配的倍差法（PSM-DID）和生存分析方法，从资源与制度整合的视角考察普惠性和竞争性政府补贴对科创企业的微观效应。

研究 4：竞争性和普惠性两类政府补贴的政策研究，即促进政府精准补贴，引导科创企业创新发展的政策研究。在前面三个研究的基础上，将在第七章提出相应的对策建议，主要包括两个方面：促进政府精准补贴、制定并完善科创企业政府补贴政策的对策建议。对于区域政府而言，应制定与完善科创企业政府补贴政策，实现精准补贴，推进区域产业可持续发展。②促进企业科学认知、申请并效用化科创企业补贴的对策建议。对于科创企业而言，应科学认知政府补贴的作用机理，申请并提高政府补贴的使用效用，实现企业的创新发展。

第四章

竞争性和普惠性政府补贴对科创企业绩效的影响机制研究

在上一章节里，本书结合相关文献研究，在研究1中借助规范的逻辑推理方法提出了政府补贴影响科创企业绩效路径及创业导向权变作用的研究假设。为了对研究1的假设进行实证检验，本章对数据来源、变量测量、问卷发放和数据采集的过程、描述性分析及数据采集的有效性检验等进行了深入的研究与探索，从而为实证分析奠定了基础。

第一节　变量测量与数据收集

一、数据来源

管理学实证研究中的数据来源主要有三个，即二手数据（如上市公司年报、政府部门的统计调查年鉴和报告、公司内部档案等）、实验和问卷调查获得的一手量化数据、访谈和观察等获得的定性资料（张闯，2011）。第三种数据收集方式主要运用在案例研究方法中，而定量分析主要采用的是前两种数据收集方式。二手统计数据和一手量化数据本身并无优劣之分，但由于数据收集的方式存在显著差异，因此在适用性上也存在不同（苏敬勤和刘静，2013）。

二手数据的优点主要有以下几个。第一，具有可复制性。相较于一手调研数据，影响二手数据复制质量的变数通常较少，评价者可以借助再分析来检验研究结论是否是真实可信的，而这也是科学研究的核心所在。第二，具有较高的可信度。由于二手数据通常是由权威部门做出的调研数据或企业公开发布并受利益相关者监督的数据，因此，学者对于二手数据信度的认可度通常较高，它能够有效克服一手问卷调查中出现的问卷设计不当、问卷发放不规范、数据录入出错、问卷填写的社会称许性（Social Desirability）等导致的数据失真和偏差问题。第三，样本量大、范围广。通常学者采用的企业二手数据范围可覆盖全国及全行业，且样本量通常较大，但以期借助一手调研数据来获取同等数据来说，几乎不大现实，因此，采用二手数据所做的研究所得出的结论普适性（Generalized）程度一般较高。

一手数据最大的优点在于能够根据研究者的需要对特定研究主题所需的数据进行收集，这点是绝大多数二手数据难以实现的。由于管理学研究的抽象化程度较高（罗胜强和姜嬿，2014），所涉及的构念并不像经济学上的概念和变量那么具体，导致对这些构念（如组织合法性、创业导向等）的测量往往难以借助二手数据得以实现。一手数据的另一个优点在于可以通过科学设计研究的流程，来克服二手数据可能存在的一系列可能会导致研究结论出现偏差的问题，诸如反向因果关系可借助多时段采集数据来解决。

因此，在研究中，如何科学利用不同来源收集数据并用于测量研究中的相关变量和构念，对于保障研究结论的可信度和普适性均有着重要的影响。本书结合两种数据来源（一手数据和二手数据），从而最大可能地保证研究所用数据的真实性和准确性，以期使得到真实、可信、可推广的研究发现。

二、变量测量

（一）政府补贴的测量

现阶段关于政府补贴的测量主要有两种方式，构建虚拟变量和采用实际政府补贴数值。构建虚拟变量来测量政府补贴通常采用的是二分类法，主要考察企业在某一时间段内是否获得过补贴，代表性的研究有 Söderblom 等（2015）、陈玲和杨文辉（2016）、Guo 等（2016）。这种测量方法有一定的局限性，它无法准确考察政府补贴强度的实际性影响，因此，另一部分学者建议在研究中使用具体的政府补贴数值。不过学者在选用何种数值指标来测量政府补贴上存在差异，一部分学者直接采用政府补贴数值来测量（林润辉等，2015；傅利平和李永辉，2015；佟爱琴和陈蔚，2016；杨洋等，2015），一部分学者采用政府补贴与其他财务指标的比值来测量，如政府补贴与营业收入的比值（魏志华等，2015; 范黎波等，2012; 唐清泉和罗党论，2007），还有部分学者同时采用了上述两种方式（赵中华和鞠晓峰，2013; 肖兴志和王伊攀，2014; 余明桂等，2010）

借鉴绝大多数管理学者的做法（林润辉等，2015; 傅利平和李永辉，2015; 佟爱琴和陈蔚，2016; 杨洋等，2015），本书采用直接数值法测量政府补贴变量，其中变量竞争性政府补贴取企业 2014 年度获得的具有竞争性的政府补贴总额，主要为与创业项目、科研创新和新产品开发有关的政府补贴，包括高新技术企业、雏鹰企业等优秀创新型企业申报补贴，青蓝计划、海归创业等优质创业企业补贴，科研项目申请的拨款补助，专利申请资助经费，新产品补助等；变量普惠性政府补贴取企业 2014 年度获得的具有普适性而不具有竞争性的政府补贴总额，主要为与创业以及科创企业初期运营有关的政府补贴，包括办公场所租赁补贴、创业补贴、创业贷款贴息等。计量单位均为元（人民币），为消除数据数量级相差过大带来的系统性误差，借鉴杨洋等（2015）、傅利平和李永辉（2015）的做法，竞争性和普惠性政府补贴变量数值取自然对数处理。

（二）合法性的测量

学者对于组织合法性已经进行了广泛且深入的探讨，研究成果也频现于管理学各个主流杂志上。不过由于组织合法性在理论上容易辨识且被接受，但在实际操作上却往往难以描述清晰（Zeitz et al., 1999; 郑小勇，2013），现有研究绝大多数为定性研究。现有关于组织合法性的定量研究对组织合法性的测量主要有两种方式：替代指标测量法和量表测量法。

1. 替代指标测量法

合法性作为一种组织属性或能力可能很难直接观察到，但可以借助替代变量加以测量，不过在选用何种替代指标上，不同的学者做法并不一致。

生态学视角的研究者（Hannan & Carroll, 1992; Baum & Singh, 1994; Carroll & Hannan, 1989; Fligstein, 1985; Westphal & Zajac, 1994）采用种群密度来测量组织合法性，它基于一个基本假设，即一个组织的形式或行为越具合法性，这种形式或行为在组织群落中出现的频率也就越高。但以种群密度来测量组织合法性也遭到了一些学者的批评（Zucker, 1989; Baum & Powell, 1995）。如 Baum 和 Powell（1995）所指出的，这种测量方式“仅关注于认知合法性，却相对忽略了社会政治合法性”，因此并没法准确反映组织合法性的整体构念。

制度视角的研究者则主要采用媒体报道和管制者的授权两种方式来测量组织合法性。以媒体报道来测量主要是借助内容分析技术，这种方法现阶段是测量合法性的最常用技术，以这种测量方式撰写的实证研究文章也刊发在了如美国管理学会杂志（*Academy of Management Journal*）等国际权威管理学杂志上，足以证明这一方法在一定程度上是科学且可信的。例如，Lamertz 和 Baum（1998）对组织裁员的合法性测量时采用的是加拿大报纸对裁员的报道数；Bansal 和 Clelland（2004）则是借助对华尔街日报的内容分析来测量公司环保合法性，具体是通过一个企业的环保行为的正面、负面和中性报道进行计数；Hybels 等（1994）的研究采用商业报刊关于生物科技企业的文章数来测量合法性。管制者的授权则主要是借助政府机构的评级（Deephouse, 1996; Deephouse & Carter, 2005; Ruef & Scott, 1998）以及政府机构对一项具体行为的批复（Sanders & Tuschke, 2007）来进行测量。

还有一些学者采用复合测量方式，如 Deephouse（1996）采用的是规制认可和公众认可两个替代测量变量；Kuilman 和 Li（2009）采用的是模糊密度、对比度和外部受众的接受度三个替代测量变量；Li 等（2007）采用的是密度和当地居民的接受度两个替代测量变量。

替代指标测量法是现阶段组织合法性定量研究的主流测量方式，这种测量方式相对来说更为客观，特别是对媒体报道的内容分析，在一定程度上能够反映测量对象在所处情境里被社会公众认可和接受的程度。当然，替代指标测量法的一个先天缺陷在于这些客观的证据（如媒体报道、种群密度、政府授权）往往无法准确反映组织合法性的全部要素。另外，这些测量手段很大程度上也仅仅代表了某一类主体（如媒体或政府）对目标对象的合法性认同程度。

2. 量表测量法

一些学者也尝试通过设计量表来测量组织合法性，这种测量方式的理论基础源于合法性即感知视角对合法性的界定。如邓新明等（2008）基于 Suchman（1995）的研究设计了包含实用合法性、道德合法性和认知合法性三因子的经营合法性 12 题项量表；乐琦和蓝海林（2012）参照 Dacin 等（2007）的研究设计了包含内部合法性和外部合法性两因子的并购合法性 11 题项量表；郑小勇（2013）、俞园园和梅强（2016）基于 Scott（1995）的研究设计了包含规制合法性、道德合法性和认知合法性三因子的组织合法性量表。Certo 和 Hodge

（2007）设计了包括“顾客高度评价企业的产品”“供应商愿意和企业做生意”“员工会自豪地告诉别人他们是企业的成员”“竞争者对企业很尊重”四个题项的组织合法性量表。杜运周等（2012）在 Certo 和 Hodge（2007）量表的基础上增加了三个题项用以描述政府和投资者对组织的认可，从而形成了一个七个题项的组织合法性量表，新增的题项包括“投资者愿意与公司接洽”“政府高度评价企业的经营行为”“某些和您关系密切的政府官员高度评价您的企业”。杜运周等（2012）的量表的信度随后也得到了其他一些研究的验证（杜运周和刘运莲，2012; 杜运周和张玉利，2012; 杜运周和李毛毛，2012; 彭伟等，2013）。

不过，现有以评价形式测量组织合法性的方法仍存在两个局限性。首先，量表填写者通常是单一主体且往往是被调研企业的管理者或雇员，而由于社会称许性的存在，这种自评式的测量方式很可能会存在较大的测量偏差，通常表现为评价结果优于现实情况。其次，部分研究并未区分不同评价主体在合法性评价上的差异（邓新明等；乐琦和蓝海林，2012; 杜运周等，2012），也就是说，这些研究测量的是所有评价主体或者说社会大众对组织的合法性感知。但根据 Lamin 和 Zaheer（2012）的研究结论，在评判组织合法性时，不同类型的利益相关者会使用不同的规范集来对一个企业的合法性进行不同的评判。

3. 本书拟采用的测量方式

本书对合法性的界定基于的是合法性即感知视角，因此选用评价量表的方式对组织合法性进行测量。也就是说，与合法性即感知视角学者相一致，本书认为合法性从本质上来说描述的是受众（Audiences）对组织的认可程度，受众对组织的认可度越高，组织的合法性水平也就越高。对于科创企业而言，由于其信息发布的渠道有限，因此对科创企业做出合法性评价的主体大多为企业的利益相关者，主要包括政府、投资者、雇员、客户四类群体（Carroll & Hannan, 1989; Navis & Glynn, 2011）。考虑到政府补贴在一定程度上反映了政府机构对科创企业的合法性评价，因此为了避免变量内涵交叉，不再将政府作为合法性评价。最终，参考杜运周等（2012）、Certo 和 Hodge（2007）的测量题项，本书选择了三类利益相关者对目标科创企业的合法性评价，分别是投资者、雇员和客户；设置了三个变量，客户视角的组织合法性、投资者视角的组织合法性和雇员视角的组织合法性，测量题项分别是“客户高度评价企业的产品”“投资者愿意与公司接洽”“员工会自豪地告诉别人他们是企业的成员”；同时，采用李克特 7 点计分法，其中 1 代表完全不符合，2 代表比较不符合，

3 代表有点不符合，4 代表很难说符合和不符合，5 代表有点符合，6 代表比较符合，7 代表完全符合。此外，由于直接从评价主体角度获取数据会较为困难，即使可以，也无法获取该类型群体中所有成员的评价数据，因此，与其他采用量表测量组织合法性的学者相似，本书也采用创业者自我评价的方式获取数据。此外，为了规避社会称许性和单一主体评价带来的偏差，研究还增加了企业雇员代表、创业园（孵化器）运营人员两个评价主体，分别对目标科创企业在投资者、雇员和客户眼中的合法性水平进行评价，从而构建“三角验证”。

（三）创业导向的测量

如文献综述部分所描述的，现阶段对于创业导向的维度之间是否具有共变性仍然存在争议（Lumpkin & Dess, 1996），但绝大多数研究将创业导向视为一个单维度的构念（Covin et al., 2006; Rauch et al., 2009）。也就是说，与那些认为创业导向下属子维度具有独立性的研究不同，这些研究认为创业导向是可以通过用以描述企业创新性、风险承担性、先动性等特征的题项直接测量，或者说创业导向是可以通过这些一阶子维度聚合成二阶构念的。Saeed 等（2014）对以往关于创业导向的 177 个实证研究做了个统计分析，发现：其中 133 个研究考察了创业导向构念本身，35 个研究考察了创业导向的子维度，9 个研究则两个方面均有考虑。解决“创业导向的维度之间是否具有共变性”这一问题至关重要，因为这决定了一个研究从何种角度去理解和建构创业导向的构念。当然，根据现有学者的观点，对创业导向下属维度共变性与否的争议源于在创业导向内涵上的理解偏差（George, 2011），也就是说，是学者对创业导向构念内涵上的理解差异导致了实证结果的不同，两种观点本身并不存在对错之分，研究者应根据理论建构的需要而科学选择创业导向构念的指标测量体系。

本书研究主要考察整体创业导向水平的高低是否会对政府补贴转化为组织合法性乃至科创企业绩效产生影响，因此，本书基于 Miller（1983）、Covin 和 Slevin（1991）、Wales 等（2013）、Anderson 等（2015）的观点，将创业导向视为一个整体构念加以理解和测量，关于这一做法的理论基础，具体阐述如下。

1. 从整体层面思考创业导向的必要性和重要性

Miller（1983）最早从创业视角描述了企业的战略制定模式，这一研究也被后续研究公认是创业导向概念的雏形。在 Miller（1983）的研究中，创业型企业被视为追求创新、主动进入新市场并在追逐新机会时能够承受一定程度风险的企业，此外，Miller 还明确指出，创业型企业应该在一定程度上同时具备三个特征。因此，根据最初始的关于创业导向的研究，创业导向是用于描述企业是否具备创业姿态的一个构念。尽管在 Lumpkin 和 Dess（1996）的研究之后，学者对于创业导向各维度之间是否具有共变性并未达成一致，但承认维度之间的共变性是创业导向构念本身得以存在的关键所在。过度强调维度之间的差异性而忽视共变性，会使得研究容易忽略创业导向作为一个整体构念存在的重要性，而根据现有关于创业导向的两个元分析文献的结果可知，Miller/Covin 和 Slevin 界定的创业导向概念仍然处于主导地位（Rauch et al., 2009; Rosenbusch et al., 2013）。Basso 等（2009）在研究中也呼吁，"回归 Miller（1983）/Covin 和 Slevin（1989）的概念模型对于围绕一个稳定构念的基础上增加研究的认识有着重要意义"。

2. 从整体层面思考创业导向的科学性和可行性

Ireland 等（2009）的研究明确指出，创业导向是公司创业战略的一部分，是用于描述组织创业过程和行为的一种组织状态或属性。Anderson 等（2015）在研究中将创业导向描述为是由创业型行为（创新性和先动性）、管理者对风险的态度（风险承担性）两个维度构成的企业层面的二阶整体构念，而这两个维度之间是具有高度正相关性的。如果将创业导向视为一个理论上明确界定的构念，那么就不存在一种情况，即各维度在实证过程中无法达成一致性（Covin et al., 2006; Covin & Lumpkin, 2011）。当然，这样的观点似乎有点过于绝对，正如 Wales（2016）在研究中所述的，即便认同创业导向是一个整体构念，那么也不意味着子维度在实证中能达到绝对的共变性。这里还涉及误差的问题，也就是说，如果创业导向的各子维度在聚合成整体构念时能达到统计学意义上的显著性，那么便可以认定创业导向二阶构念的存在。在现有研究中，直接考察创业导向本身而非其子维度的作用的也不占少数（De Clercq et al., 2010; Walter et al., 2006; Keh et al., 2007; Wiklund & Shepherd, 2005; Stam & Elfring, 2008; Wales et al., 2013; 朱秀梅, 2008; 李雪灵等, 2011; 姚瑶和左斌, 2012; 孙燕和苏中峰, 2015），这也恰恰证明了从整体层面思考创业导向的科学性和可行性。

基于上述分析，本书认为创业导向的子维度之间是具有共变性的，因此在测量时，本书以单一维度对创业导向进行测量。此外，Saeed 等（2014）还指出，在创业导向的测量内容上，研究也具有差异性，有 116 个研究从创新性、风险承担性和先动性三方面测量，有 13 个研究从创新性、风险承担性两方面测量，有 5 个研究从创新性、风险承担性、先动性、竞争积极性和自主性五方面测量。与绝大多数研究保持一致，本书从创新性、风险承担性和先动性三方面来测量。

表 4-1　创业导向量表

描述	分数越低代表越接近于左侧的描述，分数越高代表越接近于右侧描述							描述
我们公司更倾向于经营已被市场接受的产品 / 服务	1	2	3	4	5	6	7	我们公司更强调研发、技术领先和创新
近三年里，我们公司没有推出新产品 / 服务	1	2	3	4	5	6	7	近三年里，我们公司推出了许多新产品 / 服务
我们公司在产品 / 服务方面的改进只是小部分改良	1	2	3	4	5	6	7	我们公司在产品 / 服务方面的改进通常是巨大的
我们公司更倾向于选择那些只能带来正常或固定回报率的低风险项目	1	2	3	4	5	6	7	我们公司更倾向于选择那些有机会获得高额回报但具有较大风险的项目
在日常经营中，我们公司更倾向于通过谨慎的、渐进的行动逐步摸索前进	1	2	3	4	5	6	7	我们公司倾向于借助大胆的、迅速的行动来实现我们公司目标
我们公司通常采取谨慎的、观望性的姿态以最小化做出错误决策的可能性	1	2	3	4	5	6	7	我们公司通常采取大胆的、进取性的姿态来最大化利用潜在机会的可能性
相比于竞争者，我们公司很少率先推出新产品或新服务、新管理模式、新运营技术等	1	2	3	4	5	6	7	相比于竞争者，我们公司经常能率先推出新产品或新服务、新管理模式、新运营技术等
我们公司通常选择在竞争者做出行动后再做出应对	1	2	3	4	5	6	7	我们公司通常能先于其他竞争者采取行动
我们公司更倾向于去追随市场领导者	1	2	3	4	5	6	7	我们公司更倾向于凡事先于其他竞争者

注：引自 Stam 和 Elfring（2008）。

本书采用 Covin 和 Slevin（1989）基于 Miller（1983）所设计的创业导向量表，该量表被后续学者所普遍认可并广泛采用（Naman & Slevin, 1993; Wiklund, 1999; Green et al., 2008; Wales et al., 2013; 李雪灵等 , 2010; 李雪灵等 , 2011; 焦豪等 , 2008; 胡望斌等 , 2014）。量表共 9 个测量题项，包含创新性、风险承担性和先动性三个方面，每个方面3个测量题项，采用李克特7点计分法。与 Covin 和 Slevin（1989）、焦豪等（2008）、张捷（2010）的研究一致，量表条目设计采用语义差别法，从而使问卷填写人能更准确地了解 1 分和 7 分的区别，进而做出更为准确的评分。此外，Stam 和 Elfring（2008）在其发表于 *Academy of Management Journal* 的文章中基于 Lumpkin 和 Dess（2001）的观点指出，Covin 和 Slevin 的初始问卷中描述先动性的一个题项“企业是选择‘持续竞争（Undo Competitive）’还是选择‘和平共处（Live and Let live）’”更多描述的是竞争积极性，因此他们设计了一个新的替代题项，新题项主要描述企业更倾向于去追随市场领导者还是凡事先于其他竞争者，这一修正后的量表的信度系数为 0.84。本书也支持这一观点，因此在设计问卷时也采纳了这一做法，具体量表如表 4–1 所示。

（四）科创企业绩效的测量

本书将销售增长（率）（Sales Growth）作为科创企业绩效的一个替代测量指标。销售增长（率）一直是用于测量企业绩效的一个重要指标（Pfeffer & Salancik, 1978; Singh & Mitchell, 2005）。而对科创企业而言，由于处于新生阶段，往往会将大部分的原始资金和收益用于投资和市场拓展，因此科创企业在刚设立的前几年甚至更长时间里都不具有营利性，而创业者及外部投资者也极少会以营利性作为衡量科创企业成功与否的一个指标（McGee et al., 1995; Russell Merz & Sauber, 1995）。Baum 等（2001）的研究明确指出，销售增长（率）是评判科创企业成功与否的一个普遍测量方法。Brush 和 Vanderwerf（1992）则指出，相比其他测量指标，在跨国、跨产业对比情境中，用销售增长（率）来测量要更为合适。从近两年发表于国外 Top 期刊的文章中可以看出，选择将单一销售增长变量作为科创企业绩效的测量方式也逐渐成为一个普遍趋势（Eggers & Song, 2015; Batjargal et al., 2013; Zheng et al., 2015; Larrañeta et al., 2014）。这种趋势的一个很大的原因在于，选择销售增长（率）这一客观指标作为测量方式，有助于克服采用多维度主观测量法可能存在的共同方法偏差问题（Larrañeta et al., 2014）。因为个体有保持认知和态度一致性的倾向，因此在问卷填写过程中往往会对类似的问题保持一致性的回答（Podsakoff et al., 2003）。香港科技大学罗胜强教授在与其同事（2014）合写的一本研究方法著作中就明确指出，“……‘企业绩效’都是‘伪多维概念中的最典型的例子。这些伪多维概念的特征是，它们都不是真正的构念，而只是一组构念的概括性标签；但是，它们又常常被研究者错误地当做科学的多维构念来使用”。而现阶段部分学者在测量企业绩效时往往将营业收入、营收增长 ROA、ROE、雇员增长、市场占有率、利润额作为测量题项加以呈现，而这很有可能会出现统计偏差问题，尤其是对于科创企业来说，这些指标之间很有可能并不具有高度的共变性，因此，以多维构念来测量科创企业绩效可能并不科学。

另外，选择销售增长（率）这一客观数据也有助于避免问卷填写者因主观情感或不了解实际情况而产生的宽大效应（Lenience Effect）（Podsakoff et al., 2003），即有意或无意地、过高或过低地进行评分。

在调研中，作者要求各孵化器、创业园区的运营负责人在征求企业同意的情况下提供 2014~2016 年的企业营业收入。本书中的科创企业当期绩效变量为企业 2015 年的营收增长率，具体测量方式为 2015 年的企业营业收入减去 2014 年的企业营业收入后除以 2014 年的企业营业收入；科创企业下期绩效变量为企业 2016 年的营收增长率，具体测量方式为 2016 年的企业营业收入减去 2015 年的企业营业收入后除以 2015 年的企业营业收入。

（五）控制变量的选择

科创企业绩效是一个多因素共同作用的结果，因此，在借鉴以往学者研究的基础上，本书研究对一系列变量进行了控制。

企业层面的控制变量。参照 Batjargal 等（2013）、Amezcua 等（2013）、胡望斌等（2014）的做法，本书对企业注册资本、雇员数、企业成立年限、企业所属区域、企业所属行业等变量进行了控制。企业注册资本以科创企业营业执照上的注册资金数进行测量，单位为（人民币）元，取自然对数处理。雇员数以全职在岗的雇员总数加以测量，取自然对数处理。企业的成立年限以成立之日至 2015 年的年份数加以测量。企业所属区域共包含浙江省 11 个地市，杭州市、宁波市、嘉兴市、湖州市、绍兴市、台州市、温州市、丽水市、衢州市、舟山市、金华市，考虑到所属区域对企业绩效存在影响的主要原因在于经济发展水平所带来的基础设施的差异，因此，本书研究借助 2015 年 11 个地市的国民生产总值（GDP）将其划分为两类，设置了一个虚拟变量，其中 1 代表 GDP 处于前五位的地市（包括杭州市、宁波市、温州市、绍兴市、台州市），0 代表 GDP 处于后六位的地市（包括嘉兴市、金华市、湖州市、衢州市、丽水市、舟山市）。企业所属行业以是否是高新技术行业加以测量，评价标准为国家统计局印发的高新技术产业统计分类目录，设置一个虚拟变量，其中 1 代表属于高新技术行业，0 代表不属于高新技术行业。

创业园（孵化器）层面的控制变量。由于本书研究的样本主要来自各创业园区（孵化器），这些创业园区（孵化器）本身的情况不同可能会导致入驻的企业也存在差异（Amezcua et al., 2013；项国鹏和黄玮，2016）。因此，本书研究对创业园区（孵化器）的等级和所有权属性进行了控制。由于政府科技部门会对创业园区（孵化器）等级进行评定，因此本书研究通过设置一个虚拟变量来测量所在孵化器的等级，其中 1 代表国家级，0 代表省级及以下。所在孵化器的产权属性也通过设置一个虚拟变量来加以测量，其中 1 代表国有，0 代表民营。

创业者人口学属性。参照 Batjargal 等（2013）的做法，本书研究对创业者的教育背景、性别进行了控制。创业者的教育背景通过设置一个虚拟变量来加以测量，其中 1 代表本科及以下，0 代表研究生。创业者的性别通过设置一个虚拟变量来加以测量，其中 1 代表男性，0 代表女性。

三、数据收集和偏差控制

（一）样本选择及抽样过程

笔者从浙江省孵化器协会那里获取了全省 11 个地级市的孵化器名录，随机从每个地级市选择两家孵化器进行联系，询问是否愿意配合数据收集工作，若得到否定答复，则再行随机选择直至得到两家孵化器的肯定答复。随后从每个园区提供的全部企业名录中随机选取 20 家企业进行问卷调研，共计 440 家企业。

本书研究的问卷调研工作分两期进行。一期调研时间为 2015 年 1 月至 2016 年 3 月，这个阶段主要收集三方面的数据：①由科创企业负责人或创业团队核心成员对企业基本状况，投资者、雇员和客户对科创企业合法性的评价，企业的创业导向等问题进行回答；②由企业雇员和创业园区（孵化器）管理运营人员就投资者、雇员和客户对科创企业合法性的评价进行打分；③由创业园区（孵化器）提供调研对象 2014 年竞争性和普惠性政府补贴、2014 年营业收入、2015 年营业收入的数据。二期调研时间为 2017 年 1～2 月，主要收集由创业园区（孵化器）管理运营人员提供的调研对象 2016 年营业收入数据。

问卷发放和数据收集工作主要由创业园区（孵化器）管理运营人员在笔者的指导和指挥下进行，共发放问卷 440 份，一期回收问卷 305 份。到二期时，鉴于 48 家企业由于搬迁、倒闭、被收购、未能按期上交当年度财务报表等原因，无法准确收集 2016 年的企业营业收入数据，最终回收问卷 257 份，问卷回收率为 64.25%。通过对二期回收问卷的初步审查，发现共有 20 份问卷不适合用于分析，存在的问题包括问卷题项填写不完整、竞争性和普惠性政府补贴无法区分等，因此予以剔除，最终用于分析的问卷数是 237 份，有效问卷率达 92.22%。

相比较于一般性的统计调查来说，本书研究的无效问卷比率相对来说较低，这与借助创业园区（孵化器）管理运营人员进行问卷发放有着一定的关联，这种问卷发放方式更容易获得问卷填写者（科创企业负责人、创业团队核心人员及企业雇员）的信任，从而提高了问卷回收的可能性和数据收集的质量。从各地市发放和回收的情况来看，基本上较为平均，关于问卷发放和回收信息详见表 4–2。

表 4–2　问卷发放及回收情况表　　单位：份

地区	发放数量	回收数量	问卷回收率（%）	有效问卷数	有效问卷率（%）
杭州	40	34	85.00	30	88.24
绍兴	40	20	50.00	17	85.00
宁波	40	31	77.50	28	90.32
温州	40	24	60.00	22	91.67
台州	40	23	57.50	21	91.30
金华	40	23	57.50	22	95.65
舟山	40	21	52.50	19	90.48
嘉兴	40	18	45.00	18	100.00
衢州	40	16	40.00	16	100.00
丽水	40	17	42.50	15	88.24

续表

地区	发放数量	回收数量	问卷回收率（%）	有效问卷数	有效问卷率（%）
湖州	40	30	75.00	29	96.67
总计	440	257	58.41	237	92.22

（二）偏差控制

本书研究在调研样本和调研对象的选择上主要考虑以下五个原则。

（1）地域和行业的分散性。学者普遍认为，样本覆盖更多的地域和行业对于获得一个具有普适性的研究结论有着重要意义。就本书研究而言，获得不同地域和不同行业中科创企业绩效表现上的整体信息，是提高研究结论的外部效度和增强研究结论的现实意义的关键所在。

（2）科创企业的科学选择。本书将科创企业界定为成立时间在 8 年以内的企业，因此本书研究的调研对象是指成立满 1 年但不满 8 年的企业。

（3）组织合法性的多主体测量。本书采用多主体主观评价法来测量投资者、客户和雇员对科创企业的合法性评价，从而尽可能控制由单一主体（一般多为企业内部人员）评价带来的社会称许性和一致性回答等问题。具体操作方式为通过向企业雇员、创业园（孵化器）运营人员和企业总经理或创始团队核心成员同时发放问卷，要求其填写投资者、雇员、客户对科创企业的合法性评价，并分析三个来源的数据间是否具有显著差异性，构建“三角验证”。

（4）数据获取的准确性。科创企业的数据获取主要借助所在创业园区（孵化器）的运营管理人员来得以实现，这样做对于获取准确的数据至关重要，园区运营管理者在日常工作中便按照地方政府科技部门的要求收集这些数据。

（5）多时点数据获取。为了规避政府补贴、组织合法性和科创企业绩效三个变量之间可能存在的反向因果关系问题，研究在测量时采用了多时点测量的方式。

第二节　信效度检验与相关分析

在第三章里，基于研究 1 提出的变量间统计关系模型，本书深入分析了科创企业政府补贴的影响，主要体现在作用机理和权变因素两个方面上。本章将在数据采集、变量设计的基础上，借助描述性统计对数据信息进行呈现，借助信度和效度分析、验证性因子分析对变量测量的情况进行检验，借助层次回归分析对调节效应和中介效应进行检验，系统论证本书研究 1 提出的假设和理论模型。研究 1 使用的统计软件主要为 SPSS 22.0 以及 AMOS 22.0，分析方法主要为层级回归法和 Bootstrap 分析法。

一、描述性统计分析

借助规范科学的问卷设计、发放、回收过程，研究最终共获得有效问卷 237 份，意味着有 237 个科创企业样本被纳入统计分析，这样本量对于企业层面的管理学研究来说还是较为可观的。为了更好地从整体层面了解这些样本企业的特征并研究核心变量的整体表现情况，本小节对样本企业的核心变量（竞争性和普惠性政府补贴、营业收入增长率、创业导向、组织合法性）、企业层面的控制变量（雇员数、注册资本数、成立年限、所属区域、所属行业）、企业所属园区层面的控制变量（等级和所有权属性）、创业者层面的控制变量（教育背景和性别）等进行了描述性统计分析，分析结果如下。

表 4–3 呈现了本书企业样本的来源地，样本覆盖了浙江省的所有地市，从而增加了研究结论的普适度，至少对深入了解浙江省以及与浙江省相类似的省份时具有较高的参考价值。为了便于统计分析，在不影响研究结论的情况下，本书将企业所属区域划分为两个类型，包括高 GDP 区域（包含杭州市等五个地市）和低 GDP 区域（包含丽水市等六个地市）。从表 4–3 可以看出，有 128 个样本企业来自高 GDP 区域，占样本总量的 54%；有 109 个样本企业来自低 GDP 区域，占样本总量的 46%。样本企业的区域分布较为平均。

由于高新技术行业和非高新技术行业的企业在获取政府补贴和企业绩效上都可能会存在差异，因此，本书对这一变量也进行了控制。其中，属于高新技术行业的企业有 147 家，占总样本量的 62%；属于非高新技术行业的企业有 90 家，占总样本量的 38%。

表 4–3　样本企业基本特征（类型变量）的分布情况统计

变量	描述	频数（个）	所占百分比（%）
所属区域	高 GDP 区域	128	54
	低 GDP 区域	109	46

续表

变量	描述	频数（个）	所占百分比（%）
所属行业	高新技术行业	147	62
	非高新技术行业	90	38
所属园区等级	国家级	151	63.7
	省级及以下	86	36.3
所属园区所有权属性	国有	166	70
	民营	71	30
创业者教育背景	研究生	91	38.4
	本科及以下	146	61.6
创业者性别	男性	165	69.6
	女性	72	30.4

注：N=237。

研究 1 主要借助创业园区（孵化器）的运营管理人员来获取科创企业的数据，这样做的一个优势在于更便于获取可靠的数据，但可能出现的一个问题便是创业园区（孵化器）自身特征的差异有可能会导致在园企业特质的差异，也就是说，创业园区（孵化器）会对入园企业存在一个潜在的筛选机制。因此，借鉴 Amezcua 等（2013）的做法，研究对创业园区（孵化器）层面的两个变量进行了控制，包括园区等级和园区所有权属性。151 家样本企业所在的园区为国家级科技企业孵化器，占样本总量的 63.7%；86 家样本企业所在的园区为省级及以下科技企业孵化器，占样本总量的 36.3%。166 家样本企业所在园区的所有权属性为国有（含政府、事业单位、高等院校、国有企业设立的创业园区），占样本总量的 70%；71 家样本企业所在园区的所有权属性为民营，占样本总量的 30%。考虑到成为孵化企业往往有着一套严格的筛选机制，从而有可能导致孵化企业与非孵化企业在绩效表现上出现差异，因此，尽管各企业所在的园区均为省级以上的科技企业孵化器，但研究并未限定必须为孵化企业才能成为样本，也就是说，在选择园区企业上遵循随机性，孵化企业和非孵化企业均有概率成为研究样本。这一过程通过园区运营管理人员借助园区企业名册进行随机选取得以实现。

创业者特质也可能会影响科创企业的绩效。91 家样本企业的创业者的教育程度为研究生（含硕士和博士），占样本总量的 38.4%；146 家样本企业的创业者的教育程度为本科及以下，占样本总量的 61.6%。165 家样本企业的创业者的性别为男性，占样本总量的 69.6%；72 家样本企业的创业者的性别为女性，占样本总量的 30.4%。这与浙江省创业者的基本情况也较为符合。

表 4–4　样本企业基本特征（连续型变量）的分布情况统计

变量	极小值	极大值	均值	标准差
普惠性政府补贴	0	15	4.11	3.82
竞争性政府补贴	0	280	32.39	20.95
科创企业绩效（T_0）	–3.17	42.83	4.16	7.22
科创企业绩效（T_1）	–9.65	16.95	1.11	2.28
创业导向	1.22	6.44	3.83	1.14
合法性—投资者	1	7	3.65	1.94
合法性—雇员	1	7	3.55	1.99
合法性—客户	1	7	3.85	1.90
企业年龄	1	8	3.84	1.75
雇员数	8	126	32.39	20.95
注册资本	100	1000	201.69	271.53

注：这里的竞争性和普惠性政府补贴、雇员数、注册资本三个变量的数据均为未经过自然对数化处理的数据；N=237。

再看连续型变量的描述统计分析，主要观察变量的极大极小值、均值及标准差，分析结果如表 4–4 所示。在普惠性政府补贴的获取上，最多的为 15 万元，最少的为 0 元，均值为 4.11 万元，标准差为 3.82，说明科创企业在获取普惠性政府补贴上存在一定的差异，这种差异可能主要与补贴信息的获取、地方补贴制度的差异以及创业者对获取补贴的积极性和态度三个因素有关。在竞争性政府补贴的获取上，最多的为 280 万元，最少的为 0 元，均值为 32.39，标准差为 20.95，说明科创企业在获取竞争性政府补贴上存在较大差异，这种差异可能主要与竞争性补贴设置的初衷在于扶持优秀项目和企业有关。

在科创企业绩效（T_0）上，营收增长率最低的为 –317%，最高的为 4283%，均值为 416%，标准差为 7.22；在科创企业绩效（T_1）上，营收增长率最低的为 –965%，最大的为 1695%，均值为 111%，标准差为 2.28，这些数据表明科创企业在早期的绩效表现上差异明显，发展能力较强的企业甚至可以呈现出几何倍数的营业收入增长，而部分企业的营业收入则明显地逐年下降。

在创业导向上，企业的最低得分为 1.22，最高得分为 6.44，均值为 3.83，标准差为 1.14。在投资者对科创企业的合法性评价上，企业的最低得分为 1，最高得分为 7，均值为 3.65，标准差为 1.94。在雇员对科创企业的合法性评价上，企业的最低得分为 1，最高得分为 7，均值为 3.55，标准差为 1.99。在客户对科创企业的合法性评价上，企业的最低得分为 1，最高得分为 7，均值为 3.85，标准差为 1.90。

在企业年龄上，成立年限最短的为 1 年，最长的为 8 年，平均为 3.84 年，标准差为 1.75。用于描述企业规模的变量有两个，初始规模用注册资本加以表征，研究样本里，注册资本最高的为 1000 万元，最低的为 100 万元，均值为 201.69 万元，标准差为 271.53；当前规模用雇员数加以表征，研究样本里，雇员数最多的为 126 人，最少的为 8 人，均值为 32.39，标准差为 20.95。

二、信度和效度检验

（一）创业导向量表的效度和信度分析

首先，借助考察创业导向量表的 Kaiser-Meyer-Olkin 测量取样适当性（KMO 值）；借助 Bartlett 球形检验显著性系数来判定是否适合做因子分析（马庆国, 2002）。创业导向量表的 KMO 值为 0.911>0.9，属于非常适合做因子分析的范围，Bartlett 球形检验的显著性系数 $p<0.001$，进一步证明了样本数据适合做因子分析。然后，采用主成分分析法抽取特征根大于 1 的因子，并采用最大方差法进行正交旋转，分析结果显示创业导向聚合成了一个因子（如表 4–5 所示），该因子的累计方差解释率为 60.81%，超过了 50% 的最低要求。各题项的因子载荷系数均超过了 0.7，说明各题项聚合度良好。因此，探索性因子分析的结果表明创业导向是可以通过单一因子加以测量的，且结构效度较为良好，这也与本书研究的理论预设相匹配。

表 4–5 创业导向量表的探索性因子分析

变量名称	题项（简写）	因子载荷系数	KMO 值	Bartlett 球形检验		累积解释方差
				卡方值	显著性	
创业导向	创新性 –1	0.764	0.911	1277.14	0.000	60.81%
	创新性 –2	0.776				
	创新性 –3	0.795				
	风险承担性 –1	0.763				
	风险承担性 –2	0.804				
	风险承担性 –3	0.783				
	先动性 –1	0.789				
	先动性 –2	0.752				
	先动性 –3	0.790				

如表 4–6 所示，创业导向量表的题项——总体相关系数（CITC）值均远大于 0.35 的最低标准，且删除任何一个题项后的 Cronbach's α 系数均有所降低，量表的总体内部一致性系数也达到了 0.919，远高于 0.7 的可接受标准。可见，创业导向量表具有较好的信度。

表 4–6 创业导向量表的信度检验

变量名称	题项（简写）	CITC	删除该题项的 Cronbach's α 系数	Cronbach's α 系数
创业导向	创新性 –1	0.693	0.911	0.919
	创新性 –2	0.705	0.910	
	创新性 –3	0.729	0.909	
	风险承担性 –1	0.691	0.911	
	风险承担性 –2	0.742	0.908	
	风险承担性 –3	0.720	0.909	
	先动性 –1	0.727	0.909	
	先动性 –2	0.684	0.912	
	先动性 –3	0.728	0.909	

其次，借助结构方程模型对创业导向量表进行进一步的验证性因子分析，并计算和检验量表的信度。创业导向验证性因子分析的模型的 χ^2 值为

40.08，自由度为 21，RMSEA 值为 0.062<0.08，NFI 值为 0.969>0.90，CFI 值为 0.985>0.90，PCFI 值为 0.575>0.50，χ^2 与自由度之比为 1.90<2.00，这表明创业导向单维模型在绝对适配度指数、增值适配度指数、TLI 值和简约适配度指数上均表现良好，模型拟合度较高。此外，如表 4–7 所示，各题项的因素载荷量均高于 0.7，信度系数也均高于 0.5，创业导向变量的组合信度为 0.914，表明模型内在质量佳；平均方差抽取量（Average Variance Extracted，AVE）为 0.541，属于可接受的范围，表明测量指标能够较好反映其共同因素构念的潜在特质。

综上分析，可以认定本书采用的创业导向量表的信度和效度较好。

表 4–7　创业导向量表的验证性因子分析

测量指标	因素载荷量	信度系数	测量误差	组合信度	AVE 值
创新性 –1	0.714	0.510	0.490		
创新性 –2	0.749	0.561	0.439		
创新性 –3	0.765	0.585	0.415		
风险承担性 –1	0.709	0.503	0.497		
风险承担性 –2	0.776	0.602	0.398		
风险承担性 –3	0.748	0.560	0.440		
先动性 –1	0.736	0.542	0.458		
先动性 –2	0.711	0.506	0.494		
先动性 –3	0.709	0.503	0.497		
				0.914	0.541

（二）组织合法性测量的效度和信度分析

本书采用单一题项的方式来测量三类科创企业的核心利益相关者——投资者、雇员和客户——对科创企业的合法性评价，这些测量题项在以往学者的研究中已被广泛使用，因此，具有较好的内容效度。为了检验这种单一测量方式是否具有结构效度和信度，研究采用三个对科创企业具有较好了解的内外部主体对这三类核心利益相关者对科创企业的合法性评价进行打分，并检验这三个评价数据之间是否具有显著性差异。三个对科创企业具有较好了解的内外部主体包括：科创企业创始人或创始团队成员、创业园区（孵化器）运营管理者和科创企业雇员代表，因此，本书研究借助单因素方差分析法对这三个主体对投资者、雇员和客户对科创企业的组织合法性评价是否存在差异性进行检验。

（1）投资者对科创企业合法性的评价。首先对三组数据的方差齐性进行分析，分析结果显示，Levene 统计量为 0.122，显著性 p 值 =0.885>0.05，故三组数据方差齐，选择最常用的最小显著性差异法（LSD 法）进行方差检验。如表 4–8 所示，F=0.335，p 值 =0.716>0.05，两两之间对比分析显示 95% 的置信区间均包括零值且显著性系数均大于 0.05，说明在关于投资者对科创企业合法性的评价上，这三个主体的判断不存在显著差异，证明了关于投资者对科创企业合法性的评价的测量数据是具有较高可信度的。

表 4–8　关于投资者对科创企业合法性评价的高管、园区和雇员三组数据的方差分析

F 值	Sig.	组别	均值差	Sig.	95% 置信区间	
					下限	上限
0.335	0.716	高管 vs. 园区	0.114	0.495	–0.21	0.44
		高管 vs. 雇员	0.122	0.464	–0.21	0.45
		园区 vs. 雇员	0.008	0.960	–0.32	0.34

（2）雇员对科创企业合法性的评价。首先对三组数据的方差齐性进行分析，分析结果显示，Levene 统计量为 0.253，显著性 p 值 =0.777>0.05，故三组数据方差齐，选择最常用的最小显著性差异法（LSD 法）进行方差检验。如表 4–9 所示，F=0.156，p 值 =0.856>0.05，两两之间对比分析显示 95% 的置信区间均包括零值且显著性系数均大于 0.05，说明在关于雇员对科创企业合法性的评价上，这三个主体的判断不存在显著差异，证明了关于雇员对科创企业合法性的评价的测量数据是具有较高可信度的。

表 4–9　于雇员对科创企业合法性评价的高管、园区和雇员三组数据的方差分析

F 值	Sig.	组别	均值差	Sig.	95% 置信区间	
					下限	上限
0.156	0.856	高管 vs. 园区	–0.025	0.883	–0.36	0.31
		高管 vs. 雇员	0.068	0.695	–0.27	0.41
		园区 vs. 雇员	0.093	0.590	–0.24	0.43

（3）客户对科创企业合法性的评价。首先对三组数据的方差齐性进行分析，分析结果显示，Levene 统计量为 0.296，显著性 p 值 =0.744>0.05，故三组数据方差齐，选择最常用的最小显著性差异法（LSD 法）进行方差检验。如表 4–10 所示，F=0.358，p 值 =0.699>0.05，两两之间对比分析显示 95% 的置信区间均包括零值且显著性系数均大于 0.05，说明在关于客户对科创企业合法性的评价上，这三个主体的判断不存在显著差异，证明了关于客户对科创企业合法性的评价的测量数据是具有较高可信度的。

表 4–10　关于客户对科创企业合法性评价的高管、园区和雇员三组数据的方差分析

F 值	Sig.	组别	均值差	Sig.	95% 置信区间	
					下限	上限
0.358	0.699	高管 vs. 园区	0.063	0.718	–0.28	0.41
		高管 vs. 雇员	0.148	0.399	–0.20	0.49
		园区 vs. 雇员	0.084	0.630	–0.26	0.43

综上分析，可以认定本书采用的组织合法性测量方式的信度和效度较好。

三、相关分析

研究对 15 个变量进行了皮尔逊（Pearson）相关分析，表 4–11 呈现了变量之间的相关分析结果。从表中可以看出，普惠性政府补贴与科创企业绩效（T_0）之间具有显著的正相关性（β=0.145，p<0.05），与科创企业绩效（T_1）之间却不具有显著的相关性（β=0.008，n.s.）。竞争性政府补贴与科创企业绩效（T_0）之间具有显著的正相关性（β=0.476，p<0.01），与科创企业绩效（T_1）之间也具有显著的正相关性（β=0.283，p<0.01）。这初步说明，普惠性政府补贴和竞争性政府补贴在对科创企业两期绩效的影响上存在差异。

普惠性政府补贴与投资者视角的科创企业合法性、与雇员视角的科创企业合法性、与客户视角的科创企业合法性之间均不具有显著的相关性（β=–0.051，n.s.；β=0.048，n.s.；β=0.029，n.s.），而竞争性政府补贴与投资者视角的科创企业合法性、与雇员视角的科创企业合法性、与客户视角的科创企业合法性之间均具有显著的正相关性（β=0.556，p<0.01；β=0.488，p<0.01；β=0.593，p<0.01）。这初步说明，普惠性政府补贴和竞争性政府补贴在对三

表 4-11　研究中各变量的 Pearson 相关系数

变量	1	2	3	4	5	6	7	8	9	10	11	12	13	14	15	16
1. 普惠性政府补贴																
2. 竞争性政府补贴	0.045															
3. 合法性—投资者	–0.051	0.556**														
4. 合法性—雇员	0.048	0.488**	0.673**													
5. 合法性—客户	0.029	0.593**	0.809**	0.732**												
6. 创业导向	0.006	0.151*	0.260**	0.283**	0.335**											
7. 科创企业绩效（T_0）	0.145*	0.476**	0.560**	0.538**	0.608**	0.202**										
8. 科创企业绩效（T_1）	0.008	0.283**	0.300**	0.339**	0.293**	0.121	0.129*									
9. 企业成立年限	0.088	–0.130*	–0.048	–0.063	–0.032	–0.137*	–0.091	–0.042								
10. 所属行业	–0.013	–0.062	–0.051	0.034	–0.024	–0.048	0.050	0.014	0.017							
11. 所属地市	0.036	–0.022	–0.103	–0.041	–0.145*	0.089	–0.083	0.098	0.036	0.012						
12. 园区等级	–0.060	0.116	0.202**	0.192**	0.189**	0.104	0.052	0.095	0.014	–0.012	0.008					
13. 园区所有权属性	0.162*	–0.096	–0.053	–0.008	–0.057	0.070	–0.056	–0.091	–0.036	–0.033	–0.068	0.119				
14. 雇员数	0.099	0.041	–0.020	0.000	0.025	0.056	0.006	–0.123	0.052	–0.064	0.045	–0.114	–0.038			
15. 注册资本	0.037	0.142*	0.119	0.072	0.131*	0.114	0.058	–0.050	0.021	0.027	–0.076	0.193**	0.107	0.082		
16. 创业者性别	0.085	–0.066	–0.069	–0.134*	–0.145*	–0.107	–0.066	–0.066	–0.277**	–0.058	0.016	–0.002	0.069	0.016	–0.150*	
17. 创业者教育背景	–0.018	0.118	–0.006	0.014	–0.022	–0.035	–0.074	–0.057	–0.179**	0.031	0.037	0.072	0.033	–0.056	0.050	0.101

注：* 表示 $p<0.05$，** 表示 $p<0.01$，N=237。

个核心利益相关者关于科创企业合法性的评价的影响上存在差异，这种差异有可能是造成两种类型政府补贴对科创企业两期绩效存在差异化影响的原因所在。

投资者视角的科创企业合法性、雇员视角的科创企业合法性、客户视角的科创企业合法性与科创企业绩效（T_0）之间均具有显著的正相关性（β=0.560，$p<0.01$；β=0.538，$p<0.01$；β=0.608，$p<0.01$），与科创企业绩效（T_1）之间也具有显著的正相关性（β=0.300，$p<0.01$；β=0.339，$p<0.01$；β=0.293，$p<0.01$）。

创业导向与投资者视角的科创企业合法性、与雇员视角的科创企业合法性、与客户视角的科创企业合法性之间均具有显著的正相关性（β=0.260，$p<0.01$；β=0.283，$p<0.01$；β=0.335，$p<0.01$）。

综上分析，核心变量之间的相关性分析结果初步验证了本书研究假设提出和模型构建的合理性。

从控制变量上来看，企业成立年限与科创企业绩效（T_0）显著负相关，说明随着企业年龄的增加，企业的营业收入增长率会有一定程度的下降。企业所属地市、所属园区等级、所属园区所有权属性、企业雇员数、创业者性别、创业者教育背景、注册资本与科创企业两期绩效均不存在显著的相关关系。

从自变量间的共线性情况来看，绝大多数的自变量间不存在显著的相关性，初步判断并不存在严重的多重共线性问题，但为了增加研究结论的信度，本书在后续考察调节作用时仍然对竞争性政府补贴变量和创业导向变量采取中心化处理，即选用原始数据减去均值来计算竞争性政府补贴和创业导向的交互项。

此外，投资者视角的科创企业合法性、雇员视角的科创企业合法性、客户视角的科创企业合法性三者之间均具有显著的相关性，这在一定程度上说明了在对科创企业进行合法性评价时，这三类核心利益相关者的评价标准在很大程度上可能是一致的（如企业的成长性、企业的预期市场前景、企业的产品等）。

四、多重共线性检验

如前文相关分析结果所示，各自变量之间并不存在较强的相关关系（相关系数均小于 0.7），初步说明并不存在严重的共线性问题（袁庆宏等，2015）。

为了进一步检验各自变量之间的共线性情况，研究考察了容差（Tolerance,

TOL）和方差膨胀系数（Variance Inflation Factor, VIF）两个指标。此外，本书借鉴现阶段大多数研究的做法，通过自变量和调节变量的乘积项并观测其是否会显著影响因变量来检验调节效应是否存在。这样做可能出现的一个问题便是乘积项势必会和自变量、调节变量显著相关，因此根据 Aiken 和 West（1991）、Hofmann 和 Gavin（1998）的建议，并参照 Roberson 和 Williamson（2012）、LePine 等（2016）的做法，研究对竞争性政府补贴和创业导向两个变量的数据采取中心化（Centering）处理。罗胜强和姜嬿（2014）借助公式推演论证了中心化处理对回归分析结果是否存在影响，并指出，“中心化没有改变我们的调节回归的验证过程。它只是某程度上减少了调节项与其他自变量之间的相关而已”。考虑到由控制变量与自变量之间的高度相关性而导致的共线性也可能会影响回归模型构建的准确性与否，因此，本书研究也将控制变量一并纳入分析，统称为解释变量。

表 4–12 显示了中心化后本书研究中纳入回归分析的各个解释变量间的容差和方差膨胀系数。从中可以看出，各解释变量之间的 Tol 值均大于 0.1，VIF 值均远小于 10，说明不存在多重共线性的问题。

表 4–12　各自变量的容忍度和方差膨胀系数分析结果

变量名称	容差（Tol）	方差膨胀系数（VIF）
普惠性政府补贴	0.928	1.078
竞争性政府补贴	0.894	1.119
创业导向	0.833	1.200
竞争性政府补贴 × 创业导向	0.875	1.143
企业成立年限	0.829	1.206
所属行业	0.982	1.018
所属地市	0.967	1.034
园区等级	0.901	1.109
园区所有权属性	0.907	1.103
雇员数	0.948	1.055
注册资本	0.875	1.143
创业者性别	0.837	1.195
创业者教育背景	0.934	1.071

注：表中的竞争性政府补贴和创业导向的乘积项是已经经过中心化处理后的数据。

第三节　竞争性和普惠性政府补贴与科创企业绩效（T_0）

通过分析竞争性和普惠性政府补贴对科创企业合法性和科创企业绩效（T_0）的影响以及科创企业合法性在这两者之间是否存在中介作用，研究 1–1 旨在探索普惠性和竞争性政府补贴对科创企业绩效（T_0）的影响路径问题。研究 1–1 检验了假设 1–5 及其子假设。

一、竞争性和普惠性政府补贴与科创企业绩效（T_0）回归分析

表 4–13 显示了竞争性政府补贴和普惠性政府补贴对科创企业绩效（T_0）的影响。模型 1 考察控制变量对科创企业绩效（T_0）的影响；模型 2 在模型 1 的基础上加入了普惠性政府补贴，考察普惠性政府补贴对科创企业绩效（T_0）的影响；模型 3 在模型 1 的基础上加入了竞争性政府补贴，考察竞争性政府补贴对科创企业绩效（T_0）的影响。

表 4–13　普惠性和竞争性政府补贴与科创企业绩效（T_0）的回归分析

变量名称	科创企业绩效（T_0）			
	M1	**M2**	**M3**	**M4**
控制变量				
企业成立年限	–0.133	–0.155*	–0.060	–0.080
所属行业	0.050	0.050	0.084	0.083
所属地市	–0.077	–0.085	–0.067	–0.074
园区等级	0.064	0.079	0.011	0.025
园区所有权属性	–0.067	–0.099	–0.006	–0.033
雇员数	0.017	0.001	–0.008	–0.019
注册资本	0.040	0.032	–0.016	–0.021
创业者性别	–0.078	–0.099	–0.032	–0.050
创业者教育背景	–0.092	–0.090	–0.139*	–0.137*
自变量				

续表

变量名称	科创企业绩效（T_0）			
	M1	**M2**	**M3**	**M4**
普惠性政府补贴		0.189**		0.146*
竞争性政府补贴			0.487***	0.473***
模型统计量				
R^2	0.043	0.076	0.260	0.279
调整 R^2	0.005	0.035	0.227	0.244
F	1.12	1.86*	7.92***	7.92***

注：*** 表示 $p<0.001$，** 表示 $p<0.01$，* 表示 $p<0.05$，表中均为标准化后的回归系数。

如表 4–13 所示，仅包含控制变量的模型 1 的 R^2 为 0.043，调整 R^2 为 0.005，F 值为 1.12（n.s.）。模型 2 加入了普惠性政府补贴变量，模型的 R^2 为 0.076，调整 R^2 为 0.035，F 值为 1.86（$p<0.05$），普惠性政府补贴对科创企业绩效（T_0）存在显著的正向影响（$\beta=0.189$，$p<0.01$），假设 1 得到支持。模型 3 加入竞争性政府补贴变量后，模型的 R^2 为 0.260，调整 R^2 为 0.227，F 值为 7.92（$p<0.001$），竞争性政府补贴对科创企业绩效（T_0）存在显著的正向影响（$\beta=0.487$，$p<0.001$），假设 2 得到支持。

模型 4 将竞争性政府补贴和普惠性政府补贴一起纳入分析，假设 1 和假设 2 同样得到支持。模型 4 的分析结果还表明，相比于普惠性政府补贴来说，竞争性政府补贴对科创企业绩效（T_0）的影响要更为显著，前者的影响系数为 0.146，在 0.05 水平上显著，而后者的影响系数为 0.473，在 0.001 水平上显著。这说明，在对科创企业绩效（T_0）的影响上，抛开竞争性和普惠性政府补贴共同具有的资源输入效应，竞争性政府补贴可能还存在其他影响机制。

二、竞争性政府补贴、科创企业合法性与科创企业绩效（T_0）

本书研究对投资者、雇员和客户视角的科创企业合法性在竞争性政府补贴和科创企业绩效（T_0）之间的中介作用进行了检验。

1. 竞争性政府补贴、投资者视角的科创企业合法性和科创企业绩效（T_0）

表 4–14 呈现了竞争性政府补贴、投资者视角的科创企业合法性和科创企

业绩效（T_0）三者之间的关系。模型 1~3 以投资者视角的科创企业合法性作为因变量。模型 1 仅包含控制变量，模型的 R^2 为 0.076，调整 R^2 为 0.039，F 值为 2.08（$p<0.05$），控制变量中的园区等级对投资者视角的科创企业合法性存在显著影响。模型 2 在模型 1 基础上加入了普惠性政府补贴变量，模型的 R^2 为 0.076，调整 R^2 为 0.035，F 值为 1.86（$p<0.05$），普惠性政府补贴对投资者视角的科创企业合法性不存在显著的正向影响（β=–0.012，n.s.）。模型 3 在模型 1 基础上加入了竞争性政府补贴变量，模型的 R^2 为 0.344，调整 R^2 为 0.315，F 值为 11.87（$p<0.001$），竞争性政府补贴对投资者视角的科创企业合法性存在显著的正向影响（β=0.541，$p<0.001$）。假设 3a 得到支持。

表 4–14　竞争性政府补贴、投资者视角科创企业合法性和科创企业绩效（T_0）的回归分析

变量名称	合法性—投资者			科创企业绩效（T_0）			
	M1	M2	M3	M4	M5	M6	M7
控制变量							
企业成立年限	–0.075	–0.074	0.005	–0.133	–0.060	–0.090	–0.063
所属行业	–0.054	–0.054	–0.017	0.050	0.084	0.081	0.091
所属地市	–0.100	–0.099	–0.089	–0.077	–0.067	–0.021	–0.029
园区等级	0.200**	0.199**	0.142*	0.064	0.011	–0.049	–0.049
园区所有权属性	–0.091	–0.089	–0.023	–0.067	–0.006	–0.016	0.004
雇员数	–0.002	–0.001	–0.029	0.017	–0.008	0.018	0.005
注册资本	0.076	0.076	0.014	0.040	–0.016	–0.003	–0.022
创业者性别	–0.071	–0.069	–0.019	0.078	0.032	–0.039	–0.024
创业者教育背景	–0.022	–0.022	–0.074	–0.092	–0.139*	–0.079	–0.107*
自变量							
普惠性政府补贴		–0.012					
竞争性政府补贴			0.541***		0.487***		0.256**
中介变量							
合法性—投资者						0.564***	0.426***
模型统计量							
R^2	0.076	0.076	0.344	0.043	0.260	0.336	0.379
调整 R^2	0.039	0.035	0.315	0.005	0.227	0.307	0.348
F	2.08*	1.86*	11.87***	1.12	7.92***	11.44***	12.47***

注：*** 表示 $p<0.001$，** 表示 $p<0.01$，* 表示 $p<0.05$，表中均为标准化后的回归系数。

模型 4~7 以科创企业绩效（T_0）作为因变量。模型 4 仅包含控制变量。模型 5 在模型 4 的基础上加入了竞争性政府补贴，竞争性政府补贴对科创企业绩效（T_0）存在显著的正向影响（β=0.487，p<0.001）。模型 6 在模型 4 的基础上加入了投资者视角的科创企业合法性变量，模型的 R^2 为 0.336，调整 R^2 为 0.307，F 值为 11.44（p<0.001），投资者视角的科创企业合法性对科创企业绩效（T_0）存在显著的正向影响（β=0.564，p<0.001）。模型 7 在模型 5 的基础上加入了投资者视角的科创企业合法性变量，模型的 R^2 为 0.379，调整 R^2 为 0.348，F 值为 12.47（p<0.001），投资者视角的科创企业合法性对科创企业绩效（T_0）存在显著的正向影响（β=0.426，p<0.001），竞争性政府补贴对科创企业绩效（T_0）存在显著影响（β=0.256，p<0.01）。这说明，在投资者视角的科创企业合法性进入模型后，竞争性政府补贴对科创企业绩效（T_0）的影响系数从 0.487 降为 0.256，显著性水平从 0.001 降为 0.01，且投资者视角的科创企业合法性对科创企业绩效（T_0）的影响要高于竞争性政府补贴的影响。这表明，投资者视角的科创企业合法性在竞争性政府补贴和科创企业绩效（T_0）之间存在部分中介作用，且间接影响路径要比直接影响路径更为显著。

2. 竞争性政府补贴、雇员视角的科创企业合法性和科创企业绩效（T_0）

表 4-15 呈现了竞争性政府补贴、雇员视角的科创企业合法性和科创企业绩效（T_0）三者之间的关系。模型 1~3 以雇员视角的科创企业合法性作为因变量。模型 1 仅包含控制变量，模型的 R^2 为 0.070，调整 R^2 为 0.034，F 值为 1.91（n.s.），控制变量中的园区等级、创业者性别对雇员视角的科创企业合法性存在显著影响。模型 2 在模型 1 基础上加入了普惠性政府补贴变量，模型的 R^2 为 0.078，调整 R^2 为 0.037，F 值为 1.92（p<0.05），普惠性政府补贴对雇员视角的科创企业合法性不存在显著的正向影响（β=0.092，n.s.）。模型 3 在模型 1 基础上加入了竞争性政府补贴变量，模型的 R^2 为 0.278，调整 R^2 为 0.246，F 值为 8.71（p<0.001），竞争性政府补贴对雇员视角的科创企业合法性存在显著的正向影响（β=0.476，p<0.001）。假设 3b 得到支持。

表 4-15 竞争性政府补贴、雇员视角的科创企业合法性和科创企业绩效（T_0）的回归分析

变量名称	合法性—雇员			科创企业绩效（T_0）			
	M1	M2	M3	M4	M5	M6	M7
控制变量							
企业成立年限	−0.113	−0.124	−0.042	−0.133	−0.060	−0.072	−0.044

续表

变量名称	合法性—雇员			科创企业绩效（T_0）			
	M1	M2	M3	M4	M5	M6	M7
所属行业	0.031	0.031	0.064	0.050	0.084	0.033	0.058
所属地市	−0.039	−0.043	−0.029	−0.077	−0.067	−0.056	−0.055
园区等级	0.199**	0.206**	0.147*	0.064	0.011	−0.043	−0.047
园区所有权属性	−0.026	−0.042	0.033	−0.067	−0.006	−0.053	−0.020
雇员数	0.033	0.026	0.009	0.017	−0.008	−0.001	−0.011
注册资本	0.008	0.004	−0.046	0.040	−0.016	−0.036	0.003
创业者性别	−0.160*	−0.170*	−0.115*	−0.078	−0.032	0.008	0.014
创业者教育背景	−0.001	0.000	−0.047	−0.092	−0.139*	−0.091	−0.120*
自变量							
普惠性政府补贴		0.092					
竞争性政府补贴			0.476***		0.487***		0.297**
中介变量							
合法性—雇员						0.537***	0.398***
模型统计量							
R^2	0.070	0.078	0.278	0.043	0.260	0.311	0.374
调整 R^2	0.034	0.037	0.246	0.005	0.227	0.280	0.343
F	1.91	1.92*	8.71***	1.12	7.92***	10.20***	12.21***

注：*** 表示 $p<0.001$，** 表示 $p<0.01$，* 表示 $p<0.05$，表中均为标准化后的回归系数。

模型 4~7 以科创企业绩效（T_0）作为因变量，模型 4 仅包含控制变量，模型 5 在模型 4 的基础上加入了竞争性政府补贴，竞争性政府补贴对科创企业绩效（T_0）存在显著的正向影响（$\beta=0.487$，$p<0.001$）。模型 6 在模型 4 基础上加入了雇员视角的科创企业合法性变量，模型的 R^2 为 0.311，调整 R^2 为 0.280，F 值为 10.20（$p<0.001$），雇员视角的科创企业合法性对科创企业绩效（T_0）存在显著的正向影响（$\beta=0.537$，$p<0.001$）。模型 7 在模型 5 的基础上加入了雇员视角的科创企业合法性变量，模型的 R^2 为 0.374，调整 R^2 为 0.343，F 值为 12.21（$p<0.001$），雇员视角的科创企业合法性对科创企业绩效（T_0）存在显著的正向影响（$\beta=0.398$，$p<0.001$），竞争性政府补贴对科创企业绩效（T_0）存在显著影响（$\beta=0.297$，$p<0.01$）。这说明，在雇员视角的科创企业合法性进入模型后，竞争性政府补贴对科创企业绩效（T_0）的影响系数从 0.487 降为

0.297，显著性水平从 0.001 降为 0.01，且雇员视角的科创企业合法性对科创企业绩效（T_0）的影响要高于竞争性政府补贴的影响。因此，可以得出，雇员视角的科创企业合法性在竞争性政府补贴和科创企业绩效（T_0）之间存在部分中介作用，且间接影响路径要比直接影响路径更为显著。

3. 竞争性政府补贴、客户视角的科创企业合法性和科创企业绩效（T_0）

表 4–16 呈现了竞争性政府补贴、客户视角的科创企业合法性和科创企业绩效（T_0）三者之间的关系。模型 1~3 以客户视角的科创企业合法性作为因变量。模型 1 仅包含控制变量，模型的 R^2 为 0.098，调整 R^2 为 0.063，F 值为 2.75（$p<0.01$），控制变量中的所属地市、园区等级、创业者性别对客户视角的科创企业合法性存在显著影响。模型 2 在模型 1 基础上加入了普惠性政府补贴变量，模型的 R^2 为 0.104，调整 R^2 为 0.064，F 值为 2.62（$p<0.01$），普惠性政府补贴对客户视角的科创企业合法性不存在显著的正向影响（β=0.076，n.s.）。模型 3 在模型 1 基础上加入了竞争性政府补贴变量，模型的 R^2 为 0.403，调整 R^2 为 0.377，F 值为 15.26（$p<0.001$），竞争性政府补贴对客户视角的科创企业合法性存在显著的正向影响（β=0.577，$p<0.001$）。假设 3c 得到支持。

模型 4~7 以科创企业绩效（T_0）作为因变量，模型 4 仅包含控制变量，模型 5 在模型 4 的基础上加入了竞争性政府补贴，竞争性政府补贴对科创企业绩效（T_0）存在显著的正向影响（β=0.487，$p<0.001$）。模型 6 在模型 4 基础上加入了客户视角的科创企业合法性变量，模型的 R^2 为 0.389，调整 R^2 为 0.362，F 值为 14.39（$p<0.001$），客户视角的科创企业合法性对科创企业绩效（T_0）存在显著的正向影响（β=0.620，$p<0.001$）。模型 7 在模型 5 的基础上加入了客户视角的科创企业合法性变量，模型的 R^2 为 0.412，调整 R^2 为 0.383，F 值为 14.34（$p<0.001$），客户视角的科创企业合法性对科创企业绩效（T_0）存在显著的正向影响（β=0.506，$p<0.001$），竞争性政府补贴对科创企业绩效（T_0）存在显著影响（β=0.195，$p<0.01$）。这说明，在客户视角的科创企业合法性进入模型后，竞争性政府补贴对科创企业绩效（T_0）的影响系数从 0.487 降为 0.195，显著性水平从 0.001 降为 0.01，且客户视角的科创企业合法性对科创企业绩效（T_0）的影响要高于竞争性政府补贴的影响。因此，可以得出，客户视角的科创企业合法性在竞争性政府补贴和科创企业绩效（T_0）之间存在部分中介作用，且间接影响路径要比直接影响路径更为显著。

表 4-16　竞争性政府补贴、客户视角的科创企业合法性和科创企业绩效（T_0）的回归分析

变量名称	合法性—客户			科创企业绩效（T_0）			
	M1	M2	M3	M4	M5	M6	M7
控制变量							
企业成立年限	−0.082	−0.091	0.003	−0.133	−0.060	−0.081	−0.062
所属行业	−0.028	−0.027	0.013	0.050	0.084	0.067	0.077
所属地市	−0.143*	−0.146*	−0.131*	−0.077	−0.067	0.011	−0.001
园区等级	0.196**	0.202**	0.133*	0.064	0.011	−0.057	−0.056
园区所有权属性	−0.089	−0.101	−0.017	−0.067	−0.006	−0.012	0.002
雇员数	0.048	0.042	0.019	0.017	−0.008	−0.013	−0.017
注册资本	0.069	0.066	0.003	0.040	−0.016	−0.003	−0.017
创业者性别	−0.148*	−0.156*	−0.093	−0.078	−0.032	0.013	0.015
创业者教育背景	−0.027	−0.027	−0.083	−0.092	−0.139*	−0.075	−0.097
自变量							
普惠性政府补贴		0.076					
竞争性政府补贴			0.577***		0.487***		0.195**
中介变量							
合法性—客户						0.620***	0.506***
模型统计量							
R^2	0.098	0.104	0.403	0.043	0.260	0.389	0.412
调整 R^2	0.063	0.064	0.377	0.005	0.227	0.362	0.383
F	2.75**	2.62**	15.26***	1.12	7.92***	14.39***	14.34***

注：*** 表示 p<0.001，** 表示 p<0.01，* 表示 p<0.05，表中均为标准化后的回归系数。

三、讨论与分析

综上分析，研究 1 中假设 1、假设 2 和假设 3 的三个子假设全部得到支持。也就是说，投资者、雇员和客户视角的科创企业合法性在竞争性政府补贴和科创企业绩效（T_0）之间均存在部分中介作用。而普惠性政府补贴则对投资者、雇员和客户视角的科创企业合法性不存在显著影响，但对科创企业绩效（T_0）存在显著正向影响，这也证实了竞争性和普惠性政府补贴在影响科创企业绩效（T_0）上的存在差异。这种差异在于，普惠性政府补贴仅有单一的资源输入效

应，而竞争性政府补贴则同时具有资源输入和合法性提升双重效应，且相比资源输入效应，合法性提升效应对科创企业绩效（T_0）的影响要更为显著。

第四节　竞争性和普惠性政府补贴与科创企业绩效（T_1）

通过引入科创企业绩效（T_1）并对比分析竞争性和普惠性政府补贴在影响两期科创企业绩效上的差异，研究 1~2 旨在回答竞争性和普惠性政府补贴对科创企业绩效的影响是否具有可持续性。研究 1~2 检验了假设 6 及其子假设。

一、竞争性和普惠性政府补贴与科创企业绩效（T_1）回归分析

表 4–17 呈现了竞争性政府补贴和普惠性政府补贴对科创企业绩效（T_1）的影响。模型 1 考察控制变量对科创企业绩效（T_1）的影响；模型 2 在模型 1 的基础上加入了普惠性政府补贴，考察普惠性政府补贴对科创企业绩效（T_1）的影响；模型 3 在模型 1 的基础上加入了竞争性政府补贴，考察竞争性政府补贴对科创企业绩效（T_1）的影响。

如表 4–17 所示，仅包含控制变量的模型 1 的 R^2 为 0.058，调整 R^2 为 0.021，F 值为 1.55（n.s.）。模型 2 加入了普惠性政府补贴变量，模型的 R^2 为 0.061，调整 R^2 为 0.019，F 值为 1.46（n.s.），普惠性政府补贴对科创企业绩效（T_1）不存在显著的正向影响（β=0.055，n.s.）。模型 3 加入竞争性政府补贴变量后，模型的 R^2 为 0.137，调整 R^2 为 0.099，F 值为 3.59（$p<0.001$），竞争性政府补贴对科创企业绩效（T_1）存在显著的正向影响（β=0.291，$p<0.001$）。模型 4 将竞争性政府补贴和普惠性政府补贴一起纳入分析，分析结果与模型 2 和模型 3 的分析结果一致，即普惠性政府补贴对科创企业绩效（T_1）不存在显著的正向影响，而竞争性政府补贴对科创企业绩效（T_1）存在显著的正向影响。

表 4–17　非选择性和竞争性政府补贴与科创企业绩效（T_1）的回归分析

变量名称	科创企业绩效（T_1）			
	M1	M2	M3	M4
控制变量				
企业成立年限	–0.080	–0.086	–0.036	–0.040

续表

变量名称	科创企业绩效（T_1）			
	M1	M2	M3	M4
所属行业	0.004	0.004	0.025	0.025
所属地市	0.100	–0.097	0.106	0.104
园区等级	0.109	0.113	0.077	0.080
园区所有权属性	–0.091	–0.100	–0.054	–0.059
雇员数	–0.113	–0.117	–0.128*	–0.130*
注册资本	–0.051	–0.054	–0.085	–0.086
创业者性别	–0.081	–0.087	–0.053	–0.056
创业者教育背景	–0.076	–0.075	–0.104	–0.104
自变量				
普惠性政府补贴		0.055		0.028
竞争性政府补贴			0.294***	0.291***
模型统计量				
R2	0.058	0.061	0.137	0.138
调整 R2	0.021	0.019	0.099	0.096
F	1.55	1.46	3.59***	3.27***

注：*** 表示 p<0.001，** 表示 p<0.01，* 表示 p<0.05，表中均为标准化后的回归系数。

对比分别以科创企业两期绩效（T_0 和 T_1）作为因变量的分析结果可以看出（见表 4–18），普惠性政府补贴对科创企业绩效（T_0）的影响是显著的（β=0.146，p<0.05），但对科创企业绩效（T_1）的影响则不显著（β=0.028，n.s.），而竞争性政府补贴对科创企业两期绩效（T_0 和 T_1）的影响都是显著的（β=0.473，p<0.001；β=0.291，p<0.001），因此，说明普惠性政府补贴对科创企业绩效的影响是不具有持续性的，而竞争性政府补贴对科创企业绩效的影响则是可持续的。因此，假设 6 得到初步支持。但可以发现，无论是竞争性还是普惠性政府补贴，其对科创企业绩效的影响都随着时间的推移而显著降低。因此，为了进一步检验假设 6，以及解释非选择性和竞争性政府补贴对科创企业绩效影响在可持续性上为何会存在差异，研究进一步分析了（投资者、雇员和客户视角的）科创企业合法性在竞争性政府补贴和科创企业绩效（T_1）之间的中介作用。

表 4-18　非选择性和竞争性政府补贴与科创企业两期绩效（T_0 和 T_1）的对比分析

变量名称	科创企业绩效（T_0）	科创企业绩效（T_1）	Δβ
普惠性政府补贴	0.146*	0.028	0.118***
竞争性政府补贴	0.473***	0.291***	0.182***

注：*** 表示 $p<0.001$，** 表示 $p<0.01$，* 表示 $p<0.05$。

二、竞争性政府补贴、科创企业合法性与科创企业绩效（T_1）

本书研究对投资者、雇员和客户视角的科创企业合法性在竞争性政府补贴和科创企业绩效（T_1）之间的中介作用进行了检验。

1. 竞争性政府补贴、投资者视角的科创企业合法性和科创企业绩效（T_1）

表 4-19 主要显示了竞争性政府补贴、投资者视角的科创企业合法性和科创企业绩效（T_1）三者之间的关系。模型 1~2 以投资者视角的科创企业合法性作为因变量，分别考察控制变量和竞争性政府补贴对投资者视角的科创企业合法性的影响，分析结果在前述已有呈现，此处不再赘述。

模型 3~6 以科创企业绩效（T_1）作为因变量，模型 3 仅包含控制变量，模型 4 在模型 3 的基础上加入了竞争性政府补贴，竞争性政府补贴对科创企业绩效（T_1）存在显著的正向影响（β=0.294，$p<0.001$）。模型 5 在模型 3 基础上加入了投资者视角的科创企业合法性变量，模型的 R^2 为 0.141，调整 R^2 为 0.103，F 值为 3.72（$p<0.001$），投资者视角的科创企业合法性对科创企业绩效（T_1）存在显著的正向影响（β=0.345，$p<0.001$）。模型 6 在模型 5 的基础上加入了竞争性政府补贴，模型的 R^2 为 0.164，调整 R^2 为 0.123，F 值为 4.00（$p<0.001$），投资者视角的科创企业合法性对科创企业绩效（T_1）存在显著的正向影响（β=0.321，$p<0.001$），竞争性政府补贴对科创企业绩效（T_1）不存在显著影响（β=0.135，n.s.）。这说明，在投资者视角的科创企业合法性进入模型后，竞争性政府补贴对科创企业绩效（T_1）的影响系数从 0.294 降为 0.135，显著性水平从 0.001 降为不再显著，且投资者视角的科创企业合法性对科创企业绩效（T_1）的影响要高于竞争性政府补贴的影响。因此，可以得出，投资者视角的科创企业合法性在竞争性政府补贴和科创企业绩效（T_1）之间存在部分中介作用，且间接影响路径要比直接影响路径更为显著。

表 4–19 争性政府补贴、投资者视角的科创企业合法性和科创企业绩效（T_1）的回归分析

变量名称	合法性—投资者		科创企业绩效（T_1）			
	M1	M2	M3	M4	M5	M6
控制变量						
企业成立年限	−0.075	0.005	−0.080	−0.036	−0.057	−0.037
所属行业	−0.054	−0.017	0.004	0.025	0.021	0.028
所属地市	−0.100	−0.089	0.100	0.106	0.130*	0.124*
园区等级	0.200**	0.142*	0.109	0.077	0.049	−0.049
园区所有权属性	−0.091	−0.023	−0.091	−0.054	−0.064	−0.050
雇员数	−0.002	−0.029	−0.113	−0.128*	−0.112	−0.122
注册资本	0.076	0.014	−0.051	−0.085	−0.074	−0.088
创业者性别	−0.071	−0.019	−0.081	−0.053	−0.060	−0.049
创业者教育背景	−0.022	−0.074	−0.076	−0.104	−0.069	−0.089
自变量						
竞争性政府补贴		0.541***		0.294***		0.135
中介变量						
合法性—投资者					0.345***	0.321***
模型统计量						
R^2	0.076	0.344	0.058	0.137	0.141	0.164
调整 R^2	0.039	0.315	0.021	0.099	0.103	0.123
F	2.08*	11.87***	1.55	3.59***	3.72***	4.00***

注：*** 表示 $p<0.001$，** 表示 $p<0.01$，* 表示 $p<0.05$，表中均为标准化后的回归系数。

对比分别以科创企业两期绩效（T_0 和 T_1）作为因变量的分析结果可以看出（见表 4–20），投资者视角的科创企业合法性在竞争性政府补贴和科创企业两期绩效的关系中均起到了完全中介作用，但借助直接路径对科创企业绩效的影响从 T_0 期的 0.256 降为 T_1 期的 0.135，显著性水平从 T_0 期的 0.001 降为 T_1 期的不再显著，$\Delta\beta$ 为 0.121（$p<0.001$）；而借助合法性的间接路径对科创企业绩效的影响从 T_0 期的 0.426 降为 T_1 期的 0.345，显著性水平均为 0.001，

Δβ 为 0.081（$p<0.05$）。说明随着时间的推移（从 T_0 到 T_1），竞争性政府补贴借助投资者视角的科创企业合法性而对科创企业绩效产生的间接影响，相比于直接影响而言，要衰减得更慢，因此，假设 6a 得到支持。

表 4-20　竞争性政府补贴、合法性—投资者与科创企业两期绩效（T_0 和 T_1）关系的对比分析

变量名称	科创企业绩效（T_0）	科创企业绩效（T_1）	Δβ
竞争性政府补贴	0.256***	0.135	0.121***
合法性—投资者	0.426***	0.321***	0.081*

注：*** 表示 $p<0.001$，** 表示 $p<0.01$，* 表示 $p<0.05$。

2. 竞争性政府补贴、雇员视角的科创企业合法性和科创企业绩效（T_1）

表 4-21 主要显示了竞争性政府补贴、雇员视角的科创企业合法性和科创企业绩效（T_1）三者之间的关系。模型 1~2 以雇员视角的科创企业合法性作为因变量，分别考察控制变量和竞争性政府补贴对雇员视角的科创企业合法性的影响，分析结果在前述中已有呈现，此处不再赘述。

表 4-21　竞争性政府补贴、雇员视角的科创企业合法性和科创企业绩效（T_1）的回归分析

变量名称	合法性—雇员		科创企业绩效（T_1）			
	M1	M2	M3	M4	M5	M6
控制变量						
企业成立年限	–0.113	–0.113	–0.080	–0.036	–0.042	–0.026
所属行业	0.031	0.031	0.004	0.025	–0.006	0.008
所属地市	–0.039	–0.039	0.100	0.106	0.113	0.113
园区等级	0.199**	0.199**	0.109	0.077	0.043	0.040
园区所有权属性	–0.026	–0.026	–0.091	–0.054	–0.082	–0.063
雇员数	0.033	0.033	–0.113	–0.128*	–0.124*	–0.130*
注册资本	0.008	0.008	–0.051	–0.085	–0.054	–0.073
创业者性别	–0.160*	–0.160*	–0.081	–0.053	–0.028	–0.024
创业者教育背景	–0.001	–0.001	–0.076	–0.104	–0.075	–0.092
自变量						
竞争性政府补贴		0.476***		0.294***		0.114

续表

变量名称	合法性—雇员		科创企业绩效（T_1）			
	M1	M2	M3	M4	M5	M6
中介变量						
合法性—雇员					0.376***	0.352***
模型统计量						
R^2	0.070	0.278	0.058	0.137	0.161	0.183
调整 R^2	0.034	0.246	0.021	0.099	0.124	0.143
F	1.91	8.71***	1.55	3.59***	4.35***	4.58***

注：*** 表示 $p<0.001$，** 表示 $p<0.01$，* 表示 $p<0.05$，表中均为标准化后的回归系数。

模型 3~6 以科创企业绩效（T_1）作为因变量，模型 3 仅包含控制变量，模型 4 在模型 3 的基础上加入了竞争性政府补贴，竞争性政府补贴对科创企业绩效（T_1）存在显著的正向影响（$\beta=0.294$，$p<0.001$）。模型 5 在模型 3 基础上加入了雇员视角的科创企业合法性变量，模型的 R^2 为 0.161，调整 R^2 为 0.124，F 值为 4.35（$p<0.001$），雇员视角的科创企业合法性对科创企业绩效（T_1）存在显著的正向影响（$\beta=0.376$，$p<0.001$）。模型 6 在模型 5 的基础上加入了竞争性政府补贴，模型的 R^2 为 0.183，调整 R^2 为 0.143，F 值为 4.58（$p<0.001$），雇员视角的科创企业合法性对科创企业绩效（T_1）存在显著的正向影响（$\beta=0.352$，$p<0.001$），竞争性政府补贴对科创企业绩效（T_1）不存在显著影响（$\beta=0.114$，n.s.）。这说明，在雇员视角的科创企业合法性进入模型后，竞争性政府补贴对科创企业绩效（T_1）的影响系数从 0.294 降为 0.114，显著性水平从 0.001 降为不再显著，且雇员视角的科创企业合法性对科创企业绩效（T_1）的影响要高于竞争性政府补贴的影响。因此，可以得出，雇员视角的科创企业合法性在竞争性政府补贴和科创企业绩效（T_1）之间存在部分中介作用，且间接影响路径要比直接影响路径更为显著。

对比分别以科创企业两期绩效（T_0 和 T_1）作为因变量的分析结果可以看出（见表 4–22），雇员视角的科创企业合法性在竞争性政府补贴和科创企业两期绩效的关系中均起到了部分中介作用，但借助直接路径对科创企业绩效的影响从 T_0 期的 0.297 降为 T_1 期的 0.114，显著性水平从 T_0 期的 0.01 降为 T_1 期的不再显著，$\Delta\beta$ 为 0.183（$p<0.001$）；而借助合法性的间接路径对科创企业

绩效的影响从 T_0 期的 0.398 降为 T_1 期的 0.352，显著性水平均为 0.001，Δβ 为 0.046（n.s.）。说明随着时间的推移（从 T_0 到 T_1），竞争性政府补贴借助雇员视角的科创企业合法性而对科创企业绩效产生的间接影响，相比于直接影响而言，要衰减得更慢，因此，假设 6b 得到支持。

表 4–22 竞争性政府补贴、合法性—雇员与科创企业两期绩效（T_0 和 T_1）关系的对比分析

变量名称	科创企业绩效（T_0）	科创企业绩效（T_1）	Δβ
竞争性政府补贴	0.297**	0.114	0.183***
合法性—雇员	0.398***	0.352***	0.046

注：*** 表示 p<0.001，** 表示 p<0.01，* 表示 p<0.05。

3. 竞争性政府补贴、客户视角的科创企业合法性和科创企业绩效（T_1）

表 4–23 主要显示了竞争性政府补贴、客户视角的科创企业合法性和科创企业绩效（T_1）三者之间的关系。模型 1~2 以客户视角的科创企业合法性作为因变量，分别考察控制变量和竞争性政府补贴对客户视角的科创企业合法性的影响，分析结果在前述中已有呈现，此处不再赘述。

表 4–23 竞争性政府补贴、客户视角的科创企业合法性和科创企业绩效（T_1）的回归分析

变量名称	合法性—客户		科创企业绩效（T_1）				M6（T_1 –T_0）
	M1	M2	M3	M4	M5	M6	
控制变量							
企业成立年限	–0.082	–0.082	–0.080	–0.036	–0.055	–0.037	
所属行业	–0.028	–0.028	0.004	0.025	0.013	0.022	
所属地市	–0.143*	–0.143*	0.100	0.106	0.143*	0.132*	
园区等级	0.196**	0.196**	0.109	0.077	0.049	0.050	
园区所有权属性	–0.089	–0.089	–0.091	–0.054	–0.064	–0.051	
雇员数	0.048	0.048	–0.113	–0.128*	–0.128	–0.131*	
注册资本	0.069	0.069	–0.051	–0.085	–0.072	–0.086	
创业者性别	–0.148*	–0.148*	–0.081	–0.053	–0.036	–0.034	
创业者教育背景	–0.027	–0.027	–0.076	–0.104	–0.067	–0.087	
自变量							
竞争性政府补贴		0.577***		0.294***		0.048	0.147***

续表

变量名称	合法性—客户		科创企业绩效（T_1）				M6
	M1	M2	M3	M4	M5	M6	（T_1-T_0）
中介变量							
合法性—客户					0.446***	0.403***	0.103**
模型统计量							
R^2	0.098	0.403	0.058	0.137	0.142	0.161	
调整 R^2	0.063	0.377	0.021	0.099	0.104	0.120	
F	2.75**	15.26***	1.55	3.59***	3.74***	3.93***	

注：*** 表示 $p<0.001$，** 表示 $p<0.01$，* 表示 $p<0.05$，表中均为标准化后的回归系数。

模型 3~6 以科创企业绩效（T_1）作为因变量，模型 3 仅包含控制变量，模型 4 在模型 3 的基础上加入了竞争性政府补贴，竞争性政府补贴对科创企业绩效（T_1）存在显著的正向影响（$\beta=0.294$，$p<0.001$）。模型 5 在模型 3 基础上加入了客户视角的科创企业合法性变量，模型的 R^2 为 0.142，调整 R^2 为 0.104，F 值为 3.74（$p<0.001$），客户视角的科创企业合法性对科创企业绩效（T_1）存在显著的正向影响（$\beta=0.446$，$p<0.001$）。模型 6 在模型 5 的基础上加入了竞争性政府补贴，模型的 R^2 为 0.161，调整 R^2 为 0.120，F 值为 3.93（$p<0.001$），客户视角的科创企业合法性对科创企业绩效（T_1）存在显著的正向影响（$\beta=0.403$，$p<0.001$），竞争性政府补贴对科创企业绩效（T_1）不存在显著影响（$\beta=0.048$，n.s.）。这说明，在客户视角的科创企业合法性进入模型后，竞争性政府补贴对科创企业绩效（T_1）的影响系数从 0.294 降为 0.048，显著性水平从 0.001 降为不再显著，且客户视角的科创企业合法性对科创企业绩效（T_1）的影响要高于竞争性政府补贴的影响。因此，可以得出，客户视角的科创企业合法性在竞争性政府补贴和科创企业绩效（T_1）之间存在部分中介作用，且间接影响路径要比直接影响路径更为显著。

对比分别以科创企业两期绩效（T_0 和 T_1）作为因变量的分析结果可以看出（见表 4-24），客户视角的科创企业合法性在竞争性政府补贴和科创企业两期绩效的关系中均起到了部分中介作用，但借助直接路径对科创企业绩效的影响从 T_0 期的 0.195 降为 T_1 期的 0.048，显著性水平从 T_0 期的 0.01 降为 T_1 期的不再显著，$\Delta\beta$ 为 0.147（$p<0.001$）；而借助合法性的间接路径对科创企业绩效的影响从 T_0 期的 0.506 降为 T_1 期的 0.403，显著性水平均为 0.001，$\Delta\beta$

为 0.103（$p<0.05$）。说明随着时间的推移（从 T_0 到 T_1），竞争性政府补贴借助客户视角的科创企业合法性而对科创企业绩效产生的间接影响和直接影响，都出现了显著的衰减，但直接影响相比间接影响来说，衰减的程度更为明显，因此，假设 6c 得到支持。

表 4-24　竞争性政府补贴、合法性—客户与科创企业两期绩效（T_0 和 T_1）关系的对比分析

变量名称	科创企业绩效（T_0）	科创企业绩效（T_1）	Δβ
竞争性政府补贴	0.195**	0.048	0.147***
合法性—客户	0.506***	0.403***	0.103*

注：*** 表示 $p<0.001$，** 表示 $p<0.01$，* 表示 $p<0.05$。

三、讨论和分析

综上分析，假设 6 的 3 个子假设得到了支持。具体来说，普惠性政府补贴对科创企业绩效的影响会随着时间的推移（从 T_0 到 T_1）而减弱，从显著正向影响变为不显著的正向影响；而竞争性政府补贴对科创企业绩效的影响也会随着时间的推移而减弱，但仍表现为显著正向影响。进一步分析发现，普惠性政府补贴在对科创企业绩效（T_1）的直接影响上，相比对科创企业绩效（T_0）的直接影响而言，出现了显著的衰减；而借助提升雇员的合法性评价从而对科创企业绩效（T_1）的间接影响上，相比对科创企业绩效（T_0）的间接影响而言，并未出现显著的衰减，尽管在借助提升投资者和客户的合法性评价从而对科创企业绩效（T_1）产生的间接影响上，相比对科创企业绩效（T_0）的间接影响而言，也出现了显著的衰减，但衰减的程度相比直接影响而言要相对较弱。也就是说，随着时间的推移（从 T_0 到 T_1），竞争性政府补贴对科创企业绩效的影响出现衰减的原因主要在于“资源输入”效应部分，而非“提升合法性”效应部分。

第五节　创业导向对竞争性政府补贴和科创企业合法性关系的调节作用

研究 1~3 旨在检验三个问题：①创业导向对科创企业合法性的影响；②创

业导向在竞争性政府补贴和科创企业合法性关系间的调节作用；③创业导向在竞争性政府补贴借助科创企业合法性影响科创企业绩效的中介作用中的调节作用。研究 1~3 对应假设 7、8、9 及其子假设。如前文所述，本书通过构建自变量和调节变量的乘积项来检验调节效应的存在与否。

一、创业导向对竞争性政府补贴和科创企业合法性关系的调节作用

表 4–25、表 4–27、表 4–29 分别显示了创业导向对投资者、雇员和客户视角的科创企业合法性的影响，以及在竞争性政府补贴与投资者、雇员、客户视角的科创企业合法性关系间的调节效应的多层回归分析结果。表中的模型 1 只包含控制变量；模型 2 在模型 1 基础上增加了竞争性政府补贴和创业导向变量，考察竞争性政府补贴和创业导向对投资者、雇员、客户视角的科创企业合法性的影响；模型 3 在模型 2 基础上增加了竞争性政府补贴的乘积项，考察乘积项对投资者、雇员、客户视角的科创企业合法性的影响，从而检验创业导向的调节作用。

1. 以投资者视角的科创企业合法性为因变量

如表 4–25 所示，控制变量中的园区等级对投资者视角的科创企业合法性有显著影响。模型 2 的 R^2 为 0.376，调整 R^2 为 0.345，F 值为 12.3（$p<0.001$），对比模型 1，ΔR^2 为 0.300（$p<0.001$），竞争性政府补贴对投资者视角的科创企业合法性有显著正向影响（$\beta=0.520$，$p<0.001$），创业导向对投资者视角的科创企业合法性有显著正向影响（$\beta=0.186$，$p<0.01$），假设 7a 得到支持。模型 3 的 R^2 为 0.408，调整 R^2 为 0.376，F 值为 12.9（$p<0.001$），对比模型 2，ΔR^2 为 0.032（$p<0.01$），创业导向和竞争性政府补贴的乘积项对投资者视角的科创企业合法性有显著正向影响（$\beta=0.192$，$p<0.01$），假设 8a 得到支持。

表 4–25　创业导向在竞争性政府补贴和投资者视角的科创企业合法性关系间的调节作用

变量名称	合法性—投资者		
	M1	M2	M3
控制变量			
企业成立年限	–0.075	0.039	0.022

续表

变量名称	合法性—投资者		
	M1	M2	M3
所属行业	−0.054	−0.009	−0.010
所属地市	−0.100	−0.109*	−0.106
园区等级	0.200**	0.126*	0.113*
园区所有权属性	−0.091	−0.038	−0.055
雇员数	−0.002	−0.040	−0.043
注册资本	0.076	0.002	0.029
创业者性别	−0.071	0.007	−0.019
创业者教育背景	−0.022	−0.060	−0.069
自变量			
竞争性政府补贴		0.520***	0.510***
调节变量			
创业导向		0.186**	0.131*
竞争性政府补贴 × 创业导向			0.192**
模型统计量			
R^2	0.076	0.376	0.408
调整 R^2	0.039	0.345	0.376
ΔR^2		0.300***	0.032**
F	2.08*	12.3***	12.9***

注：*** 表示 $p<0.001$，** 表示 $p<0.01$，* 表示 $p<0.05$，表中均为标准化后的回归系数。

为了直观呈现调节变量是如何作用的，本书采用 Aiken 等（1991）的简单斜率分析法（Simple Slopes Analysis）进行分析，通过在企业创业导向的均值上加上和减去一个标准差的方式将样本企业划分为高创业导向组和低创业导向组，并在此基础上绘制交互效应图。如表 4–26 和图 4–1 所示，当企业创业导向水平较低时，竞争性政府补贴对投资者视角的科创企业合法性有显著影响（$\beta=0.113$，$p<0.001$）；当企业创业导向水平较高时，竞争性政府补贴对投资者视角的科创企业合法性也有显著正向影响且斜率更大（$\beta=0.234$，$p<0.001$）。这说明，随着企业创业导向水平的提高，竞争性政府补贴更易于转化为投资者对科创企业的合法性认可。

表 4–26 高 VS. 低创业导向时竞争性政府补贴对投资者视角的科创企业合法性的影响差异

变量名称	竞争性政府补贴→投资者视角的新创企业合法性
低创业导向（–1s.d.）	0.113***
高创业导向（+1s.d.）	0.234***
差异	0.121***

注：*** 表示 $p<0.001$，** 表示 $p<0.01$，* 表示 $p<0.05$；表中为非标准化前的回归系数。

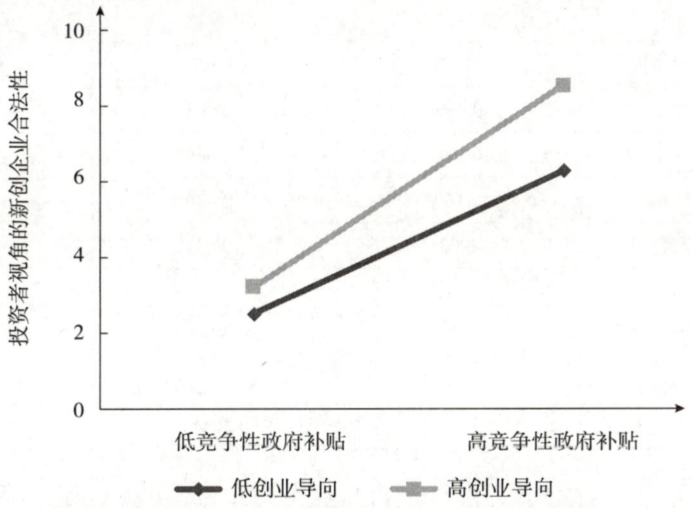

图 4–1 创业导向对竞争性政府补贴和投资者视角的科创企业合法性关系的调节效应

2. 以雇员视角的科创企业合法性为因变量

如表 4–27 所示，控制变量中的园区等级和创业者性别对雇员视角的科创企业合法性有显著影响。模型 2 的 R^2 为 0.316，调整 R^2 为 0.282，F 值为 9.45（$p<0.001$），对比模型 1，ΔR^2 为 0.246（$p<0.001$），竞争性政府补贴对雇员视角的科创企业合法性有显著正向影响（$\beta=0.453$，$p<0.001$），创业导向对雇员视角的科创企业合法性有显著正向影响（$\beta=0.204$，$p<0.01$），假设 7b 得到支持。模型 3 的 R^2 为 0.343，调整 R^2 为 0.308，F 值为 9.73（$p<0.001$），对比模型 2，ΔR^2 为 0.027（$p<0.01$），创业导向和竞争性政府补贴的乘积项对雇员视角的科创企业合法性有显著正向影响（$\beta=0.175$，$p<0.01$），假设 8b 得到支持。

表 4–27 创业导向在竞争性政府补贴和雇员视角的科创企业合法性关系间的调节作用

变量名称	合法性—雇员		
	M1	M2	M3
控制变量			
企业成立年限	–0.113	–0.005	–0.021
所属行业	0.031	0.072	0.072
所属地市	–0.039	–0.052	–0.049
园区等级	0.199**	0.131*	0.118*
园区所有权属性	–0.026	0.017	0.002
雇员数	0.033	–0.003	–0.006
注册资本	0.008	–0.060	–0.035
创业者性别	–0.160*	–0.086	–0.110
创业者教育背景	–0.001	–0.031	–0.040
自变量			
竞争性政府补贴		0.453***	0.444***
调节变量			
创业导向		0.204**	0.154**
竞争性政府补贴 × 创业导向			0.175**
模型统计量			
R^2	0.070	0.316	0.343
调整 R^2	0.034	0.282	0.308
ΔR^2		0.246***	0.027**
F	1.91	9.45***	9.73***

注：*** 表示 p<0.001，** 表示 p<0.01，* 表示 p<0.05，表中均为标准化后的回归系数。

同样，本书采用简单斜率分析法，并通过计算创业导向均值的正负标准差来将企业划分为高创业导向组和低创业导向组，并以此来绘制交互效应图。如表 4–28 和图 4–2 所示，当企业的创业导向水平较低时，竞争性政府补贴对雇员视角的科创企业合法性有显著影响（β=0.098，p<0.01）；而当企业的创业导向水平较高时，竞争性政府补贴对雇员视角的科创企业合法性也有显著正向影响且斜率更大（β=0.211，p<0.001）。这说明，随着企业创业导向水平的提

高，竞争性政府补贴更易于转化为雇员对科创企业的合法性认可。

表 4–28 高 VS. 低创业导向时竞争性政府补贴对雇员视角的科创企业合法性的影响差异

变量名称	竞争性政府补贴→雇员视角的科创企业合法性
低创业导向（–1s.d.）	0.098**
高创业导向（+1s.d.）	0.211***
差异	0.113***

注：*** 表示 p<0.001，** 表示 p<0.01，* 表示 p<0.05；表中为非标准化前的回归系数。

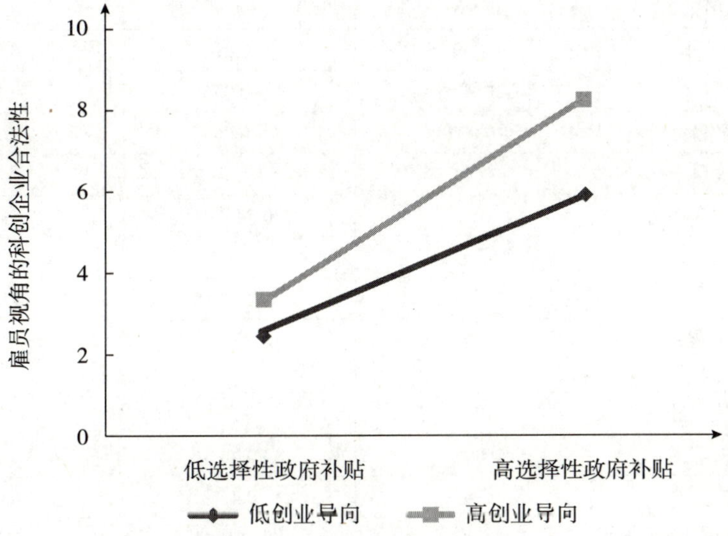

图 4–2 创业导向对竞争性政府补贴和雇员视角的科创企业合法性关系的调节效应

3. 以客户视角的科创企业合法性为因变量

如表 4–29 所示，控制变量中的园区等级、所属地市、创业者性别对客户视角的科创企业合法性有显著影响。模型 2 的 R^2 为 0.463，调整 R^2 为 0.437，F 值为 17.6（p<0.001），对比模型 1，ΔR^2 为 0.365（p<0.001），竞争性政府补贴对客户视角的科创企业合法性有显著正向影响（β=0.548，p<0.001），创业导向对客户视角的科创企业合法性有显著正向影响（β=0.258，p<0.001），假设 7c 得到支持。模型 3 的 R^2 为 0.486，调整 R^2 为 0.458，F 值为 17.6（p<0.001），对比模型 2，ΔR^2 为 0.022（p<0.01），创业导向和竞争性政府补贴的乘积项对客户视角的科创企业合法性有显著正向影响（β=0.159，p<0.01），假设 8c 得到支持。

表 4–29 创业导向在竞争性政府补贴和客户视角的科创企业合法性关系间的调节作用

变量名称	合法性—客户		
	M1	M2	M3
控制变量			
企业成立年限	–0.082	0.050	0.035
所属行业	–0.028	0.023	0.023
所属地市	–0.143*	–0.159**	–0.156**
园区等级	0.196**	0.112*	0.100*
园区所有权属性	–0.089	–0.037	–0.051
雇员数	0.048	0.004	0.002
注册资本	0.069	–0.014	0.009
创业者性别	–0.148*	–0.056	–0.078
创业者教育背景	–0.027	–0.063	–0.071
自变量			
竞争性政府补贴		0.548***	0.539***
调节变量			
创业导向		0.258***	0.212***
竞争性政府补贴 × 创业导向			0.159**
模型统计量			
R^2	0.098	0.463	0.486
调整 R^2	0.063	0.437	0.458
ΔR^2		0.365***	0.022**
F	2.75**	17.6***	17.6***

注：*** 表示 p<0.001，** 表示 p<0.01，* 表示 p<0.05，表中均为标准化后的回归系数。

同样，本书采用简单斜率分析法，并通过计算创业导向均值的正负标准差来将企业划分为高创业导向组和低创业导向组，并以此来绘制交互效应图。如表 4–30 和图 4–3 所示，当企业创业导向水平较低时，竞争性政府补贴对客户视角的科创企业合法性有显著影响（β =0.130，p<0.001）；而当企业的创业导向水平较高时，竞争性政府补贴对客户视角的科创企业合法性也有显著正向影响且斜率更大（β =0.224，p<0.001）。这说明，随着企业创业导向水平的提高，竞争性政府补贴更易于转化为客户对科创企业的合法性认可。

表 4–30 高 VS. 低创业导向时竞争性政府补贴对客户视角的科创企业合法性的影响差异

变量名称	竞争性政府补贴→雇员视角的科创企业合法性
低创业导向（–1s.d.）	0.130**
高创业导向（+1s.d.）	0.224***
差异	0.094***

注：*** 表示 p<0.001，** 表示 p<0.01，* 表示 p<0.05；表中为非标准化前的回归系数。

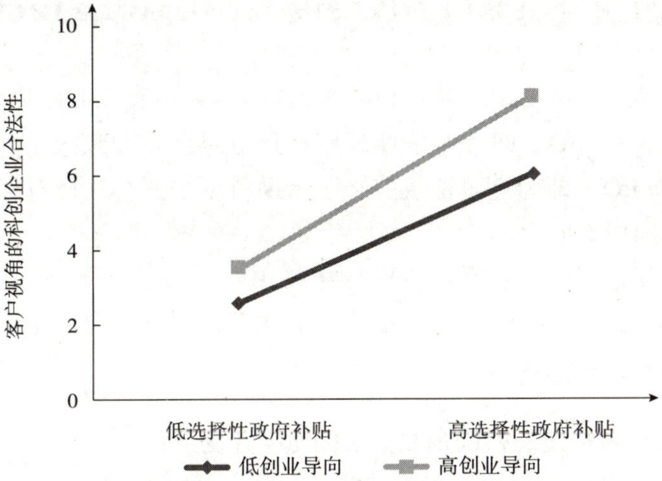

图 4–3 创业导向对竞争性政府补贴和客户视角的科创企业合法性关系的调节效应

二、创业导向在中介作用中的调节效应

接下来检验竞争性政府补贴在借助科创企业合法性影响科创企业绩效上是否会存在差异，即创业导向是否在“竞争性政府补贴—科创企业合法性—科创企业绩效”这一中介作用中存在调节作用。为了实现这一目的，本书研究采用 Edwards 和 Lambert（2007）所提出的调节路径分析方法来评估在调节变量创业导向取值较高（加上一个标准差）和取值较低（减去一个标准差）时四组回归系数的差异情况，这一方法已被 Liu 等（2012）、薛亦伦等（2016）、张勇和龙立荣（2013）等学者采用并用于检验有调节的中介作用。四组回归系数分别是第一阶段影响效应（即竞争性政府补贴对科创企业合法性的影响）、第二阶段影响效应（即科创企业合法性对科创企业绩效的影响）、直接影响效应（即竞争性政府补贴对科创企业绩效的影响）、间接影响效应（即竞争性政府补贴

借助科创企业合法性对科创企业绩效的影响）。研究构建了如下两个回归方程：

$$L= a_0+a_1GS+a_2EO+a_3EO \times GS \quad (4-1)$$

$$P=b_0+b_1GS+b_2EO+b_3EO \times GS+b_4L \quad (4-2)$$

其中，L 代表科创企业合法性，GS 代表竞争性政府补贴，EO 代表创业导向，P_1 代表科创企业绩效（T_0），a_0 和 b_0 为常数项，a_1、a_2、a_3、b_1、b_2、b_3、b_4 分别代表相应的回归系数。此时（a_1+a_3EO）为第一阶段的效应，b_4 为第二阶段的效应。将方程 1 代入方程 2 中可得：

$$P= a_0+b_0+b_1GS+b_2EO+b_3EO \times GS+b_4（a_1GS+a_2EO+a_3EO \times GS） \quad (4-3)$$

简化为：

$$P= a_0+b_0+（b_2+a_2b_4）EO+（b_1+ b_3EO）GS+（a_1b_4+a_3b_4EO）GS \quad (4-4)$$

此时，（$b_1+ b_3EO$）即为竞争性政府补贴对科创企业绩效（T_0）的直接效应，（$a_1b_4+a_3b_4EO$）即为竞争性政府补贴借助科创企业合法性对科创企业绩效（T_0）产生的间接效应。

遵循刘东等（2012）、罗胜强和姜嬿（2014）、温忠麟和叶宝娟（2014）的建议，本书采用 Bootstrap 法对上述的四个效应在创业导向取值高低时回归系数的差异及显著性进行检验。

1. 以投资者视角的科创企业合法性为中介变量

表 4–31 呈现了回归的结果，表 4–32 呈现了中介作用的两阶段影响及模型的直接影响和间接影响。当企业的创业导向较低时，竞争性政府补贴对科创企业绩效（T_0）的间接作用为正向影响但不显著（β=0.170，n.s.）；当企业的创业导向较高时，这种正向影响变为显著正向（β=0.352，$p<0.001$）；两者之间的差异 Δβ=0.182（$p<0.001$，95%IC= [0.036, 0.151]）。假设 9a 得到证实。图 4–4 呈现了创业导向在竞争性政府补贴借助投资者视角的科创企业合法性影响科创企业绩效（T_0）的间接作用上的调节效应。

表 4–31　基于投资者视角的有调节的中介作用的回归系数表

M1	系数名称	a_0	a_1	a_2	a_3		R^2
	系数值	3.59***	0.173***	0.225*	0.053**		0.610***
M2	系数名称	b_0	b_1	b_2	b_3	b_4	R^2
	系数值	–1.37	0.286**	0.342	0.024	1.510***	0.597***

注：N=237；抽样次数为 2000 次；系数均为非标准化系数；* 表示 $p<0.05$, ** 表示 $p<0.01$, *** 表示 $p<0.001$。

表 4–32　基于投资者视角的有调节的中介作用路径分析结果

调节变量（创业导向）	竞争性政府补贴（GS）→投资者视角的合法性（LM-V）→科创企业绩效（P）			
	第一阶段效应 $P_{GS\rightarrow LM\text{-}V}$（$a_1+a_3EO$）	第二阶段效应 $P_{LM\text{-}V\rightarrow P1}$（b4）	直接效应 $P_{GS\rightarrow P1}$（b_1+b_3EO）	间接效应 $P_{GS\rightarrow LM\text{-}V}\times P_{LM\text{-}V\rightarrow P1}$（$a_1b_4+a_3b_4EO$）
低创业导向（–1s.d.）	0.113	1.510	0.259***	0.170
高创业导向（+1s.d.）	0.233***	1.510	0.313***	0.352***
差异	0.120***		0.054	0.182***

注：N=237；* 表示 p<0.05, ** 表示 p<0.01, *** 表示 p<0.001；系数均为非标准化系数。

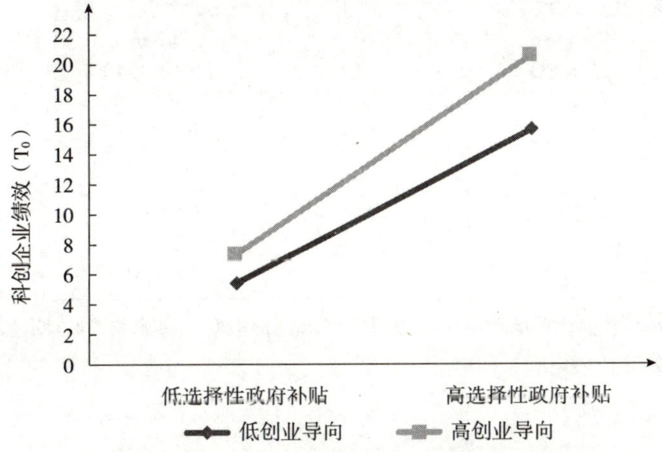

图 4–4　基于投资者视角的创业导向的中介—调节效应

2. 以雇员视角的科创企业合法性为中介变量

表 4–33 呈现了回归的结果，表 4–34 呈现了中介作用的两阶段影响及模型的直接影响和间接影响。当企业的创业导向较低时，竞争性政府补贴对科创企业绩效（T_0）的间接作用为正向影响但不显著（β=0.133，n.s.）；当企业的创业导向较高时，这种正向影响变为显著正向（β=0.290，p<0.001）；两者之间的差异 Δβ=0.157（p<0.1001，95%IC= [0.021, 0.130]）。假设 9b 得到证实。图 4–5 呈现了创业导向在竞争性政府补贴借助雇员视角的科创企业合法性影响科创企业绩效（T_0）的间接作用上的调节效应。

表 4-33　基于雇员视角的有调节的中介作用的回归系数表

M1	系数名称	a_0	a_1	a_2	a_3		R^2
	系数值	3.50***	0.154***	0.300*	0.050**		0.556***
M2	系数名称	b_0	b_1	b_2	b_3	b_4	R^2
	系数值	–0.753	0.336***	0.270	0.036	1.373***	0.594***

注：N=237；抽样次数为 2000 次；系数均为非标准化系数；* 表示 p<0.05, ** 表示 p<0.01, *** 表示 p<0.001。

表 4-34　基于雇员视角的有调节的中介作用路径分析结果

调节变量（创业导向）	竞争性政府补贴（GS）→雇员视角的合法性（LM-E）→科创企业绩效（P）			
	第一阶段效应 $P_{GS\rightarrow LM\text{-}E}$（$a_1+a_3EO$）	第二阶段效应 $P_{LM\text{-}E\rightarrow P1}$（b4）	直接效应 $P_{GS\rightarrow P1}$（b_1+b_3EO）	间接效应 $P_{GS\rightarrow LM\text{-}E}\times P_{LM\text{-}E\rightarrow P1}$（$a_1b_4+a_3b_4EO$）
低创业导向（–1s.d.）	0.097	1.373	0.295***	0.133
高创业导向（+1s.d.）	0.211***	1.373	0.377***	0.290***
差异	0.104*		0.082	0.157***

注：N=237；* 表示 p<0.05, ** 表示 p<0.01, *** 表示 p<0.001；系数均为非标准化系数。

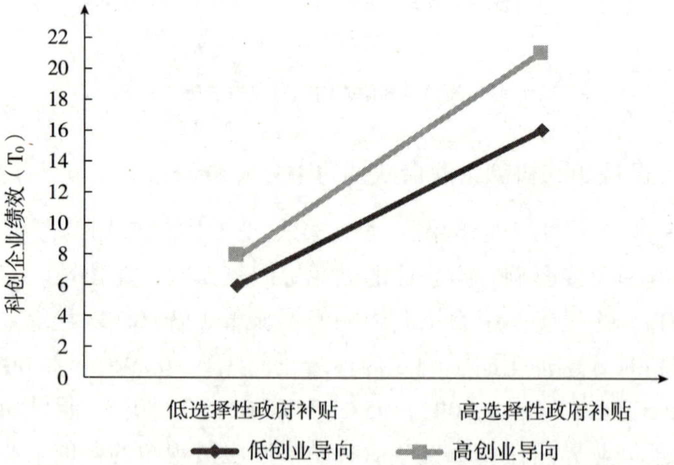

图 4-5　基于雇员视角的创业导向的中介—调节效应

3. 以客户视角的科创企业合法性为中介变量

表 4–35 呈现了回归的结果，表 4–36 呈现了中介作用的两阶段影响及模型的直接影响和间接影响。当企业的创业导向较低时，竞争性政府补贴对科创企业绩效（T_0）的间接作用为显著正向影响（$\beta=0.244$，$p<0.001$）；当企业的创业导向较高时，这种正向影响变得更强了（$\beta=0.418$，$p<0.001$）；两者之间的差异 $\Delta\beta=0.174$（$p<0.001$，95%IC= [0.023，0.143]）。假设 9c 得到证实。图 4–6 呈现了创业导向在竞争性政府补贴借助投资者视角的科创企业合法性影响科创企业绩效（T_0）的间接作用上的调节效应。

表 4–35　基于客户视角的有调节的中介作用的回归系数表

M1	系数名称	a_0	a_1	a_2	a_3		R^2
	系数值	3.80***	0.177***	0.356**	0.041*		0.658***
M2	系数名称	b_0	b_1	b_2	b_3	b_4	R^2
	系数值	–3.073*	0.217**	0.015	0.027	1.873***	0.625***

注：N=237；抽样次数为 2000 次；系数均为非标准化系数；* 表示 p<0.05, ** 表示 p<0.01, *** 表示 p<0.001。

表 4–36　基于客户视角的有调节的中介作用路径分析结果

调节变量（创业导向）	竞争性政府补贴（GS）→客户视角的合法性（LM-C）→科创企业绩效（P）			
	第一阶段效应 $P_{GS \to LM\text{-}C}$（a_1+a_3EO）	第二阶段效应 $P_{LM\text{-}C \to P1}$（b4）	直接效应 $P_{GS \to P1}$（b_1+b_3EO）	间接效应 $P_{GS \to LM\text{-}C} \times P_{LM\text{-}C \to P1}$（$a_1b_4+a_3b_4EO$）
低创业导向（–1s.d.）	0.130	1.873	0.186**	0.244***
高创业导向（+1s.d.）	0.224***	1.873	0.248***	0.418***
差异	0.094*		0.062	0.174***

注：N=237；* 表示 p<0.05, ** 表示 p<0.01, *** 表示 p<0.001；系数均为非标准化系数。

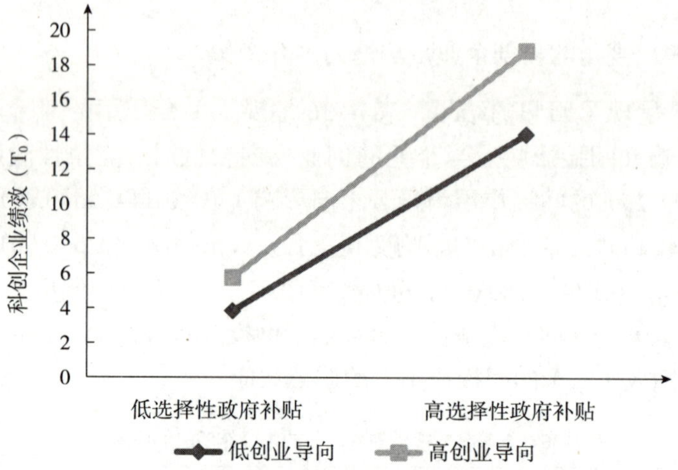

图 4-6　基于客户视角的创业导向的中介—调节效应

三、讨论和分析

在本小节里，本书研究对三个问题进行了检验和分析：①创业导向对科创企业合法性的影响；②创业导向在竞争性政府补贴和科创企业合法性关系间的调节作用；③创业导向在竞争性政府补贴借助科创企业合法性影响科创企业绩效的中介作用中的调节作用。

从分析中可以发现，创业导向作为科创企业向外界释放的一种信号，它本身在利益相关者对科创企业合法性的评价上起到了重要的影响作用，利益相关者往往会给予表现出高创业导向的科创企业以更多的合法性认可。而创业导向所释放的这种信号恰好会与竞争性政府补贴所释放的信号产生交互作用，当获得竞争性政府补贴的科创企业同时表现出高创业导向时，利益相关者通常在对该科创企业的合法性进行评价时会更为明确，因为这两种信号所承载的信息是一致的。而当获得竞争性政府补贴的科创企业表现为低创业导向时，信号之间的冲突会弱化利益相关者对目标企业的合法性正向感知，从而降低其对科创企业的合法性评价。

此外，研究关于"创业导向在竞争性政府补贴借助科创企业合法性影响科创企业绩效的中介作用上存在调节作用"的观点也得到了支持，即存在有调节的中介效应。具体来说，当科创企业表现出更高的创业导向时，竞争性政府补贴借助（投资者、雇员和客户视角的）科创企业合法性影响科创企业绩效的间接作用也就越强。也就是说，对于高创业导向的科创企业来说，竞争性政府补贴更易于转化为利益相关者（投资者、雇员和客户）对企业的合法性认可。而当企业表现出较低的创业导向时，竞争性政府补贴便不再转化为投资者、雇员对科创企业的合法性认可，在转化为客户对科创企业的合法性认可上也显著降低。由于利益相关者对科创企业的合法性评价往往决定了其是否愿意为科创企业提供资源（Turban & Cable, 2003 ; Cable & Turban, 2003 ; Söderblom et al., 2014 ; 杜运周等, 2012），因此，如果竞争性政府补贴无法转化为利益相关者对科创企业的合法性认可，那么竞争性政府补贴对科创企业绩效的影响便只剩下由直接资源供给带来的绩效提升作用了。而本书研究已经证实了这种直接影响作用尽管在对 T_0 期的科创企业绩效上是具有显著影响的，但对 T_1 期的科创企业绩效则不存在显著影响。这也意味着，如果竞争性政府补贴无法有效转化为利益相关者对科创企业的合法性认可，那么它对科创企业绩效的正向影响将是十分短暂的。

第六节　本章小结

在前述假设提出和理论模型构建以及研究开展、变量设计及方法阐述的基础上，本章对第三章变量间统计关系模型中提出的 9 个主假设和 21 个子假设进行了实证检验，假设的检验结果如表 4–37 所示。

表 4–37　本书研究假设验证情况表

研究问题	假设	检验结果
子研究 1–1	H1：普惠性政府补贴对科创企业绩效具有正向影响	支持
	H2：竞争性政府补贴对科创企业绩效具有正向影响	支持
	H3：竞争性补贴正向影响利益相关者对科创企业合法性评价	支持
	H4：利益相关者对科创企业的合法性评价正向影响科创企业绩效	支持
	H5：利益相关者对科创企业的合法性评价在竞争性政府补贴与科创企业绩效的关系间具有中介作用	支持
子研究 1–2	H6：相较于普惠性政府补贴，竞争性政府补贴对科创企业绩效的持续性影响要更强：普惠性政府补贴对科创企业下期绩效不存在显著正向影响；竞争性政府补贴对科创企业下期绩效存在显著正向影响，利益相关者对科创企业的合法性评价在其中起到完全中介作用	支持

续表

研究问题	假设	检验结果
子研究 1–3	H7：创业导向正向影响利益相关者对科创企业的合法性评价	支持
	H8：创业导向在竞争性政府补贴和利益相关者对科创企业的合法性评价的关系中存在调节作用：企业的创业导向水平越高，竞争性政府补贴的正向影响越强	支持
	H9：创业导向在竞争性政府补贴借助利益相关者对科创企业的合法性评价影响科创企业绩效的关系中起到调节作用：企业的创业导向水平越高，竞争性政府补贴借助利益相关者对科创企业的合法性评价影响科创企业绩效的作用越强	支持

注：假设 3–7 的所有子假设也都得到了支持。

第五章

竞争性和普惠性政府补贴对科创企业绩效的影响边界研究

政府补贴是政府支持科创企业可持续发展的核心政策之一，但接受政府补贴的企业却有不同的发展。以往的研究往往过于强调影响微观企业资源和宏观制度水平的影响因素的“净效应”，不利于对复杂补贴现象的解释。在此基础上，本章对应本书第一、第三章提出的研究2，将应用模糊集的定性比较分析（fsQCA）对多因素条件进行配置分析，强调资源和制度互动对科创企业的可持续创业效应的影响，从而更好地发现政府补贴的适应性治理机制。

第一节　文献综述与模型构建

企业强则国家强，科技兴则民族兴。中国经济已由高速增长转向高质量发展，正处于转变发展方式、优化经济结构、转换增长动力的创新驱动“新常态”，科技型创业企业在推动地方经济增长和发挥区域创新优势上的作用愈加凸显。然而，科创企业从创新想法到产品需要大量资金的持续投入，而且由于创新活动具有不可逆性、不确定性、生产周期较长等特点，使得创新活动具有较高的调节成本，一旦中断就会给企业带来巨大的损失。因此，科创企业持续性创业对企业的持续发展至关重要。为了提高科创企业的存活率并促进其快速成长，地方和中央都出台了一系列财政扶持政策。2014 年，浙江省财政厅、科技厅印发《科技型中小企业扶持和科技发展专项资金管理办法》（浙财教

〔2014〕147 号），为提升科技型中小企业创新能力，特别设立专项资金。2015 年，国务院出台的《关于大力推进大众创业万众创新若干政策措施的意见》（国发〔2015〕32 号）中，明确提到要加大对创业的财政资金支持。2017 年，党的十九大报告指出，创新是引领发展的第一动力，须强化基础研究、加强应用基础研究、加强中小企业的创新支持，发挥财政等投融资政策对优化供给结构的关键性作用。2018 年，“两会”政府工作报告强调，要深入开展大众创业、万众创新，实施普惠性支持政策，完善孵化体系。

近几年来，浙江各地政府出台了一系列科创扶持政策，无论是“两会”报告提到的普惠性补贴项目，如科技型中小微企业税收补助、办公场所租赁补贴，还是与之相对应的竞争性补贴项目，如“青蓝计划”“雏鹰计划”等，都逐年增加专项资金支持力度，以促进科创企业的设立和发展，并逐步完善“科创苗圃 + 孵化器 + 加速器 + 专业园区”的一体化科技服务体系。然而，在实践界，补贴作为政府“扶持之手”（Helping Hand）最直接的手段 (Frye & Shleifer, 1997)，其成效差强人意，“寻租寻补贴”“饮鸩止渴”“吸血僵尸”等负面信息屡见报端。资金扶持的激励效应不足、治疗效应缺乏等问题已经显现 (Guo et al., 2014)，政府补贴似乎扭曲了企业投资行为，没能直接促进企业研发投入，也并不必然影响企业持续性发展（韩超 , 2014; 邵敏和包群 , 2012; 肖兴志和王伊攀 , 2014)。并且，在学术界，学者们多将政府补贴作为综合性扶持资金，政府补贴成效的研究呈现出“正向观—不相关观—负向观”悖论 , 有些学者认为政府补贴能提高科创企业的存活率，特别是创业早期补贴能显著促进企业绩效 (Amezcua et al., 2013; Söderblom et al., 2015) ；有些学者对战略新兴产业进行深入研究，发现地方政府补贴有显著的扶持弱者行为倾向，没能促进企业持续性的研发投入 (Czarnitzki et al., 2011); 有些学者研究发现高额补贴抑制了企业新产品创新，政策性补贴可能导致产能过剩 (毛其淋和许家云 , 2015; Luo et al., 2020)。

在本章中，我们试图回答以下问题：何种情境下，政府补贴起作用？哪些条件在其中发挥着更加重要的作用？它们之间存在着怎样的匹配和替代关系？以往的研究多关注于某些变量的“净效应”。事实上，科创企业的生存和发展是一个受多因素影响的复杂结果，政府补贴作用于创业绩效是一个多情境因素协同联动的复杂过程。首先，创业的现象通常是不对称的，这意味着在不同情况下，前因变量可能与结果呈正相关或负相关。比如某个变量在某一组态起作用，在其他组态可能不起作用或者起相反的作用，体现了条件作用的非对称性。此外，若某个条件的存在引起了结果的出现（如高绩效），并不能推断该条件的缺失是结果不出现（如低绩效）的原因，体现了因果非对称性。其次，补贴成效在许多分析层面都倾向于前因变量之间是相互依赖的。而传统方法则认为变量是独立于其他变量的，并将此现象解释为前因变量的线性累加，强调了主因子的“净效应”。最后，传统方法旨在捕获案例间的共性，这必然忽视了案例间的异质性。因此，学者对“因果配方”（Causal Recipes）感兴趣（Luo et al., 2020），即组织资源和制度环境的力量如何结合以形成反应，而这些反应不能被孤立的任何单个分析层面上的因素充分解释。

定性比较分析（Qualitative Comparative Analysis, QCA）提倡用整体的、组合的方式探究复杂的社会现象 (Fiss, 2007; Ragin, 2008)，与传统定量分析考察情境要素的“净效应”不同，它关注情境因素条件的组态（Configuration）与结果间复杂的因果关系，兼具传统范式中的定性研究和定量研究的优点 (杜运周和贾良定 , 2017)，是解决战略管理（如创业）等领域复杂因果关系的重要工具 (Fiss, 2007; Fiss, 2011; Misangyi et al., 2017; 杜运周和贾良定 , 2017)，能够挖掘政府补贴与多层次情境对创业绩效的协同影响。QCA 允许数据不对称性的存在，识别前因条件之间的潜在相互依存关系，识别不对称数据关系，可以解释达到相同结果的多个等效途径。

有鉴于此，本章将 QCA 引入创业研究中，设计了一项实地研究，调查了 237 家企业。我们将两类政府补贴与组织资源层面的融资约束、研发投入、企业家精神和宏观制度层面的市场竞争、知识产权保护水平进行整合，试图研究由 7 个前因条件组成的不同组态与企业绩效之间的关系，探索科创企业政府补贴中国情境下的影响边界。

我们的贡献是一个多层次的框架，强调了补贴成效取决于内部组织和外部环境。具体来说，①我们以“组态视角”化解科创企业政府补贴成效的“正向观—不相关观—负向观“悖论。②通过资源与制度交互下的创业可持续性来解释政府补贴科创企业高绩效实现构型，这有助于揭开政府补贴影响创业绩效的黑箱。③丰富了科创企业政府补贴成效的多情境解释，拓展了权变理论。

一、政府补贴与科创企业绩效

政府补贴是在一定历史时期下，政府出于特定的目的，对微观经济主体（企业或个人）提供的一种无偿转移支付 (孔东民等 , 2013; 唐清泉和罗党论 ,

2007)。它既是政府财政支出的一部分，又是直接干预市场的重要手段，客观上已成为推动中国产业调整的重要举措 (王红建等 , 2014; 余明桂等 , 2010)。

从宏观层面来看，学者们普遍认为政府扶持资金作为宏观调控的重要手段、政府干预市场和经济的重要工具、纠偏市场失灵的重要举措，已经在各个国家广泛运用，在扶持落后地区和薄弱行业、发展新兴和高新技术产业、增强行业与地区间协同发展、促进创新和创业等方面发挥着重要作用 (Bronzini & Piselli, 2016; Brautzsch et al., 2015)。从企业层面政府补贴的结果来看，学者的关注点总体上集中在企业绩效上，虽然成果较为丰富，但结论存在很大的分歧，呈现出了“正向观—不相关观—负向观”的悖论。一是正向观。江新峰和张敦力（2017）、赵中华和鞠晓峰（2013）等学者认为政府补贴能正面提升上市企业业绩，促进企业研究产出 (范黎波等 , 2012; 赵中华和鞠晓峰 , 2013; 江新峰和张敦力 , 2017)。Amezcua 等（2013）、Söderblom 等（2015）认为政府补贴能提高科创企业的存活率，特别是创业早期补贴能显著促进企业绩效。二是不相关观。韩超（2014）对战略新兴产业进行深入研究，发现地方政府补贴有显著的扶持弱者行为倾向，没能直接促进企业研发投入。邵敏和包群（2012）以工业企业为例，研究认为政府补贴并不必然影响企业生产率。三是负相关观。步丹璐和黄杰（2013）、毛其淋和许家云（2015）研究发现高额补贴抑制了企业新产品创新、政策性补贴，可能导致产能过剩。任曙明和张静（2013）基于中国高端装备制造业的实证，发现受补贴企业的加成率反而低于非补贴企业。

从分类治理上看，现有研究较少去关注不同类型政府补贴在作用成效上存在的差异及产生这些差异的本质原因。正如 Colombo 等（2013）、杨洋等（2015）所指出的，“对创新补助资源细分类别的考察，特别是扶持资金是否具有竞争性，将是未来研究的重要方向和关键突破口”。从情境机制来看，影响政府补贴对企业绩效的影响的情境因素有很多，以往研究多通过与自变量的交互效应影响结果变量，强调情境因素的“净效应”。Söderblom 等（2015）、张洋（2017）观察到融资约束程度高的企业，政府补贴对企业绩效的作用更显著。余明桂等（2010）、邵敏和包群（2012）、毛其淋和许家云（2015）发现政府补贴成效会受补贴强度的影响，应控制好“临界值”“补贴区间”。肖兴志和王伊攀（2014）、高洪利等（2017）实证发现知识产权保护水平负向调节扶持资金与新产品创新、外部融资的关系。Colombo 等（2013）发现研发投入高的企业更容易获得政府补贴，补贴使用成效也比较好。孙东民等（2013）、吕晓军（2016）实证发现市场竞争越弱的行业，企业退出概率越高，政府补贴效果越好。不难发现，以往研究对于情境因素的研究过于碎片化，忽视了研究视角下关键因素的识别以及多重并发因果关系协同效应可能对科创企业政府补贴成效造成的影响。

二、政府补贴与创业可持续性

企业的创新持续性投资活动容易受到外部融资约束的影响，而政府补贴作为一项政府支持和激励企业的补助，可以平滑企业投资波动，促进企业创业可持续性。从作用机理来看，以往的研究普遍仅关注资源观或制度理论单一视角。

资源观。政府补贴通过创造资源丰裕中介企业和生存环境的关系 (Amezcua et al., 2013)，可以有效缓解（Buffering）企业的“资源耗竭”，从而促进创新持续投资。Söderblom 等（2015）发现政府补贴可以吸引人力资本、金融资本，促进企业绩效。从资源基础理论（RBT）出发，政府补贴可以补充企业自身缺乏的创新资源，摆脱企业的融资约束（Financial Constraits）(Söderblom et al., 2015)，降低技术溢出效应的边际成本和发展的不确定性，分散企业创新活动的风险 (Lach, 2002)，从而促进企业研发活动及企业绩效 (David et al., 2000; 陈玲和杨文辉 , 2016)。

制度理论。政府补贴可能具有基于信号传递的认证效应 (高洪利等 , 2017; Colombo et al., 2013)，这种认证效应可以为其带来正外部性，桥接（Bridging）外部资源，从而缓解企业持续创新面临的外部融资约束。Meuleman 和 De Maeseneire（2012）认为政府补贴的获取可以释放积极的外部信号，帮助企业获取更多的外部融资。Lerner（2000）发现受补贴企业可能会被私营投资人冠以政府认可的标签，释放利好消息，进而获取创新资源推进创新绩效。此外，政府补贴的获得可以认为是企业在制度上的组织合法性，从政府那里获得补助资金，无形中向市场传递出了安全的信号。从制度理论（Neo-institutionalism）出发，政府补贴具有结果额外性（Outcome Additionality）。Colombo 等通过信号传递（Signal Transmission）、认证效应（Certification Effect）来解释资金扶持如何能桥接更多的外部利益相关者 (Colombo et al., 2013)，从外部资源持有者那里获取额外资源。

有研究发现，一些企业在短暂的创业活跃期后便逐渐丧失了企业创造活力，最终面临着被兼并或衰落的危机，而有些企业却能不断迭代自身价值体系，保持卓越的企业绩效（Phan et al., 2009）。对于这种现象成因的探究，Timmons（1990）强调了创业活动是多种要素共同作用的结果，提出了组织内部的适当搭配。后有学者将外部环境（Romero-Martínez et al.,2010）纳入整体模型用来解释创业可持续性。Sambrook 和 Roberts（2005）研究发现，组织的内外部环境会共同作用于公司创业，又通过创业反作用于内外环境，最终促成良好的绩效。因此，从现有研究可以看出创业可持续因素并不唯一与独立，内外环境与组织因素间的多元联动已经成为创业者分析创业现象过程中不可忽略的理论事实。

三、分析框架

基于已有的研究成果，本章在资源与制度的联合视角下，结合中国科创企业的实践场景和政府补贴的类型构建了一个驱动模型（见图 5–1）。

第一，补贴类型。具体包括普惠性政府补贴和竞争性政府补贴两个二级条件。不同类型的政府补贴在资源、制度的相互作用中，其自身的特性会对企业融资、使用补贴的一系列行为产生影响。普惠性政府补贴在资源上缓解科创企业的资金约束，竞争性政府补贴则还产生“认证效应”，桥接了外部资源。现阶段国内外学者已广泛认同，政府补贴是企业与政府具有联系的一种重要表现形式（Faccio, 2006; Bronzini & Piselli, 2016; Söderblom et al., 2015）。当补贴是普惠性的，这种政治关联可能比较弱且不稳定。而竞争性政府补贴的申请通常较为复杂和烦琐，且资金量大，在申请过程中通常需要与政府部门进行长时间接触，获得竞争性政府补贴的企业也通常成为政府官员视察和调研的重点选择对象。这些有助于向利益相关者释放企业与政府存在一种良性关系的信号（Li & Zhang, 2007），而这种政企关系在中国情境下可能对于企业发展有着至关重要的作用。

第二，组织资源。具体包括企业的融资约束、研发投入、企业家精神三个二级条件。政府补贴补充了企业资源，但企业自身的资源环境会反过来影响政府补贴的成效。研究者通常从融资约束、研发投入等方面挖掘影响科创企业绩效的因素（Fazzari et al., 1988; Griliches, 1992; Rivera-Batiz & Romer, 1991），不难看出融资是否受约束、研发是否被持续投入已成为研究者关注的核心。此外，在科创企业的实际运作中，企业家精神也被认为是影响科创企业绩效的关键因素（Li & Atuahene-Gima, 2001; Li & Atuahene-Gima, 2002; Lyles et al., 2004）。在本章，我们关注企业的企业家精神，其反映了一种以创新、冒险和前摄性为特点的战略导向（Covin & Slevin, 1991; 罗兴武等 , 2019）。许多持续创新行为都受企业家精神的影响（Dess et al., 2003; Zahra et al., 1999）。因此，企业家精神对于科创企业绩效同样有潜在的影响。

第三，制度环境。具体包括科创企业的所处的市场竞争强度和知识产权保护水平两个二级条件。宏观环境会影响科创企业政府补贴成效。从市场角度来讲，市场竞争作为一种市场信号，与企业创新投入的关系具有不确定性。当市场竞争强度在企业可接受的范围内时，随着竞争的不断加剧，企业往往会自发性地增加研发的持续投入 (Zhang & Liu, 2012)。但当市场竞争强度超越某一临界值而威胁企业生存时，决策者就会把注意力放在生存问题上，采取保守的经营策略，尤其当企业濒临破产时，会降低冒险的意愿和动力 (贺小刚等 , 2017; 黄玮等 , 2017)。除此之外，由于技术创新的外部性，知识产权保护是维护市场秩序、保障技术进步和创新的重要条件 (樊纲等 , 2011)，同样构成了制度环境中的一个重要维度。科创企业的核心特征在于创新，当科技成果转化为利润，使研发创新投入有效获利时，科创企业的创新活动才能持续。然而，当某地的知识产权保护水平较低时，竞争对手可在短时间内推出类似产品或复制品，此时，知识产权侵权对科创企业的业务造成了伤害，一定程度上抑制企业研发的主动性。因此适度水平的知识产权保护可以降低技术溢出效应，有效地维持创新者利润，从而激励持续创新活动。

综上所述，资源观与制度理论交互下的创业可持续，因素条件的组态效应分析，能够更好解析政府扶持资金对科创企业绩效的影响。以往传统单一的情境因素研究无法全面解释资金补贴对科创企业绩效的复杂影响机制，前述政府补贴成效的“正向观—不相关观—负向观”悖论也说明了这一点，研究的碎片化会导致结论的不一致性问题。科创企业的“新创弱性”使得政府补贴与资源层面要素、制度层面要素的整合更具有紧迫性。定性比较分析（Qualitative Comparative Analysis, QCA）是管理学研究的一条新道路 (杜运周和贾良定 , 2017; Fiss, 2007; Fiss, 2011; Ragin, 1987)，与传统定量分析考察情境要素的“净效应”不同，它关注情境因素条件的组态（Configuration）与结果间复杂的因果关系，提倡用整体的、组合的方式探究复杂的社会现象（Ragin, 2008; Fiss, 2011），并通过集合分析发现条件组态与结果的集合关系，有助于应对情境因素的复杂性、因果关系非对称性和多种方案结果等效性等问题（Misangyi et al., 2017; Luo et al., 2020）。

基于此，本章通过整合政府补贴类型、资源层面要素和制度层面要素来探讨影响政府补贴成效的多重并发因素和因果复杂机制，即下述 3 个层面的 7 个前因变量之间如何互动、如何匹配，怎样能够最大效果提升科创企业创业绩效，这需要结合实际案例，通过 QCA 方法进一步探索，故本章构建如图 5-1 所示的政府补贴实现模型。其中，前因条件分别为普惠性政府补贴（Non-selective Government Subsidy, NSS）、竞争性政府补贴（Selective Government Subsidy, SS）、融资约束（Financial Constraints, FC）、企业研发投入（Research and Development Investment, RD）、企业家精神（Entrepreneurship，E）、市场竞争强度（Market Competition, MC）、知识产权保护水平（Intellectual Property Property Level，IPP）。

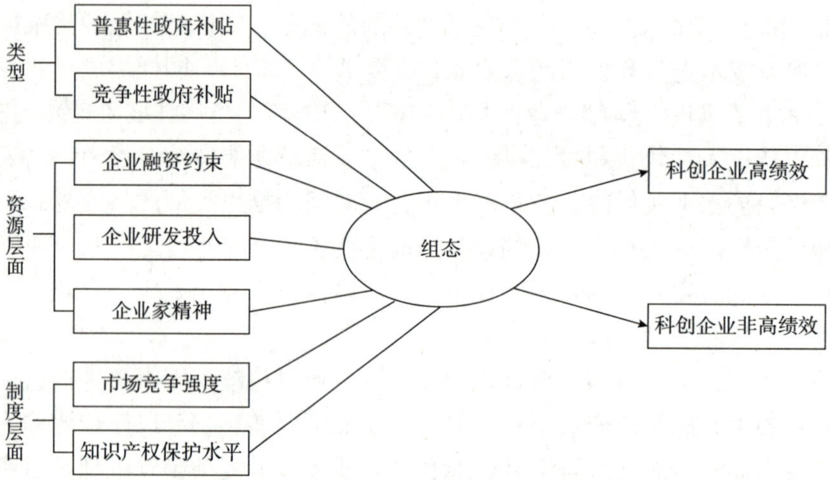

图 5-1　科创企业绩效驱动机制模型

第二节　研究方法与数据收集

一、方法选择

为了更好地解析政府扶持资金对科创企业绩效的影响，基于资源观与制度理论的整合，对因素条件的组态效应进行了分析。以往传统单一的情境因素研究无法全面解释资金补贴对科创企业绩效的复杂影响机制，前述政府补贴成效的“正向观—不相关观—负向观”悖论也说明了这一点，研究的碎片化会导致结论的不一致性问题。科创企业的“新创弱性”使得政府补贴与资源层面要素、制度层面要素的整合更具有紧迫性。

定性比较分析（Qualitative Comparative Analysis, QCA）是管理学研究的一条新道路 (Fiss, 2007; Fiss, 2011; Ragin, 1987; 杜运周、贾良定 , 2017)，以集合论和布尔运算作为其方法论的基石，探究前因条件组合如何引致被解释结果出现可观测的变化或不连续 (Fiss, 2011)。集合论方法的前提是，社会科学中的因果关系通常是耦合的 (Ragin, 2008)，即多种条件结合起来产生结果。这种因果关系的观点不同于面向变量的研究，后者识别一般的关联模式，并寻找适用于所有上下文的原因。此外，与传统定量分析考察情境要素的“净效应”不同，定性比较分析关注情境因素条件的组态（Configuration）与结果间复杂的因果关系，提倡用整体的、组合的方式探究复杂的社会现象 (Fiss, 2007; Ragin, 2008)，并通过集合分析发现条件组态与结果的集合关系，有助于应对情境因素的复杂性、因果关系的非对称性和多种方案结果的等效性等问题 (Misangyi et al., 2017; Luo et al., 2020)。

本章采用模糊集 QCA（fuzzy-set QCA, fsQCA）进行分析。这类分析对本研究有许多好处，该方法允许使用较小的数据集进行理论阐述 (Redding & Viterna, 1999)。fsQCA 通过确定效应如何结合产生结果，特别适合于推进多层次理论 (Lacey & Fiss, 2009)。因此，通过该方法可以了解政府补贴与资源层面、制度因素在形成相应措施方面的相互作用。最后，fsQCA 允许解耦驱动和实现驱动之间的不对称性 (Fiss, 2011)。与使用相同回归函数解释实现和分离的传统定量技术相比，这使得分析更加细致。

本章选择前文提到的普惠性政府补贴（NS）、竞争性政府补贴（S）、企业融资约束（FC）、企业研发投入（RD）、企业家精神（E）、市场化进程（MC）、知识产权保护水平（IPP）7 个条件变量以及创业绩效（P）这一结果变量以外，不再引入其他变量。因为条件增加容易导致组态个数超过观察案例个数，从而出现案例的有限多样性问题，对于中等样本的研究，理想的条件个数一般为 4~7（Rihoux & Ragin, 2009）。因此，选择 7 个条件变量符合要求。

二、数据收集

本章的调研对象为成立时间大于 1 年但小于 8 年的科技型创业企业。浙江省 11 个设区市科技发展水平的不均衡，奠定了样本的代表性。研究中政府补贴、科创企业绩效等变量均采用现实数据，孵化器（Incubators）无疑为研究科创企业政府补贴提供了理想环境（Luo et al., 2020；项国鹏、黄玮，2016）。在浙江省及下属各市级科技企业孵化器协会和科创园的协助下，团队对科创企业进行抽样调查。在全省 11 个地级市的孵化器名录里，每个地级市选择 2 家孵化器进行联系，询问是否愿意配合数据收集工作，若得到否定答复，则再次进行随机选择直至得到 2 家孵化器的肯定答复。随后从每个园区提供的全部企业名录中随机选取 20 家企业进行问卷调查，共计 440 家企业。鉴于企业搬迁、倒闭、被收购、未能按期上交当年财务报表等原因，最终回收问卷 257 份，问卷回收率为 64.25%。通过对回收问卷的初步审查，共有 20 份问卷不适合用于分析，存在的问题包括问卷题项填写不完整、竞争性和普惠性政府补贴无法区分等，因此予以剔除，最终用于分析的问卷数是 237 份，有效问卷率达 92.22%。

三、变量的选择及描述性统计分析

根据问卷结果对以下变量进行界定。企业绩效（P）来自二手数据，本书将销售增长率作为企业绩效的一个替代测量指标。普惠性政府补贴（NSS）和竞争性政府补贴（SS）来自二手数据，以年度获得的补贴总额来测量。企业融资约束（FC）、企业研发投入（RD）、企业家精神（E）、市场竞争强度（MC）均采用七级量表问卷调查法。知识产权保护水平（IPP）来自二手数据，本书借鉴韩玉雄等的方法，将国际普遍认可的 GP 指数与我国实际执法效果进行乘积。由于数据来源为浙江省科创企业，便将知识产权保护水平简化为律师比例与人均 GDP 两个指标，分值均在 0~1 之间，知识产权保护水平为其平均值。如表 5-1 所示。

表 5-1　变量选择与赋值

变量	二级指标	变量定义与描述
普惠性政府补贴（NSS）	—	获取无选择的政府补贴金额
竞争性政府补贴（SS）	—	获取有差别的政府补贴金额

续表

变量	二级指标	变量定义与描述
企业融资约束（FC）	—	获取资金的难易程度
企业研发投入（RD）	—	强调研发程度
企业家精神（E）	创新性	对新产品、新流程或新商业模式的追求
	先动性	公司高管采取结果未知的战略行为的倾向
	风险承担性	选择风险较大项目、采取大胆姿态的可能性
市场竞争强度（MC）	—	市场竞争的强度
知识产权保护水平（IPP）	社会法制化程度	律师占总人口的比例
	经济发展水平	人均 GDP

研究变量的描述性统计分析，如表 5–2 所示。

表 5–2　研究变量的描述性统计分析结果

统计指标	条件变量							
	补贴类型		资源层面			制度层面		结果变量
	普惠性政府补贴（NSS）	竞争性政府补贴（SS）	企业融资约束（FC）	企业研发投入（RD）	企业家精神（E）	市场竞争强度（MC）	知识产权保护水平（IPP）	企业绩效（P）
均值	3.08	27.18	3.32	3.69	3.83	3.70	0.49	4.16
标准差	3.81	40.06	1.47	1.25	1.14	1.30	0.20	7.22
最小值	0.00	0.00	1.00	1.00	1.22	1.00	0.16	–3.17
最大值	15.00	280.00	7.00	6.33	6.44	7.00	1.00	42.83

四、变量的校准

给案例赋予集合隶属的过程是校准（Schneider & Wagemann, 2012; 杜运周和贾良定, 2017）。把变量再校准为集合，需要依据由理论和实际的外部或标准设定 3 个临界值：完全隶属、交叉点以及完全不隶属，转变后的集合隶属介于 0~1。参考先前的研究（Fiss, 2011），本章将条件变量知识产权保护水平与结果变量科创企业高绩效的 3 个锚点分别设定为样本数据的上 4 分位数，上下 4 分位数的均值，下 4 分位数；资源层面的三个条件变量与市场竞争强度锚点设为 2,4,6。而对于科创企业非高绩效而言，其校准规则与高绩效正好相反，即取高绩效的非集（Negation）。各变量的校准锚点如表 5–3 所示。

表 5–3　各变量校准锚点

<table>
<tr><th colspan="3" rowspan="2">研究变量</th><th rowspan="2">目标集合</th><th colspan="3">锚点</th></tr>
<tr><th>完全隶属</th><th>交叉点</th><th>完全不隶属</th></tr>
<tr><td rowspan="7">条件变量</td><td rowspan="2">补贴类型</td><td>普惠性政府补贴（NSS）</td><td>高普惠性政府补贴</td><td>5.000</td><td>3.000</td><td>1.000</td></tr>
<tr><td>竞争性政府补贴（SS）</td><td>高竞争性政府补贴</td><td>40.500</td><td>20.250</td><td>0.000</td></tr>
<tr><td rowspan="3">资源层面</td><td>企业融资约束（FC）</td><td>低企业融资约束</td><td>6</td><td>4</td><td>2</td></tr>
<tr><td>企业研发投入（RD）</td><td>高研发投入</td><td>6</td><td>4</td><td>2</td></tr>
<tr><td>企业家精神（E）</td><td>高创业导向</td><td>6</td><td>4</td><td>2</td></tr>
<tr><td rowspan="2">制度层面</td><td>市场竞争（MC）</td><td>高市场竞争强度</td><td>6</td><td>4</td><td>2</td></tr>
<tr><td>知识产权保护水平（IPP）</td><td>高知识产权保护水平</td><td>0.857</td><td>0.571</td><td>0.286</td></tr>
<tr><td colspan="2" rowspan="2">结果变量</td><td rowspan="2">企业绩效（P）</td><td>高企业绩效</td><td>4.434</td><td>2.192</td><td>–0.050</td></tr>
<tr><td>非高企业绩效</td><td>–0.050</td><td>2.192</td><td>4.434</td></tr>
</table>

第三节　fsQCA 量化分析

本章使用 fsQCA3.0 软件分析 237 个科创企业案例的数据，识别决定高绩效的组态。遵循 (Fiss, 2011) 的建议，将一致性阈值设为 0.8，同时，参考杜运周和贾良定（2017）的建议，将 PRI 一致性（Proportional Reduction in Inconsistency）的阈值设定为 0.70，案例阈值设定为 1，最终保留 51 个高绩效案例，82 个非高绩效案例。

一、必要条件分析

在进行模糊集真值表程序分析之前，检查必要条件是有用的。一个必要条件可以被视为结果的一个超集（Super Set）。需要重点说明的是，如果必要条件被包括在真值表分析中，它可能会在纳入"逻辑余项"的解中被除去，即必要条件可能被简约解消除 (Rihoux & Ragin, 2009)。科创企业绩效的必要条件检测如表 5-4 所示。

由表 5-4 可知，各个单项前因条件影响高或非高绩效的必要性均未超过 0.9，不构成必要条件。这意味着各个单项前因条件对科创企业绩效的解释力较弱。因此，下文将这些前因条件纳入 fsQCA，进一步探索产生高、非高绩效的组态。

表 5-4　科创企业绩效的必要性检测

条件变量		结果变量	
		高绩效	非高绩效
补贴类型	NSS	0.402	0.454
	~NSS	0.659	0.591
	SS	0.780	0.264
	~SS	0.336	0.822
资源层面	FC	0.613	0.262
	~FC	0.544	0.856
	RD	0.580	0.435
	~RD	0.577	0.682
	E	0.598	0.467
	~E	0.561	0.632
制度层面	MC	0.580	0.443
	~MC	0.569	0.668
	IPP	0.635	0.268
	~IPP	0.526	0.852

我们进行了各个单项前因条件影响高或非高绩效的必要性检测，发现一致性均未超过 0.9。这意味着各个单项前因条件对科创企业绩效的解释力较弱，不构成必要条件。因此，下文将这些前因条件纳入 fsQCA，进一步探索产生高、非高绩效的组态。

二、组态的充分性分析

模糊集定性比较分析会得到 3 类解：复杂解（不包含“逻辑余项”）、简约解（包含“逻辑余项”，但不评价其合理性）、中间解（仅限于将符合理论和实际知识的“逻辑余项”纳入解），其中，中间解的一个重要优点是它们不允许消除必要条件，一般而言，中间解优于另外 2 种解 (Rihoux & Ragin, 2009)。

本书根据简约解和中间解来区分组态的核心条件（Core Condition）和边缘条件（Peripheral Condition）：若一个前因条件同时出现在简约解和中间解，则为核心条件，它是对结果产生重要影响的条件；若此条件仅出现在中间解，则将其记为边缘条件，它是起辅助贡献的条件 (杜运周和贾良定 , 2017)。

鉴于 QCA 方法的因果非对称性意味着某个结果的出现与否需要不同的“原因组合”来分别解释 (Rihoux & Ragin, 2009)。因此，为了更全面地了解科创企业政府绩效影响机制，深入探索科创企业政府补贴实现构型，本章同时进行了非高绩效组态和高绩效组态的分析。经过反事实分析（Counterfactual Analysis）获得中间解，即假设融资约束、市场竞争出现（Present），政府补贴不论是否存在，其他每个条件变量的缺失，都有可能导致非高绩效，模糊集分析得出产生非高绩效的组态（路径）有 4 条，覆盖绝大部分案例的 4 个组态不仅构成了非高绩效的充分条件，而且解释了 67% 的非高原因。同时，假设企业融资约束、市场竞争缺失（Absent），政府补贴不论是否存在，其他每个条件变量的出现（Present）都有可能提升创业绩效 ①，模糊集分析得出产生高绩效的组态（路径）有 3 条（如表 5–5 所示），且 3 个组态的一致性指标分别为 0.879、0.890、0.864，说明 3 个组态都是高绩效的充分条件。而解的一致性指标为 0.851，则进一步说明覆盖绝大部分案例的 3 个组态是高绩效的充分条件。模型覆盖度为 0.534，说明 3 个组态解释了 53% 的高绩效的原因。

相关符号说明：参考 (Ragin, 2008) 的表述方式，用●表示条件变量存在，

① 根据此假设，进一步选择较符合条件要求的质蕴含项——~NS × S × E × ~MC。

用⊗表示条件变量缺失。其中，大圈表示核心条件，小圈表示边缘条件，空格表示条件变量无关紧要（既可以出现，也可以不出现）。研究结果如表 5-5 所示。

表 5-5　产生高、非高绩效的组态

条件变量	产生非高绩效的组态 (Not High EP)					产生高绩效的组态 (High EP)		
	NH1	NH2	NH3			H1	H2	H3
			NH3a	NH3b	NH3c			
普惠性政府补贴 (NSS)		⊗	●	●	●		⨂	
竞争性政府补贴 (SS)	⨂	⨂	⨂	⨂	⨂	●	●	●
企业融资约束 (FC)	●	•	●	•	●			⊗
企业研发投入 (RD)	⊗	●						•
企业家精神 (E)		●					●	•
市场竞争强度 (MC)	⨂		•	●	●	⊗	⨂	
知识产权保护水平 (IPP)	⨂	⨂	⨂	⨂	⊗	●		●
一致性	0.877	0.838	0.857	0.857	0.857	0.879	0.890	0.864
覆盖度	0.524	0.203	0.153	0.153	0.153	0.307	0.201	0.442
唯一覆盖度	0.337	0.067	0.058	0.058	0.058	0.064	0.009	0.218
解的一致性	0.876					0.851		
解的覆盖度	0.649					0.534		

（一）非高绩效的驱动机制分析

本章归纳了 3 种企业非高绩效的组态（见表 5-5），具体的组态分析结果如下所述。

（1）组态 NH1:~SS × FC × ~RD × ~MC × ~IPP 表明，无论是否获取普惠性政府补贴和企业家精神，即便在缺乏市场竞争强度的状况下，一个受到融资约束且缺乏研发投入的科创企业没有获得竞争性政府补贴，它的企业绩效将会受到抑制。这主要原因可能是科创企业资金的不足（受到融资约束、未获得补贴），限制了企业进行有利于长期发展的战略性行为。同时，缺乏良好的知识产权保护，企业倾向于不进行创新等具有溢出效应的投资，或是降低持续性投资研究开发的意愿，这降低了企业的潜在价值。在面对资源缺乏和制度不完善的情况下，科创企业即便在市场竞争强度不强的行业也难以获得企业高绩效。这个构型解释了近 52% 的科创企业低绩效案例。其中约 34% 的案例仅能被这条路径所解释。

（2）组态 NH2：~SS × ~NSS × FC × RD × E × ~IPP 表明，无论是否存在市场竞争，在缺乏知识产权保护水平的状况下，存在高研发投入和企业家精神而缺乏政府补贴且受到融资约束的科创企业绩效就会受到约束。这可能是由于在缺乏知识产权保护的情况下，企业研发所产生的无形资产的潜在价值难以保障，技术溢出效益高，企业进行高额研发投入，而竞争者以较低成本便可获取，难以将创新有效转化为利润，抑制了持续性创新的可能。同时，需要巨额创新支出的科创企业，既受到融资约束，又未获得政府补贴。在支出大、流入小的两难情况下，企业可能面临生存等危机。

（3）组态 NH3：NSS × ~SS × FC × MC × ~IPP 表明，无论是否含有研发投入和企业家精神，在高市场竞争强度和低知识产品保护水平的环境中，受到融资约束且未获得竞争性政府补贴的企业即便获取高普惠性政府补贴，企业绩效也会受到抑制。这可能是因为在缺乏知识产权保护的条件下，企业进行研发时，即使获取普惠性政府补贴，也难以补足其技术溢出效应带来的损失，将降低企业绩效。此外，企业不进行研发投入却获得了普惠性政府补贴，很有可能存在“寻补贴”的行为，即补贴不用于有利于企业绩效的活动。NH3a、NH3b 与 NH3c 的区别仅为企业融资约束、市场竞争强度和知识产权保护水平谁为核心条件谁为边缘条件。

通过对 3 种非高绩效组态进行分析，我们可以发现知识产权保护水平的缺失是引起科创企业非高绩效的重要因素。企业家精神和科创企业研发投入被视为科创企业潜在价值的重要指标，但通过对组态 NH2 的分析，我们可以发现，在知识产权保护水平严重缺失的情况下，具有高强度的研发投入和高企业家精神的科创企业反而更易产生非高绩效。这也进一步论证了情境因素条件与结果间复杂的因果关系。

（二）高绩效的驱动机制分析

本章归纳出了以下 3 种企业高绩效的组态（路径）（见表 5-5）。

现阐述如下。

（1）制度辅佐型。H1:SS × ~MC × IPP 表明，当在良好的制度环境下给予竞争性政府补贴，即在不存在激烈的市场竞争和良好的知识产权保护水平下，科创企业获得竞争性政府补贴，其将获取高水平绩效。这意味着，相较于其他条件而言，制度环境（市场竞争强度、知识产权保护水平）和竞争性政府补贴的联合效应对科创企业绩效而言更加重要，因为制度环境可以单独构成竞争性政府补贴高成效的充分条件。这可能是由于在高知识产权保护水平的环境中，科创企业的创新成果受到保护，技术溢出效应减弱，企业获得的补贴更易作为持续性的创新投入。而且在缺乏高强度市场竞争的情况下，科创企业没有生存压力，企业更倾向于进行冒险行为。同时，获得竞争性补贴的科创企业向外部利益相关者传递出“可靠”的信号，即受到政府认证，外部利益相关者则更愿意将资金投入这一类科创企业中来。由于在这条路径下，当制度环境优良时，竞争性政府补贴存在，其他条件对于科创企业高绩效而言无关紧要，因此我们将这条驱动路径命名为“制度辅佐型”。这意味，制度环境能够有效破除组织资源等条件对科创企业绩效提升的制约。该路径能够解释约 30% 的政府补贴实现案例。另外，约 6% 的科创企业高绩效案例仅能被这条路径所解释。

（2）平衡型。组态 H2:~NSS × SS × E × ~MC 表明，不存在激励市场竞争强度的地区，如果具有企业家精神的科创企业获得竞争性政府补贴，且没获得普惠性政府补贴，其将会拥有高水平绩效。这可能是因为在市场竞争强度不大的环境下，科创企业的生存危机较低，而具有高企业家精神的科创企业更可能进行前瞻性的行为，释放出企业战略特质的信号，进而对科创企业绩效产生积极影响。而竞争性政府补贴也将释放出一种可被视为科创企业获得领域内权威主体认可的信号。以上两种信号产生交互影响，当两种信号一致时，科创企业组织合法性会迅速提升，企业绩效也可得以实现，即企业的企业家精神水平越高，竞争性政府补贴借助组织合法性影响科创企业绩效的作用越强。由于政府补贴、企业家精神、市场竞争强度需要通过相互间的联动适配才能发挥作用，因此我们将其命名为“平衡型”。该路径能够解释约 20% 的政府补贴科创企业高水平绩效案例。其中约 1% 仅能被这条路径解释。

（3）制度—平衡型。H3:SS × ~FC × RD × E × IPP 表明，在知识产权保护

水平较高的地区，如果获得竞争性政府补贴的科创企业具备高研发投入、企业家精神，且不受融资约束，那么这个科创企业将取得高企业绩效。这可能是因为在高知识产权保护水平的区域，企业的研发和其他创新行为所获取的资产更易得到保障，企业成果得到保护，进而转化为利润，达到提升绩效的目的。其中，竞争性政府补贴（类型）和知识产权保护水平（制度）为核心条件，融资约束、研发投入、企业家精神等企业资源为边缘条件，因此我们将其命名为"制度—平衡型"。该路径能够解释约 44% 的政府补贴科创企业高水平绩效案例。其中约 22% 仅能被这条路径所解释。

将高绩效和非高绩效组态进行对比，不难发现竞争性政府补贴和知识产权保护水平在促进企业高绩效中起到了重要的作用。这可能是由于竞争性政府补贴一方面带来了直接的资源，另一方面政府补贴通过认证效应，桥接了外部资源。而知识产权保护水平则为企业创业可持续性提供了保障。

通过上述分析，进一步对本章所获得的 3 种非高绩效（NH3a、NH3b、NH3c 合并为 NH3）和 3 种高绩效的科创政府补贴构型进行总结，得出图 5–2。

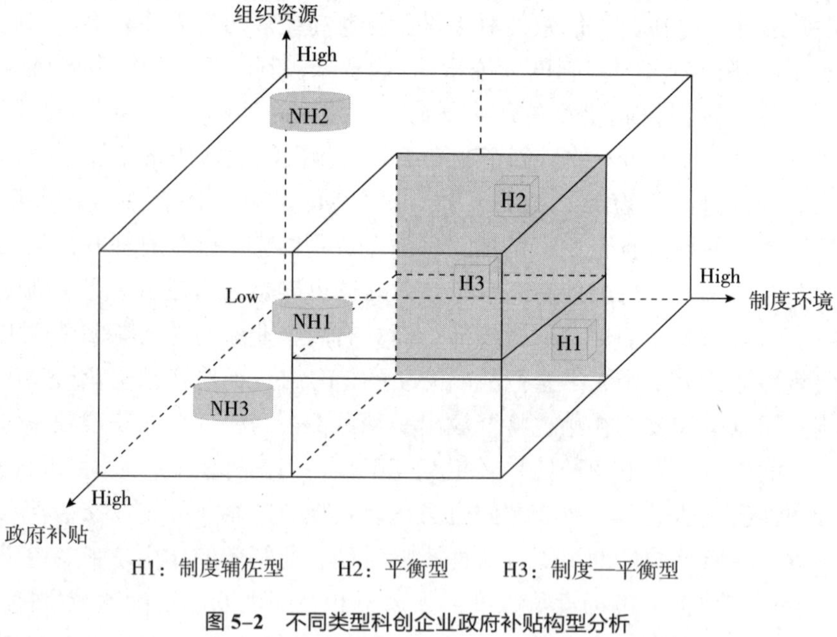

图 5–2　不同类型科创企业政府补贴构型分析

第四节　进一步讨论：潜在替代关系与稳健性检验

一、条件间的潜在替代关系

通过对产生高绩效组态的异同进行比较，我们可以进一步识别出类型、资源、制度的潜在替代关系。首先，通过对比组态 H1 和组态 H2，我们发现，对于获得竞争性政府补贴且处于非激烈竞争的市场环境中的科创企业，普惠性政府补贴（类型）和企业家精神（资源）的条件组合可以和知识产权保护水平（制度）相互替代，以推动科创企业绩效提升，如图 5-3 所示。其次，对组态 H1 和组态 H3 的比较表明，对于知识产权保护水平较高的区域，在科创企业获得竞争性政府补贴时，企业资源层面的条件组态可以和市场竞争强度（制度）相互替代，如图 5-4 所示。最后，对于组态 H2 和组态 H3 的比较发现，将竞争性政府补贴给予富有企业家精神的科创企业，融资约束（资源）、研发投入（资源）、知识产权保护水平（制度）的条件组态可以和普惠性政府补贴（类型）、市场竞争强度（制度）相互替代，如图 5-5 所示。

类型、资源、制度的潜在替代关系表明，制度环境更具有重要作用。这是因为，在特定的资源禀赋条件下，制度环境是稳定企业资源投入产出的重要前提。在制度不完善的行业和地区，往往难以激发企业创新的主动性，难以保障企业的健康持续发展。另外，对比三组高绩效组态共同出现的条件，我们发现竞争性政府补贴在提升科创企业的绩效上扮演着重要的角色。这是因为，竞争性政府补贴一方面从资源层面直接给予企业资助；另一方面，从制度层面，获取竞争性政府补贴的科创企业提升了组织合法性，进而促进了科创企业绩效的提升。

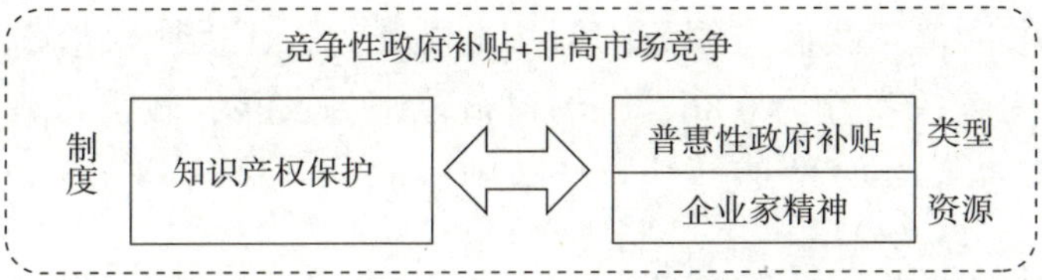

图 5-3　制度与“类型 + 资源”相互替代关系

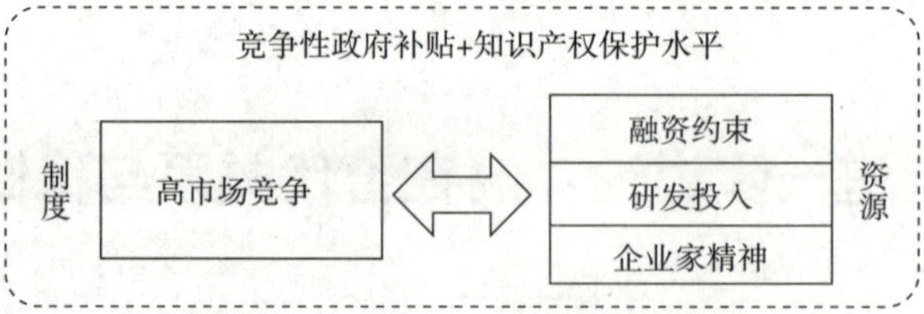

图 5-4 制度与资源相互替代关系

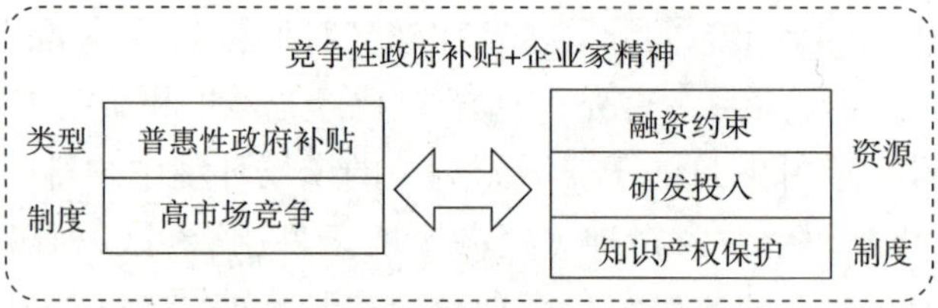

图 5-5 制度与资源相互替代关系

二、稳健性检验

fsQCA 的分析方式与传统的定量分析方法是存在差异的 (Fiss，2011)，它们的稳健性测试也相应地有所不同。一些学者使用前因条件、交叉点的替代参数，或是对复杂性、规模和变革率进行不同的编码（Fiss, 2011），来进行敏感性分析（Sensitivity Analyses）以检验结果的稳健性（Fiss, 2011; Linton & Kask, 2017）。我们参照 Linton 和 Kask（2017）的做法，通过分别改变校准标准、一致性门槛值和频数门槛值进行稳健性检验。首先，改变结果变量校准标准。将结果变量的校准标准从原来的第 25，上下均值，第 75 分位点变为第 5，第 50，第 95 分位点后发现，重新校准后的解一致性为 0.94，解的覆盖范围近 50%，较为良好，解决方案未产生较大改变。其次，改变一致性门槛值。我们将一致性阈值从 0.8 提升至自然断裂点 0.87，可以发现，改变后的解一致性为 0.87，解的覆盖范围近 50%，较为良好。整体而言，解未产生显著的变化。最后，改变频数阈值。我们将频数阈值从 1 提升为 2，得到 4 组解。可以发现，重新校准后的解一致性为 0.86，解的覆盖范围为 53%，较为良好。解虽有差异，但并未产生重要的改变。

第五节 本章小结

本章对应本书第一、第三章提出的研究 2。本章从“科创企业补贴热”而“吸血僵尸”频现的现象出发，以竞争性与普惠性政府补贴对科创企业的作用成效为研究对象，围绕“影响科创企业政府补贴成效的边界在哪里”的这一问题，以现实考察、资源和制度理论、组态效应为基础，采用 fsQCA 整合上述 3 个层面 7 个条件要素，探讨影响科技创新企业政府补贴成效差异的多重并发因素和因果复杂机制，从而更好地发现政府补贴的适应性边界治理机制。研究发现：第一，非高绩效的驱动机制与高绩效驱动机制存在非对称性关系。且制度环境的损坏可能是影响科创企业非高绩效的重要因素。在缺乏知识产权保护的条件下，具备企业家精神和研发投入的企业创新成果难以受到保护，会导致企业不能进行持续创新行为，最后导致非高绩效。第二，补贴类型、企业资源、制度环境均无法单独构成科创企业政府补贴实现的必要条件，而 3 类条件组态构成了三条高水平科创企业绩效的驱动路径。即竞争性政府补贴与制度环境构成的制度辅佐型路径，补贴类型、企业家精神和市场竞争构成的平衡辅佐型路径以及强调竞争性政府补贴、企业资源和知识产权保护水平的制度—平衡辅佐型。其中，制度—平衡辅佐型路径在提升政府补贴成效上发挥着更加重要的作用。第三，补贴、资源、制度条件的潜在替代关系表明，在特定的条件下，市场竞争强度和知识产权保护水平可以通过等效替代以“殊途同归”的方式提升科创企业绩效。

本章的理论贡献在于：

第一，以“组态视角”化解科创企业政府补贴成效的“正向观—不相关观—负向观”悖论，提供中国转型经济独特情境下的系统化理论逻辑。通过 fsQCA 方法的使用，本章不仅厘清了政府补贴科创企业成效实现构型的等效驱动机制和条件替代关系，还发现创业绩效驱动机制存在因果非对称性。这充分体现出 QCA 方法突破了线性回归中因果关系效应的统一的对称性假设，能挖掘出某个结果出现与否的更加细腻的解释，能更好地解释政府补贴驱动科创企业绩效的差异性和条件相互依赖的组态效应。这不仅突破了对于标准的统计分析方法的局限 (Fiss, 2011)，也为今后探究复杂创业现象提供了方法论参考。

第二，科创企业政府补贴成效的多情境解释，拓展了权变理论。对政府补贴高成效的解释包括企业的宏观制度环境和微观内部资源两个方面。许多研究都探讨了企业的外生因素，如市场竞争强度（贺小刚等，2017; Zhang & Liu, 2012）以及知识产权保护水平（樊纲等，2011）。也有研究涉及公司内部研发投入（Lach, 2002）。然而，我们的研究结果表明，采用任何单一情境来解释政府补贴成效都是有问题的。例如，高企业家精神被视为科创企业成功的关键，但仅从企业资源情境出发，难以解释具备高企业家精神的科创企业出现不同绩效的原因。

第三，通过资源与制度交互下的创业可持续性来解释政府补贴科创企业高绩效实现构型，这有助于揭开政府补贴影响创业绩效的黑箱。以往研究局限于政府补贴的净效应，两个层面要素的组合影响创业绩效的机制尚不明确。因此，本章拓展了政府补贴边界条件的现有研究，引入资源与制度交互下的创业可持续性视角，使政府补贴与制度逻辑与微观资源联动机制浮出水面。强调了创业绩效的提升并非是由某一层面的要素单独决定的，单独的政府补贴并非有成效，还有赖于多要素互动下是否产生了创业可持续性的可能。

本章的实践启示在于：

第一，补贴类型、资源、制度三重条件并发协同效应的存在揭示了政府补贴科创企业的复杂性。这意味着，地方政府可以基于现有的制度环境，在“整体视角”下着力于多重条件之间的适配，考察科创企业的资源禀赋，科学选择政府补贴对象，支持那些真正致力于持续性创新和成长的科创企业，对那些“寻补贴”型企业、理应淘汰的“吸血僵尸”不给予资金支持，使竞争性政府补贴发挥成效。同时，政府还需通过完善制度环境（如加大知识产权保护法执法力度）来破除企业融资约束等资源条件的约束，以促进企业持续性创新。

第二，科创企业应开拓进取，强调可持续性创业。对于科创企业而言，持续性创业对企业绩效至关重要，很大程度上决定了“能不能成功创业”的问题。企业是否进行可持续创业一方面受制度环境的影响，可能会被动地不进行持续性创业行为。另一方面，企业可以通过自身资源的获取、调节主动地进行持续性创业。如具备企业家精神的企业更可能进行持续性行为，进而促进企业战略性发展。对于政府而言，应当提高知识产权保护水平，加大执法力度，完善制度环境，为企业可持续创业提供制度保障。

第三，不走极端，深入推进“双创”战略。影响企业绩效的原因具有非对称性，非高企业绩效的原因并不能根据高企业绩效的原因来逆向推导。这启示我们要理智看待创业，不应该盲目认为高绩效的经验对立面都是非高绩效的教训。同样地，也不该极端地认为彻底改变非高绩效的因素就能提升企业绩效。同时，改善我们政府补贴成效的困境亟须理解与宏观制度层面和微观资源层面的协同联动，单纯提高补贴金额不能产生完全的正效应。

第六章

竞争性和普惠性政府补贴对科创企业的成效检验与可持续性影响

本章对应本书第一、第三章提出的研究3，本章将采用中国工业企业数据库（2003~2007年）的面板数据，综合运用基于倾向得分匹配的倍差法（PSM–DID）和生存分析方法，通过“是否有成效”（子研究3–1）、“如何影响绩效”（子研究3–2）和“能否持续影响绩效”（子研究3–3）三个子研究，从资源与制度整合的视角考察普惠性和竞争性政府补贴对科创企业绩效的微观效应。

第一节　政府补贴影响科创企业绩效的成效与机理分析

企业强则国家强，科技兴则民族兴。中国经济已由高速增长转向高质量发展，正处于转变发展方式、优化经济结构、转换增长动力的创新驱动“新常态”，科创企业在推动地方经济增长和发挥区域创新优势上的作用愈加凸显。科创企业由于“新创弱性”（Liability of Newness），多面临资金约束、组织合法性等问题（Singh et al., 1986; Zimmerman & Zeitz，2002），为了提高科创企业的存活率并促使其快速成长，近几年政府出台了一系列财政扶持政策。2017年党的十九大报告指出，创新是引领发展的第一动力，须加强对科创企业的创新支持。2018年、2019年政府工作报告都强调，要深入开展大众创业、万众创新，实施与强化普惠性支持政策，培育扩大新动能。2020年《科技部火炬中心关于做好创业孵化机构科学防疫推进创业企业有序复工复产保持创新创业活力的通知》中更是明确指出，在切实做好疫情防控的同时要继续保持创新创业活力，精准及时落地针对科创企业的引导支持政策，力争实现疫情退却后逆势发展、更高质量发展。

无论是政府报告中述及的普惠性补贴项目，如创业贷款贴息、中小微企业税收补助、办公场所租赁补贴等，还是与之相对应的竞争性补贴项目，如新产品补助“青蓝计划”“雏鹰计划”等，都在逐年增加专项资金支持力度，以促进科创企业发展，并逐步完善“科创苗圃 + 孵化器 + 加速器 + 专业园区”的一体化科技服务体系。

政府补贴，是一定历史时期下，政府出于特定的目的，直接或间接对微观经济活动主体（企业或个人）提供专项资金的一种无偿转移支付（孔东民等，2013; 唐清泉和罗党论，2007）。然而，在实践界，补贴作为政府扮演“扶持之手”（Helping Hand）最直接的手段（Amezcua et al., 2013），其成效却差强人意，“寻补骗补”“饮鸩止渴”“吸血僵尸”等负面信息屡见报端，资金扶持的激励效应不足，治疗效应缺乏等问题初见端倪。在理论界，学者们研究发现：由于知识和技术的溢出效应（Spillover Effects）（Colombo et al., 2013; 周珊珊和孙玥佳，2019）、政府扶持资金的挤出效应（crowding-out effect）（Söderblom et al., 2015; 韩超，2014），政府补贴可能扭曲企业投资行为，并不一定促进企业研发投入，也并不必然影响企业生产率（Hottenrott et al., 2017），政府补贴成效的研究呈现出“正向观—不相关观—负向观”悖论。

学者们的研究结论存在较大分歧，主要是因为这些研究主要以规模以上成熟企业为主，大多将政府补贴视作综合性扶持资金，缺乏对不同类型政府扶持资金差异化影响及作用机制的对比分析。故基于现实观察，结合相关研究，我们关注科创企业政府补贴所扮演的“扶持强者”与“鼓励弱者”的角色，关注政府甄选的竞争性补贴项目和申请即可获取的普惠性补贴项目，聚焦两类补贴差异化成效与机理研究。那么，竞争性政府补贴与普惠性政府补贴哪种类型成效更好？它们的作用路径又存在什么差异？它们对科创企业绩效增长持续时间的影响？有无差异对这些问题的回答，将有利于政府精准施策帮扶科创企业，也将有利于企业科学认知并充分发挥政府补贴的积极影响。

一、竞争性和普惠性政府补贴对科创企业的成效：悖论解析与研究机会

从宏观层面来看，学者们普遍认可政府补贴作为政策工具的宏观调控手

段。但从企业层面政府补贴的结果来看，学者们的关注点总体上集中在企业绩效上，成果较为丰富但结论存在较大分歧，呈现出了“正向观—不相关观—负向观”的悖论。一是正向观。Hottenrott 等（2017）实证发现比利时佛兰德政府补贴促进了政府研发创新，从而正向影响公司业绩。赵中华和鞠晓峰（2013）、楚有为（2018）认为政府补贴能正面提升上市企业业绩，促进企业研究产出。二是不相关观。韩超（2014）对战略新兴产业深入研究后发现地方政府补贴有显著的扶持弱者行为倾向，没能直接促进企业研发投入。尚洪涛和黄晓硕（2018）以医药制造企业为例，研究认为政府补贴并不必然影响企业生产率。三是负相关观。耿强等（2011）、武咸云等（2016）研究发现高额补贴抑制了企业新产品创新，政策性补贴可能导致产能过剩。任曙明和张静（2013）基于中国高端装备制造业的实证，发现受补贴企业的加成率反而低于非补贴企业。

政府补贴成效的“正向观—不相关观—负向观”悖论在中国转型经济独特情境下较为凸显，因为转型经济下“摸着石头过河”的哲学思想，金融市场、产品市场等逐步变革的“实验型”特征（2011），使得成效研究更加复杂。从分类治理上，现有研究较少去关注不同类型政府补贴在作用成效上存在的差异。正如 Colombo 等（2013）、杨洋等（2015）所指出的，“对创新补助资源细分类别的考察，特别是扶持资金是否具有竞争性，将是未来研究的重要方向和关键突破口”。从研究方法上，已有的相关实证研究多采用宏观层面的加总数据进行普通最小二乘法（OLS）估计，样本选择偏差和内生性偏差问题严重。因此，针对政策实施的补贴类别与作用机制，深入研究不同类型政府补贴的异质性效果，将成为化解补贴成效悖论的关键。同时，有必要利用权威数据库的面板数据，采用更为科学的基于倾向得分匹配的倍差法（PSM-DID），准确评估政府补贴的“时间效应”与“政策处理效应”。

基于对现实问题的观察，结合 Colombo 等（2013）的研究，本章聚焦于科创企业竞争性和普惠性政府补贴的成效研究。普惠性政府补贴（Non-selective Government Subsidy），旨在“鼓励弱者”，是缓解科创企业早期运营支出的政府补贴，不具有排他性，只要满足基本条件均可申请并获取。竞争性政府补贴（Selective Government Subsidy），旨在“扶持强者”，需要经过专家甄选，是与新产品开发、科研创新和创业项目有关的政府补贴。而且，无论是竞争性还是普惠性政府补贴，都是直接的创新资源供给（Tether, 2002），有助于摆脱融资约束（Financial Constraits），降低技术溢出效应的边际成本和发展的不确定性，分散企业创新活动的风险（Hussinger, 2008），从而促进企业研发活动及企业绩效。

伍健等（2018）、张洋（2017）认为政府补贴可以带来创新和研究投入的增加，从而提升资本投资效率。李燕等（2016）、Söderblom 等（2015）发现政府补贴可以吸引人力资本、金融资本，促进企业绩效。Amezcua 等（2013）实证证实政府补贴降低了启动和维持运营所需的初始门槛，提高了科创企业的存活率。此外，政府补贴的异质性决定了获得竞争性政府补贴的企业可以享有相对于普惠性政府补贴的门槛效应（Threshhold Effect）（康志勇，2018），竞争性政府补贴在其资金额度、政策支持力度上远优于普惠性政府补贴，理论上使得竞争性政府补贴成效优于普惠性政府补贴。据此，本章提出如下假设：

假设 1：竞争性与普惠性政府补贴均会正向影响科创企业绩效。

假设 2：相对于普惠性政府补贴，竞争性政府补贴对科创企业绩效的促进作用更强。

二、竞争性和普惠性政府补贴对科创企业绩效的作用机理：资源缓解与合法性桥接

以往的研究普遍支持资源观视角，强调政府补贴通过创造资源丰裕（Resource Munificence）中介企业和生存环境（Amezcua et al., 2013），有效缓解（Buffering）“新生劣势”下的资源耗竭（Colombo et al., 2013），从而促进企业创新。少数学者开始关注制度理论，认为政府补贴具有结果额外性（Outcome Additionality）（Butler et al., 2016），通过信号传递、认证效应来解释资金扶持如何桥接（Bridging）更多外部利益者并从中获取额外资源。因此，我们认为政府补贴对科创企业不仅具有“资源流入”的直接影响，而且具有补贴获得所导致的“合法性提升”所带来的关联效应。

首先，从资源基础（RBT）观出发，政府补贴通过直接的创新资源补充机制（Campbell & Park, 2017; Barney, 1991），能有效减缓科创企业的资源消耗速度，进而影响科创企业的创新行为。普惠性与竞争性政府补贴都能够补充科创企业自身难以获得的创新资源，降低技术的边际成本与创新中的不确定性（Hussinger, 2008）；但竞争性政府补贴由于“扶持强者”的甄选机制会更趋近于 VRIN 资源[①]，有助于科创企业建构独特的竞争优势。由于科创企业自

① VRIN资源是指具有价值性（Valuable）、稀缺性（Rare）、不可模仿性（Inimitable）和不可替代性（Non-substitutable）特征的资源，Barney（1991）认为 VRIN 资源是企业战略选择的基础、企业竞争优势的来源。

身资源禀赋的差异，相较于仅能获得普惠性政府补贴的企业来说，资源依赖观（RDT）更能解释竞争性政府补贴影响科创企业创新绩效的过程，科创企业不再只是适应环境的行动者，更是主动从所依赖的环境中获取资源的战略选择者（Pfeffer & Salancik, 1978）。

其次，从新制度主义（Neo-Institutionalism）出发，合法性是制度理论的核心概念和行为逻辑（Scott, 1995），是一种“能够帮助组织获得其他资源的重要战略资源”（Zimmerman & Zeitz, 2002）。制度理论经过几十年的发展，合法性的获取早已不局限于早期制度学派的“嵌入”策略，强调对仪式与规制的遵从（Meyer, 1977）、社会结构对组织的同构（Isomorphism）（Dimaggio & Powell, 1983）；而是更多地偏向后期战略学派的“能动”策略，将合法性视为可操作性资源（Operational Resource）（Zimmerman & Zeitz, 2002），通过有计划的战略行为主动从外部环境获取（Tornikoski & Newbert, 2007）。中国转型经济情境下，市场与制度是影响中国经济社会的双重力量（魏江等, 2014; 罗兴武等, 2019），决定了科创企业同时受到市场主导的制度逻辑和政治主导的制度逻辑的影响（Besharov & Smith, 2014），需要同时谋求市场合法性和政治合法性（黄玮等, 2017; 郭海等, 2018）。事实上，一方面基于市场主导的制度逻辑（Besharov & Smith, 2014），科创企业的技术研发、创新活动的高不确定性使得组织与外部投资者之间存在严重信息不对称（Feldman & Kelley, 2006），政府补贴的信号传递无疑释放了利好消息、降低了信息不对称（章元等, 2018），有助于科创企业市场合法性的获取（郭海等, 2018），进而获得更多的外部融资和创新资源。相较于“嵌入”即可得的普惠性政府补贴，专家甄选制的竞争性政府补贴则更需要科创企业发挥主观能动性（Tornikoski & Newbert, 2007）、展现产品创新优势，竞争性政府补贴也会向外部利益相关者传递更广泛的利好信号，给科创企业带来更大的认证效应。另一方面基于政治主导的制度逻辑（Besharov & Smith, 2014），响应政府政策导向、积极与政府建立政治关联的信号（杨洋等, 2015），有利于科创企业政治合法性的获得，桥接更多的创新资源（Campbell & Park, 2017），进而促进企业创新绩效的提升。同样，相较于申请制的普惠性政府补贴，竞争性政府补贴帮助企业贴上了更大的被政府认可的标签（潘敏等, 2019），外部利益相关者对企业的价值判断也会随着其与政府联结深度的“光环”效应得以强化。

故而，资源和制度整合的视角可以为本书中普惠性和竞争性政府补贴的作用机理提供分析基础，作为“资源中的资源”，组织合法性的获取有助于科创企业的产品创新与市场扩张，会正向强化政府补贴对科创企业绩效的影响；并且，相较于普惠性政府补贴，竞争性政府补贴的合法性强化作用会更强。为此，本书研究提出如下假设：

假设 3：组织合法性强化了竞争性政府补贴对科创企业绩效的正向效应。

假设 4：组织合法性在普惠性政府补贴与科创企业绩效之间也存在正向传导效应，但弱于竞争性政府补贴。

第二节　竞争性与普惠性政府补贴对科创企业的成效检验

子研究 3–1 旨在回答“是否有成效”，验证两类政府补贴的差异化影响，即竞争性政府补贴的成效是否优于普惠性政府补贴。

一、研究方法

为了科学评估政府补贴的成效，本章采用 PSM-DID。政府补贴的效应主要来自两部分：一是生产率的滞后作用的“时间效应”，二是随政府补贴投入使用所引起的“分组效应”（毛其淋和许家云，2015）。DID 能够捕捉到处理组与控制组的特定行为在政策变化前后的相对差异，同时控制“分组效应”与“时间效应”，消除结果变量不随时间变化因素的影响。PSM 基本思路是从企业微观层面的多维指标对科创企业进行倾向得分 p 的计算，根据处理组与控制组之间 p 值的相近度对两者进行匹配。采用 PSM 可以较好地解决样本选择偏差问题，使匹配后的处理组与控制组的特征尽可能相同，满足 DID 的使用条件。

本章以科创企业作为研究对象，借鉴 Li 和 Atuahene-Gima（2001）的做法，将科创企业定义为成立时间小于 8 年、属于高技术产业（制造业）的企业。高技术产业包括医药制造，航空、航天器及设备制造，电子及通信设备制造，计算机及办公设备制造，医疗仪器设备及仪器仪表制造，信息化学品制造 6 大类。数据来源于中国工业企业数据库，样本范围包括所有国有工业企业以及规模以上（年销售额达到 500 万元人民币以上）非国有工业企业。由于 2003 年中国实施了新的《国民经济行业分类》并对行业进行了重新定义，2008 年及之后的年份数据库部分变量存在缺失，本书研究选取了该数据库中 2003~2007 年的数据作为样本。此外，我们对数据还进行了如下检查与处理：删除从业人数、企业年龄小于 0 的样本；删除企业销售额、从业人员年平均人数、固定资产、所有者权益、固定资产年平均净额及平均工资数值为缺失或负值的样本。

二、计量模型

子研究 3–1 旨在评估普惠性与竞争性政府补贴对科创企业绩效的差异。因而，本书将样本分为受到政府补贴的科创企业（实验组）与未受到政府补贴的科创企业（控制组）。为了方便表述，本书研究设定一个分组虚拟变量 $Ifsub_i = \{0, 1\}$，当科创企业 i 受到政府补贴时，$Ifsub_i$ 取 1，否则取值为 0；同时，设定了一个二元时间虚拟变量 $Time_t = \{0, 1\}$，当时间为受政府补贴前时，$Time_t$ 取 0，当时间为受政府补贴后时，取值为 1。此外，我们将利润增长率（Net Profit Growth Rate）作为科创企业绩效的一个替代测量指标。定义 $npgr_{it}$ 为科创企业 i 在 t 期的绩效，用$\Delta npgr_{it}^{0}$表示受到补贴的科创企业在前后两个时期的绩效变化量，用$\Delta npgr_{it}^{0}$表示未受到补贴的科创企业在前后两个时期的绩效变化量。实验组科创企业在获得政府补贴后对绩效的因果影响为：

$$\begin{aligned} ATT &= E(\Delta npgr_{it}^{1} - \Delta npgr_{it}^{0} | Ifsub = 1) \\ &= E(\Delta npgr_{it}^{1} | Ifsub = 1) - E(\Delta npgr_{it}^{0} | Ifsub_i = 1) \end{aligned} \quad (6\text{–}1)$$

在进行倾向得分匹配时应根据具体数据选择不同的匹配方法，本书研究由于存在较多具有可比性的控制组样本，使用最近邻匹配法中的一比一匹配为实验组（即受到补贴的科创企业）匹配倾向得分相近的控制组（即未受到补贴的科创企业）。然后估计科创企业获得政府补贴的概率如下：

$$P = Pr\{Ifsub_{it} = 1\} = \Phi\{Z_{it-1}\} \quad (6\text{–}2)$$

其中，Z_{it-1} 表示匹配变量，即微观环境下企业影响因素。本书研究主要选取的匹配变量如下：资产负债率（leve），使用负债总额与资产总额的比值以反映企业的真实债务状况；企业年龄（age），使用当年年份减去企业开业年份的数值；企业规模（lnsize），使用企业资产总额的对数值表示；资本密集度

（klr），使用固定资产净额与企业雇员的比值取对数以区分不同产业研发能力差异；权益乘数（eqm），使用资产总额与所有者权益的比值以评估企业的资金结构；企业生产率（op），借鉴 Olley 和 Pakes（1996）的做法，使用企业总产出量与生产要素投入量之比以考察企业的研发能力。根据式（6–2），参考最近邻匹配原则可得到实验组 i 与控制组 j 一一对应下的匹配集合$\Gamma(i)$：

$$\Gamma(i)=\min_{j}\left\|\hat{p}_i-\hat{p}_j\right\|,\ j\in(\text{ifsub}=0) \tag{6–3}$$

其中，$\hat{p}_i$和$\hat{p}_j$分别代表 i 和 j 的倾向得分，依据倾向得分进行匹配后，绩效的变化量$E(\Delta npgr_{it}^{0}|Ifsub=0)$可近似替代$E(\Delta npgr_{it}^{0}|Ifsub=1)$。由此可将式（6–1）表示为：

$$\begin{aligned}ATT &= E(\Delta npgr_{it}^{1}-\Delta npgr_{it}^{0}|Ifsub=1)=E(\Delta npgr_{it}^{1}|Ifsub=1)-\\ &\quad E(\Delta npgr_{it}^{0}|Ifsub_i=0,\ i\in\Gamma(i))\end{aligned} \tag{6–4}$$

在式（6–4）的基础上转换，可以得到用于实证检验的完整的倍差法模型（6–5）：

$$\begin{aligned}npgr_{it} &= \alpha 1+\alpha 2 Ifsub_{it}+\alpha 3 Time_{it}+\\ &\quad \alpha 4 Ifsub\times Time_{it}+\beta X_{it}+ind+area+\varepsilon_{it}\end{aligned} \tag{6–5}$$

$npgr_{it}$表示科创企业绩效，下标 i、t 分别代表企业、时间，交叉项的值代表实验组在事件年前后的差异减去控制组在事件年前后的差异，即“双重差分”，也就是需要研究的补贴前后企业绩效的变化，其估计系数α_4反映了政府补贴对科创企业绩效的成效。同时，我们加入企业层面的相关变量X_{it}以强化匹配效果，包括资产负债率（leve）、企业年龄（age）、企业规模（lnsize）、资本密集度（klr）、权益乘数（eqm）、企业生产率（op）。另外，我们还使用 ind、area 以表示宏观层面的行业效应、地区效应特征，ε 是误差项。

三、回归结果

（一）倾向得分匹配及平衡性检验

对假设 1、假设 2 进行检验分析。采用倾向得分匹配的最近邻匹配对样本进行分年度的有放回匹配，施加“共同支持”条件。根据处理变量 Ifsub 与协变量 X_{it} 估计其倾向得分，进而为实验组匹配值最相近的控制组。PSM 结果是否合理取决于“可忽略性假定”得以满足，即要求进行配对的个体变量在各个匹配维度上较为接近则满足平衡性假设。由于分年度匹配的平衡性检验结果大体一致，限于篇幅，这里仅呈现第一年的匹配效果及平衡性检验，如表 6–1 所示。

表 6–1　匹配效果及平衡性检验

Variable	Unmatched Matched	Treated	Mean Control	%bias	%reduct |bias|	t	t-test p>|t|
leve	U	0.54467	0.56607	−7.2		0.98	0.327
	M	0.54467	0.55474	−3.4	52.9	0.38	0.703
age	U	8.7787	8.8243	−2.1		0.28	0.777
	M	8.7787	8.8185	−1.8	12.7	0.20	0.845
lnsize	U	11.467	10.878	50.3		6.71	0.000
	M	11.467	11.455	1.0	98.0	0.11	0.915
klr	U	2.3455	2.7872	−8.4		1.19	0.235
	M	2.3455	2.4258	−1.5	81.8	0.17	0.864
eqm	U	2.7635	3.1294	−6.5		0.89	0.373
	M	2.7635	2.5535	3.7	42.6	0.43	0.668
op	U	0.49371	0.50837	−5.1		0.68	0.494
	M	0.49371	0.49879	−1.8	65.3	0.20	0.838

从表 6–1 可以看出，匹配后各个匹配变量的标准化偏差（% bias）均小于 5%，对比匹配前，选取的匹配变量的标准化偏差均大幅缩小，这表明在完成匹配后，两组样本在微观环境下公司特征趋向接近，匹配效果好。同时匹配后每个相关变量的 p 值均大于 0.1，这意味着在平衡性检验后，实验组与控制组在各个匹配维度上的特征无系统差异。由此可以认为，本章选取的匹配方法与相关变量可靠。

（二）基准回归

在 PSM 基础上，为剔除不随时间变化的因素，对式（6–5）进行 DID 检验。如表 6–2 所示。在回归中逐步加入并控制企业层面的相关变量、行业效应、地区效应以提升结果稳健性，结果显示交叉项 Ifsub × Time 均未出现系统性差异。在控制了行业效应与地区效应后交叉项 Ifsub × Time 的估计系数仍为 0.0098，在 10% 的置信水平下显著，这一定程度上说明与非补贴企业相比，政府补贴对科创企业的绩效有一定促进作用。同时也验证了本章悖论解析部分所言，即政府补贴对科创绩效的影响可能与政府补贴的类型有关，普惠性与竞争性政府补贴对绩效的成效相互抵消，进而使得政府补贴对科创企业的处理效应呈现弱显著性。紧接着我们将进一步考察普惠性与竞争性两种政府补贴的异质性影响。

表 6-2　政府补贴与科创企业绩效的基准回归结果

	(1)	(2)	(3)	(4)
Ifsub	0.0224***	0.0241***	0.0243***	0.0262**
	(3.89)	(3.69)	(3.65)	(2.95)
Time	–0.0057	0.0220	0.0222	0.0235
	(–1.03)	(1.10)	(1.11)	(1.16)
Ifsub × Time	0.0100*	0.0099*	0.0097*	0.0098*
	(1.80)	(1.76)	(1.70)	(1.70)
_cons	0.0250***	0.0830	–0.0238	–0.0182
	(6.80)	(1.22)	(–0.31)	(–0.23)
控制变量	No	Yes	Yes	Yes
ind	No	No	Yes	Yes
area	No	No	No	Yes
R^2	0.004	0.005	0.003	0.003
N	5180	5180	5180	5180

注：括号中的数值为双尾检验的 t 值；*、**、*** 分别表示 10%、5%、1% 的显著性水平；限于篇幅，表中未报告控制变量的回归结果，下同。

（三）异质性分析

为了考察不同类型政府补贴（即普惠性与竞争性政府补贴）的异质性影响。在具有补贴收入的科创企业中，采用唐清泉和罗党论（2007）的方法用 100 乘以补贴收入与营业收入的比值来衡量补贴力度，结合普惠性与竞争性政府补贴的定义，划分出两种政府补贴类型 $Type_i$ (i =1, 2)。Ifsub × type1 表示竞争性政府补贴的处理组，Ifsub × type2 表示普惠性政府补贴的处理组。进而，将式（6–5）扩展如下：

$$npgr_{it}=\alpha_1+\alpha_2 Ifsub_{it}+\alpha_3 Time_{it}+\sum_{i=1}^{2}\alpha_4 Ifsub_{it}\times Time_{it}\times Type_i+\beta X_{it}+ind+area+\varepsilon_{it} \tag{6-6}$$

通过比较系数 $Type_i$（i =1, 2）来比较竞争性与普惠性政府补贴对科创企业绩效的差异化影响。表 6–3 报告了这一估计结果，不难看出，同一变量在不同控制条件下均未出现显著性差异。具体以第（4）列控制了行业、地区效应的回归结果进行分析。从中得以看出，交叉项 Ifsub × type1 × Time 与 Ifsub × type2 × Time 的估计系数显著为正，即普惠性与竞争性政府补贴，均能显著提高科创企业的绩效。造成这一结果的原因可能是，科创企业成立时间不长，本身缺乏一定的“造血”能力，两类政府补贴均为政府对科创企业无偿的转移支付，使得科创企业能投入更多资源到生产运营中，一定程度上缓解了科创企业的资源耗竭问题。

值得注意的是，企业交叉项 Ifsub × Type1 × Time 的估计系数和显著性水平均高于 Ifsub × Type2 × Time，表明政府补贴能否激励科创企业绩效与补贴类型有关。相对于普惠性政府补贴，竞争性政府补贴对科创企业绩效的促进作用更大。产生这一结果背后的原因可能主要包括以下两个方面：一方面，科创企业成立年限短，面临的融资约束较大，对资金的需求较高，普惠性政府补贴相对于竞争性政府补贴强度弱，科创企业提升自身的绩效需要跨越一定的门槛条件，例如，需将资金投入设备的购买、员工薪酬的支付、原材料的购买、产品创新等，普惠性补贴金额数目不大，只能满足科创企业一些简单的日常开支，无法跨越新产品创新所需的门槛。相对地，竞争性政府补贴能够为科创企业提供一定资金支持，降低企业进行研发创新与扩大生产的风险，进而提升其绩效。另一方面，新技术产业具有前期投入大、风险性大的行业特征，科创企业决策者在做扩大生产、购买设备、产品创新的决策时持谨慎态度。竞争性政府补贴所赋予企业的资源比普惠性政府补贴更能缓解运作资金缺失的后顾之忧。基于上述分析可知，表 6–3 的分析结果支持了假设 1、假设 2。

表 6–3　普惠性与竞争性政府补贴的异质性影响

	(1)	(2)	(3)	(4)
Ifsub	0.0302***	0.0322***	0.0335***	0.0357***
	(3.71)	(3.69)	(3.74)	(3.22)

续表

	(1)	(2)	(3)	(4)
Time	-0.0056	0.0213	0.0214	0.0227
	(-0.84)	(1.07)	(1.07)	(1.12)
Ifsub × Type1 × Time	0.0759**	0.0743**	0.0728**	0.0728**
	(2.08)	(2.06)	(2.05)	(2.02)
Ifsub × Type2 × Time	0.0237*	0.0233*	0.0231*	0.0226*
	(1.89)	(1.87)	(1.85)	(1.81)
Cons	0.0207***	0.0789	-0.0389	-0.0323
	(5.03)	(1.16)	(-0.61)	(-0.41)
控制变量	No	Yes	Yes	Yes
ind	No	No	Yes	Yes
area	No	No	No	Yes
N	5180	5180	5180	5180
R^2	0.0027	0.0034	0.0019	0.0019

注：括号中的数值为双尾检验的 t 值；*、**、*** 分别表示 10%、5%、1% 的显著性水平。

第三节　政府补贴、组织合法性与科创企业绩效

子研究 3-2 旨在回答"如何影响绩效"，从资源和制度整合的视角考察竞争性与普惠性政府补贴对科创企业绩效作用路径的差异。同样，我们采用面板数据实证检验的方法进行检验，子研究 3-2 将在子研究 3-1 政府补贴成效检验的基础上做进一步探讨。

一、研究方法

子研究 3-2 采用中介效应分析方法，能打开自变量到因变量的过程黑箱，其实质是一种因果关系链，即 X（原因变量）通过 M（中介变量）影响 Y（结果变量），前文的分析表明：政府补贴通过影响其组织合法性，进而影响企业绩

效。子研究 3–2 的研究来源同研究 3–1，以科创企业作为研究对象，数据来源于中国工业企业数据库，选取该数据库中 2003~2007 年的面板数据作为样本。

二、计量模型

在式（6–6）模型的基础上引入合法性评价与 Ifsub × Time × $Type_i$ 的交互项，进一步得到完整的中介效应模型式（6–7）、式（6–8）和式（6–9）：

$$npgr_{it} = F\left(Ifsub_{it}, Time_{it} \sum_{i=1}^{2} a_i Ifsub_{it} \times Time_{it} \times Type_i, X_{it}\right) \quad (6\text{–}7)$$

$$Legality_{it} = F\left(Ifsub_{it}, Time_{it} \sum_{i=1}^{2} b_i Ifsub_{it} \times Time_{it} \times Type_i, X_{it}\right) \quad (6\text{–}8)$$

$$npgr_{it} = F\left(Ifsub_{it}, Time_{it} \sum_{i=1}^{2} c_i Ifsub_{it} \times Time_{it} \times Type_i, c3 Legality_{it}, X_{it}\right) \quad (6\text{–}9)$$

因变量 $npgr_{it}$ 表示科创企业绩效；$Ifsub_{it}$ 为自变量，$Time_{it}$ 为时间虚拟变量。需要说明的是，本书研究借鉴 Guo 等（2014）的研究采用所有者权益来测度组织合法性，公式中用 $Legality_{it}$ 来表示组织合法性，用所有者权益的对数来测量；所有者权益表示企业资产扣除负债后由所有者享有的剩余权益，其数额大小代表了股东等利益相关者感知企业组织合法性的程度。此外，式（6–7）表示两类政府补贴对绩效影响的总效应，系数 a_i 衡量总效应的大小；式（6–8）表示两类政府补贴对合法性评价影响的效应，系数 b_i 为正说明补贴导致合法性评价增加，式（6–9）中 c_i 衡量的是不同补贴对绩效的直接效应，$c3b_i$ 则度量的是中介效应。

三、回归结果

表 6–4 展示了政府补贴作用科创企业绩效机制的检验结果。

表 6–4　中介效应模型估计结果

	npgr	legality	npgr
	(1)	(2)	(3)
Ifsubsidy	0.0323***	0.1282***	0.0309***
	(3.22)	(4.11)	(3.50)

续表

	npgr	legality	npgr
T	0.0227	−0.0142	0.0215
	(1.12)	(−0.21)	(1.08)
Ifsub × Type1 × Time	0.0728**	0.1165**	0.0642**
	(2.02)	(1.79)	(2.04)
Ifsub × Type2 × Time	0.0226*	0.0295	0.0214*
	(1.81)	(0.34)	(1.80)
Legality			0.0109**
			(2.45)
_cons	−0.0323	0.2945	0.0758
	(−0.41)	(1.35)	(1.11)
控制变量	Yes	Yes	Yes
N	5186	5186	5186
R^2	0.0034	0.7365	0.0040

注：括号中的数值为双尾检验的 t 值；*、**、*** 分别表示 10%、5%、1% 的显著性水平。

其中，第（1）列、第（2）列与第（3）列分别报告了式（6–7）、式（6–8）与式（6–9）的估计结果。从第（2）列可以看出，交叉项 Ifsub×Type1×Time 的估计系数显著为正，这初步说明了竞争性政府补贴通过合法性评价的渠道显著提高了科创企业的绩效。值得注意的是，交叉 Ifsub×Type2× Time 的估计系数并不显著，换言之，普惠性政府补贴并没有显著提高科创企业的组织合法性水平，这与前文中组织合法性在普惠性补贴与科创企业绩效中存在正向传导效应的假设并不一致。但也并不难以理解这一结果，竞争性补贴的获取能够给科创企业带来绩效的提升，能触发利益相关者对企业的认同感，故对科创企业的合法性水平产生了正向影响。但普惠性政府补贴采用申报制，受补贴企业规模较大，补贴给予利益相关者的信号并不高，因此对科创企业合法性水平并无显著的正向效应。第（3）列则在第（1）列的基础上加入了中介变量。其中 Legality 的估计系数显著为正，表明组织合法性的增加显著促进了科创企业的绩效提升。这主要是由于合法性作为社会对企业关注程度的一种体现，其提升必然伴随着科创企业资源耗竭的缓解与制度认证的桥接。合法性水平提升的中介效应 c_3b_1 为 0.00126，即竞争性补贴每增加 1%，通过合法性水平提升导致绩效提升 0.126%，这与假设 3 的预期结果相吻合，而假设 4 并没有得到验证。

此外，我们还采用了 Sobel 的方法进行检验。结果假设“中介效应显著”依旧在 5% 显著性水平成立，这就进一步验证了组织合法性是竞争性政府补贴正向影响科创企业绩效的重要渠道。

四、稳健性检验

为了检验本书研究实证结果的可靠性，我们更改了科创企业绩效的衡量方法，用销售率来重新进行政府补贴对科创企业绩效的成效检验，回归的结果显示，普惠性政府补贴对科创企业绩效的回归系数为 0.0776，在 10% 的置信水平下显著，竞争性政府补贴对科创企业绩效的回归系数为 0.1382，通过 5% 的显著性检验，这一结果与原假设相符。此外，为了扩大样本，本书研究还采用了 1 配 3 的 PSM 方法对样本进行重新配对并检验，主要结论也保持不变。限于篇幅，这里不再报告有关结果。综合以上检验，本书研究有理由认为所得结论是稳健可靠的。

第四节　普惠性、竞争性补贴与科创企业绩效增长持续时间

子研究 3-3 旨在回答“能否持续影响绩效”。在检验了普惠性与竞争性政府补贴对科创企业绩效的因果效应后，产生了一个新的问题，两类政府补贴对科创企业绩效增长持续时间有何影响？这里我们采用生存分析模型进一步研究两类政府补贴与科创企业绩效增长持续时间的关系，以动态揭示两类政府补贴作用科创企业绩效的复杂机理。

假设科创企业绩效提升的持续时间是一个科创企业从存在绩效增长情况到绩效不增长或负向增长所经历的时间长度。分析样本为 2003~2007 年中国工业企业数据库中持续经营的科创企业，有效避免了企业破产、停业或其他行为对持续时间结果产生干扰。由于利润增长率的计算需要涉及上一年度的利润，我们的处理方法是以 2003~2007 年皆有绩效记录的企业作为分析样本。与研究 1

相同，研究 3–3 依旧采用倾向得分匹配为实验组企业配对一个倾向得分较为接近的控制组企业，通过两组样本的对比进行生存分析以避免其他干扰因素的影响。

第一步，进行描述性分析，即通过绘制样本生存函数——Kaplan-Meier 估计量来初步考察政府补贴对科创企业绩效增长持续时间的影响。在图 6–1（a）中，本书绘制了补贴企业（即 Ifsub = 1）与非补贴企业（即 Ifsub = 0）的绩效增长持续时间的 Kaplan-Meier 生存曲线。结果显示，受政府补贴的企业的 Kaplan-Meier 估计量相对靠上方，即受补贴企业的绩效增长持续时间较非补贴企业长。

在此基础上本书研究根据上文普惠性与竞争性政府补贴的定义，仍使用 Ifsub×Type1 表示竞争性政府补贴组，Ifsub×Type2 表示普惠性政府补贴组。两类补贴的绩效增长持续时间的 Kaplan-Meier 生存估计曲线如图 6–1（b）所示。结果显示，竞争性政府补贴的 Kaplan-Meier 生存估计曲线位于较高位置，普惠性政府补贴的 Kaplan-Meier 生存估计曲线与非补贴企业大致趋同。

这一定程度上表明了普惠性与竞争性政府补贴与科创企业绩效增长持续时间之间存在相关关系。受普惠性政府补贴的企业绩效增长持续时间与无补贴企业大致趋同，而受竞争性政府补贴的企业绩效增长持续时间又比普惠性政府补贴长。

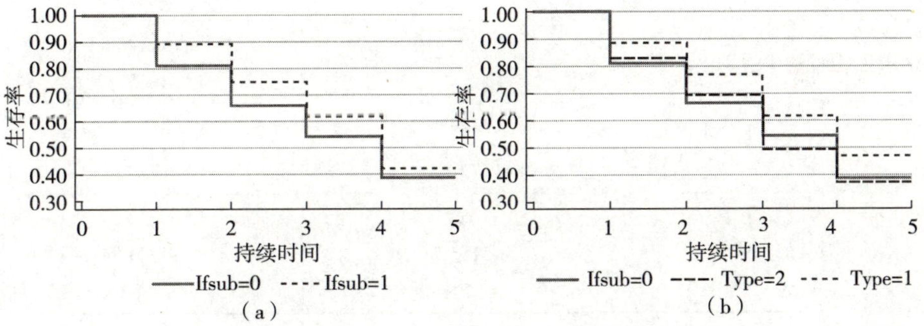

图 6–1　科创企业绩效增长的 Kaplan-Meier 生存曲线

第二步，构建离散时间 cloglog 生存分析模型进行分析：

$$c\log\log[1-h_i(X|v)]=\theta_1+\theta_2 \text{Ifsub}+\theta_3 X+\lambda_t+\varepsilon \qquad (6\text{–}10)$$

其中，λ_t 表示基准风险率，h_i 表示离散时间风险率，X 为企业相关变量，θ 是需要估计的参数，ε 是误差项，用于控制不可观测的异质性。

政府补贴对科创企业绩效增长持续时间的估计结果如表 6–5 所示。其中，第（1）列中政府补贴（Ifsub）的估计系数为 –0.0787，在 10% 的置信水平下显著，初步说明政府补贴能够延长科创企业的绩效增长持续时间。这与前文中 Kaplan-Meier 生存估计曲线的估计结果相吻合。产生这种结果的原因可能是政府补贴减少了科创企业初创期的融资约束，为科创企业的业务开展提供资金支持，有助于提升科创企业的绩效。第（2）列中考察了普惠性与竞争性两类政府补贴对科创企业绩效增长持续时间的差异。结果显示，Ifsub×type1 的估计系数显著为负，Ifsub×type2 的估计系数并不显著，表明竞争性政府补贴能延长科创企业绩效增长的持续时间，普惠性补贴对科创企业绩效增长持续时间的延长效应并不明显。这一定程度上印证了政府补贴"扶持强者"的效果大于"鼓励弱者"的效果，假设1、假设2、假设3的结果得到了进一步的间接验证，推翻了假设 4。

表 6–5　政府补贴与科创企业绩效增长持续时间

	(1)	(2)
Ifsub	–0.0787**	
	(–3.32)	
Ifsub × Type1		–0.2657**
		(–2.70)
Ifsub × Type2		–0.1408
		(0.551)
_cons	2.2329***	2.3558***
	(7.61)	(7.77)
控制变量	Yes	Yes
对数似然值	–5166.74	–4904.84
N	5186	5186

注：括号中的数值为双尾检验的 t 值；*、**、*** 分别表示 10%、5%、1% 的显著性水平。

第五节　本章小结

本章对应本书第一、第三章提出的研究 3。本章结合中国工业企业数据库面板数据，综合运用 PSM-DID 法和生存分析法，通过“是否有成效”“如何影响绩效”和“能否持续影响绩效”3 个子研究，从资源与制度视角探讨普惠性与竞争性政府补贴对科创企业绩效的微观效应，以期提供中国转型经济情境下化解“正向观—不相关观—负向观”悖论的系统性理论解释。子研究 3–1 检验了普惠性与竞争性政府补贴对科创企业绩效的成效，普惠性与竞争性政府补贴均对科创企业绩效有正向影响，但补贴效果更多地体现“扶持强者”的特点。子研究 3–2 打开了竞争性与普惠性政府补贴作用科创企业绩效的过程黑箱，组织合法性是竞争性政府补贴促进科创企业绩效提升的重要渠道，但在普惠性政府补贴和绩效之间的传导中介作用不显著。子研究 3–3 考察了普惠性和竞争性政府补贴与科创企业绩效增长持续时间的关系，发现政府补贴总体上延长了科创企业绩效增长持续时间，但主要体现在竞争性补贴上，“鼓励弱者”的普惠性补贴时延效应并不明显。

本章研究具有以下三个方面的理论贡献：

首先，本章科学运用 PSM-DID 方法，通过细分竞争性与普惠性补贴的异质性效果，以期化解“正向观—不相关—负向观”的悖论。创新补贴分类别的细分考察是解析成效悖论的关键（杨洋等，2015），现有政府补贴成效的研究多将政府补贴视作综合性扶持资金，多采用宏观层面的加总数据进行普通最小二乘法（OLS）估计，难以避免样本选择偏差与内生性偏差。PSM-DID 方法通过比较配对后实验组与控制组的差异化结果，能有效区分“时间效应”与“分组效应”，准确度量“政策处理效应”；竞争性与普惠性政府补贴的净效应考察也有助于完整解析以打开悖论。因而，竞争性政府补贴成效优于普惠性政府补贴成效的实证结果一定程度上证明了 Colombo 等（2013）、杨洋等（2015）所提出的关于不同类型政府补贴成效差异的猜测，并扩展了 Guo 等（2014）关于企业财务冗余与企业绩效的研究。

其次，本章整合了资源观与制度理论，提出并部分验证了两类政府补贴正向影响科创企业绩效以及补贴通过合法性传导中介作用影响科创企业绩效的机制。这一发现部分回应了魏江等（2014）、毛其淋和许家云（2015）关于政府补贴中国情境特征、“适度区间”的展望。转型经济情境下科创企业受市场主导与政治主导双重制度逻辑的影响，资源获取和合法性桥接是科创企业争取政府补贴的原生动力。组织合法性在竞争性补贴与企业绩效之间的传导中介作用显著，而对于普惠性政府补贴来说却不显著，说明政府补贴“鼓励弱者”的效果并不明显而“扶持强者”的效果却较凸显，一定程度上表明科创企业发挥主观能动性、展现产品创新优势的重要性，从而厘清了竞争性和普惠性政府补贴对科创企业绩效影响路径的差异。

最后，本章引入基于倾向得分匹配的生存分析模型，进一步探讨了普惠性和竞争性政府补贴对科创企业绩效增长持续时间的影响。正如 Le Mens 等（2011）所指出的。研究结果表明，政府补贴的成效具有持续性，且这种持续性与政府补贴的类型相关，相较于普惠性政府补贴，专家甄选式的竞争性政府补贴对科创企业不仅具有资源流入的直接影响，而且具有政府补贴对象选择导致合法性提升所带来的认证效应和政治关联效应，这一作用机理再次在补贴政策的可持续性研究里得到了间接印证，从而能够更为全面地科学评估科创企业成长过程中政府补贴发挥的实际效用。

本章对政企两个方面具有的重要启示。一方面，将为政府部门精准补贴、制定并完善科创企业政府补贴政策提供直接的现实启示。政府发放补贴必须明确补贴分类的治理对象，充分认识政府补贴对科创企业成效的影响机理，发挥政府政策性供给的作用。作为科创企业成长过程中重要的合法性赋予者（章元等，2018），政府不仅需要在实施政策激励大众创业、万众创新的同时，有重点地“扶持强者”，激励企业充分发挥主观能动性、展现产品创新优势，而且需要加大，特别是疫情背景下，对“鼓励弱者”的普惠性补贴资金支持力度，建立公开、透明的补贴资格审查机制，加强补贴使用环节的监督力度，减少乃至消除补贴分配过程中“寻租骗补”“饮鸩止渴”等现象的发生。唯有如此，政府补贴才能更大程度地激活科创企业，才能更大程度地提升补贴效果。

另一方面，将为科创企业是否申请政府补贴及如何效用化补贴提供决策参考。有助于科创企业正确认识竞争性和普惠性两类不同政府补贴的作用路径和可持续性效应，充分发挥政府补贴的有利影响，推动企业外部利益相关者对于获得政府补贴的正向感知。科创企业应从自身需求出发，科学评价自身的战略规划、财务状况等，充分认识竞争性和普惠性补贴的影响机理，展现创新实力，注重补贴的信号传递效应（伍健等，2018），将政府补贴资金用在刀刃上的同时积极谋求从其他渠道获取创新资源，将政府补贴对企业发展的持续性影响落到实处。值得注意的是，无论政府补贴是“鼓励强者”或是“扶持弱者”，科创企业外部投资者都应慎重考虑补贴对企业的影响，从价值投资理念出发，客观评价政府补贴的使用效能。

第七章

促进政府精准补贴，引导科创企业创新发展的政策研究

本章对应本书第一、第三章提出的研究4。在以上竞争性、普惠性政府补贴与科创企业成长的理论和实证研究的基础上，本章着重进行政策研究。主要包括两个方面：一是对于区域政府而言，如何制定与完善科创企业政府补贴政策，实现精准补贴，推进区域产业可持续发展；二是对于科创企业而言，如何科学认知政府补贴的作用机理，申请并提高政府补贴的使用效用，实现企业的创新发展。

第一节　促进政府精准补贴、制定并完善科创企业政府补贴政策的对策建议

1. 继续加强对科创企业的财政扶持力度，重点优化投入结构

政府补贴作为一种创业扶持方式，对科创企业生存和成长起着重要作用。无论是竞争性还是普惠性政府补贴，都对科创企业的当期绩效存在着显著的正向影响。这意味着，对于具有“新创弱性”的科创企业而言，政府补贴所带来的资金直接流入，都有助于缓解科创企业在早期生存和发展过程中所面临的资金压力，从而提高其存活率。中央政府在明确科创企业财政扶持的重要性上已经做出了明确的指示，如《国务院关于大力推进大众创业万众创新若干政策措

施的意见》第四大点第一款所述“加大财政资金支持和统筹力度。各级财政要根据创业创新需要，统筹安排各类支持小微企业和创业创新的资金，加大对创业创新支持力度，强化资金预算执行和监管，加强资金使用绩效评价。支持有条件的地方政府设立创业基金，扶持创业创新发展。在确保公平竞争前提下，鼓励对众创空间等孵化机构的办公用房、用水、用能、网络等软硬件设施给予适当优惠，减轻创业者负担”。我们高度认同这一政策出台的时代性意义，地方政府应当充分贯彻落实这一条款所传递的精神和内涵，结合各区域的特征，探索建立一套完善的、科学的科创企业扶持体系，进一步加大对科创企业的资金支持力度，充分发挥科创企业的正外部性。

持续增加科创企业政府补贴总量，重点优化投入结构。财政科技投入规模是国际上衡量一个国家或地区科技创新能力的重要指标，是促进企业科技创新的政策基础，要逐步提高财政科技支出占财政总支出和 GDP 的比重。在政府补助形式选择上，由于科创企业大多规模较小、经营风险较大，政府无偿资助将在短期内增加企业经营绩效、降低经营风险、激励技术创新，但由于创新外部性、技术溢出效应以及政企之间的信息不对称，将导致补贴资金的低效率使用以及企业对政府补贴的依赖。所以，为了充分发挥政府补贴作用，应更多地采用贷款贴息、政府采购及政府引导性投资基金形式，逐步降低无偿资助比例，引导更多社会资金进入科创企业创新。

2. 重视竞争性和普惠性政府补贴的差异性，变救济型政策为激励型政策

政府补贴对科创企业绩效的作用机理是复杂的、权变的，这意味着政府补贴并不是总能发挥成效的，这也使得政策制定者和实施者需要高度重视科创企业资金支持政策的制定过程和实施过程，科学设计有差别化的科创企业资金扶持政策并加以严格执行。如果政府补贴仅起到资金流入的作用且是非选择性的，那么它很容易会让企业形成对其的依赖性，甚至出现“寻补贴”的投机行为和骗补贴的违法行为（韩超，2014）。此外，政府补贴的资金流入效应会随着时间的推移而显著衰减，这意味着，如果要持续保持政府补贴对科创企业发展的正向影响，政府就得持续给科创企业发放补贴，显然这并不是科创企业政府补贴政策设计的初衷。政府给予科创企业补贴的一个目的在于，帮助科创企业度过早期的劣势阶段，并尽快形成企业自身的竞争优势。

合理确定战略性新兴产业政策扶持导向，变救助型政策为激励型政策，有效发挥政策引导作用。战略性新兴产业具有高技术性、高风险性、高投入性等

产业特征，在发展早期面临的不确定风险较大，政府应当给予关心与引导。在救助型政策扶持背景下，企业发展很容易形成政策依赖症。如果产业发展出现问题，地方政府则认为扶持政策不力，其结果是进一步加强政策扶持。企业则乐见地方政府扶持的推出，将扶持政策视做政府对企业应尽的“天然”义务，而当出现问题时则会继续求助于扶持政策，产生了“扶持政策—制造—扶持政策”的循环过程。这是政府与产业双向选择的结果，其结果将使得企业将大部分精力投入到非生产性活动，损害正常的企业创新行为，难以维持产业的长期健康发展。

政府补贴政策表面上是产业发展问题，但其却深刻影响着当代中国产业发展、企业行为与政府转型的典型特征。从根本上推动科创企业、创技园区发展，不仅需要深化企业改革，调整政府角色定位，还需要调整政府绩效考核方式与官员晋升机制，切实将地方政府从直接干预经济发展的过程中剥离出来，以此才可以有效地将补贴的救助型政策转变为激励型政策，真正将产业发展推到内涵式创新发展上来。针对政府补贴，政府应设定合理的政府补贴区间。只有适度强度的竞争性政府补贴才能有效地激励科创企业产品创新（包括增加创新量和延长创新持续时间），而过高的竞争性补贴则会诱使企业进行寻租和商业贿赂，进而削弱和损害了科创企业产品创新的积极性，因此政府对科创企业补贴时设定适度的补贴强度区间显得尤为重要。具体而言，政府在补贴之前要对目标企业的盈利、规划等情况进行科学评估，以此作为是否进行补贴的依据，此外，补贴额度和补贴方式要与科创企业的实际需求相挂钩，谨防出现过高强度的补贴。近些年，过高强度的政府补贴导致“寻租寻补贴”“饮鸩止渴”的负面信息屡见报端，比如，某些地方政府对一些像 LED 以及光伏等科技企业进行了高额度补贴，结果除去从政府那里所获得的补贴收入外，大多数企业的经营业绩都是亏损。其中的主要原因就是，高额度补贴产生的“挤出效应”弱化了企业自身对创新、研发的投入，使得企业想方设法地通过“寻租”去申请政府补贴，产生了大量政治关联的隐性成本，甚至政治资源的“诅咒效应”。

3. 科学选择政府补贴发放对象，最大化资金的社会成效

要增加政府补贴的针对性，合理确定补贴对象，真正将资金发放给那些有实力、有发展前景的科创企业。竞争性政府补贴也并不总是能带来科创企业绩效的提升，这里一个关键要素在于竞争性政府补贴所释放的关于目标科创企业的信号与企业创业导向所释放的信号是否是相匹配的。如果竞争性政府补贴发

放给了那些创业导向水平较低的企业，那么政府补贴在促进利益相关者增加对目标科创企业的正向合法性感知上将会大打折扣，甚至有可能会给它们造成这些企业具有不正常政治关联的不良印象，这都会使政府补贴的积极作用显著降低。这就要求政府在制定扶持政策时应当对扶持对象的资质进行进一步的要求，支持那些真正致力于创新和成长的科创企业，对那些“寻补贴”型企业、理应被市场淘汰的“僵尸企业”（Zombie Firms）坚决不予以资金支持。政府应当考虑重点支持具有高创业导向的企业，具备这一战略行为特质的企业更能够将政府补贴有效转化为组织合法性，从而形成持续的发展动力。

精准使用补助政策，优化政府补助项目，优选政府补助对象。要使政府补助项目精准作用于科技创新型企业，提升企业技术研发能力和产品附加值，进而提升企业经营绩效。可鼓励相关领域企业成立研发联合体，将财政科技创新类补贴政策主要用于支持研发联合体。通过研发联合体的科技创新成果助力企业提升技术水平与产品附加值，增强企业核心竞争力。同时，要特别注意避免科创企业出现由于获得政府补助而采取急速扩张或低价竞争策略的现象。对于成长期企业而言，提供财政补贴和信贷支持等措施将在一定程度上导致企业非理性加速扩张。特别是对于海外市场企业而言，政府应该审慎提供政府补贴。例如，中国光伏产业低价高量进入国际市场，遭遇美国和欧盟的双反调查，多家领军型企业由于市场萎缩和债务负担过重而破产重组。

对不同成长阶段、不同行业的科技创新型企业实施差异化政府补贴政策。政府在补助对象上要加以区分，避免“撒芝麻盐”方式，企业在初创期、成长期、成熟期、衰退期也应区别对待。有些企业或产业在发展初期规模较小、融资能力有限、需要资金量大、不确定性较高，政府补贴应起到更好的支持和激励作用；对于有一定规模的科技型企业而言，其体量和资产规模较大、融资能力较强、资金雄厚，更宜使用财政贴息的方式，不仅可以节省财政资金，还能撬动社会资金进入科技创新领域，起到杠杆作用，进而提升企业经营绩效。在行业选择上，对传统科技企业，要重点考虑如何促进其产业升级，在进行研发经费资助和科研奖励的基础上，发展财政贴息方式，鼓励商业银行给予企业贷款，拓宽企业创新升级资金来源渠道。而对于新兴科技产业，应重点考虑人才引进及融资渠道扩展。落实政府在创新创业人才方面的扶持力度，制定人才引进专项补贴政策。在融资渠道方面，应充分发挥政府引导作用，发展风险投资，如由政府成立创业投资基金，将政府资金作为基金的一部分，采取专业化市场化基金管理模式，规定投资成功几年后，股份可以原价出让给基金投资者；如果基金经营失败，则损失由政府和投资者共同承担，以吸引社会资金进入，发挥政府引导作用。

4. 政府需要处理好与市场的关系，促进市场发挥其资源配置的决定性作用

政府须充分发挥“市场在资源配置中的决定性作用”，充分利用市场机制优胜劣汰。同时，深入论证自身的行为决策可能产生的结果，慎重对待各项政策。政府对企业的支持不仅限于给予企业的有形资金，这种支持还可能具有认证效应，对社会受众，特别是市场中投资者的行为产生显著影响，这在更大程度上影响了社会总体的资源配置。对于目前制度环境尚不健全的特殊情境，政府的行为决策应建立在尊重市场决定资源配置这一基本市场经济规律的前提下，明确政府的职能和作用，处理好政府与市场的关系。逐步探索政府补贴退出机制，激活企业的内在动力。政府补贴作为促进新兴科技产业发展的重要手段，重点在于培育初期的引导作用，通过援助之手将产业扶持到正确的轨道上来，但是战略性新兴科技产业的最终成长还是需要市场来主导，政府既不能无所作为，也不能过度干预。随着科技产业的深入发展，需要逐步退出，发挥市场的主导力量，让“无形的手”推动企业加强技术创新，强化企业群体自我更新、自我淘汰的机制，使其在良性竞争中发展壮大，真正做到“政府引导、市场决定、企业自主”。政府补贴的逐步减少可以依据产业发展状况如技术发展程度和产能状况等相机抉择，并把退出时间表和路线图以合适的方式传达给消费者和生产者，使他们有合理预期，从而避免市场剧烈震荡。

加强和完善地区知识产权保护制度，以提高政府补贴的创新激励作用。政府补贴的科创企业创新激励效应能否得到有效的发挥还与所在地的知识产权保护程度紧密相关。因此，进一步完善与加强地区的知识产权保护制度不仅可以直接促进科创企业开展新产品创新活动，而且还能强化政府补贴对科创企业产品创新的激励作用，因此对于提升政府补贴的效率具有重要的意义。为了营造中国各地区良好的知识产权制度环境，在立法方面，应当进一步健全与完善知识产权保护有关的法规法律，不断提高其可操作性，要合理适度、循序渐进地对知识产权进行保护，以促进企业充分利用补贴收入进行研发创新；在执法方面，应当加强对知识产权的执法力度，要进一步完善地区之间以及部门之间的执法联动协作机制，加大对知识产权侵权的惩罚力度，借助增大违法机会成本来有效地遏制侵权行为的发生。除此之外，还要逐步统一与集中行政执法队伍，尤其要彻底改观政出多门、政令不一和各行其是的执法现状，以切实提高

知识产权保护的执行效率。

切实转变政府补贴重心，从着重补贴企业转向着力建设配套设施，使科技产品更好更快地适应市场，为科创企业市场获利创造条件，从而减少资源流向社会资本投资。由于产品市场需求会显著负向影响企业社会资本投资程度，对创新的引导应该考虑市场需求的拉动作用。以往的政策往往更加重视通过技术创新驱动产业内生增长，对科创企业进行补贴，但战略性新兴科技产业的需求状况、消费者接受程度也是决定产业能否顺利发展的必要条件。由于战略性新兴科技产业处于发展的初期阶段，消费者需求处于较低端水平，加之路径依赖问题，对新兴产品需求量相对较小，市场存在较为严重的产销脱节现象，因此，应该转变政府补贴重点，由供给侧激励转向需求侧引导。引导的着力点在于破除对传统产品的路径依赖，建设新兴科技产品市场配套，清除新兴科技产品推广的外部障碍，同时要防范可能的滥用。政府的优势是可以集中力量进行多部门协作和大规模投资，从而使新技术迅速转化为生产力，劣势是对技术不熟悉，因此政府应当扬长避短，把技术路线的确立交给市场，而在推广和市场配套建设上给予企业支持，集中资金优先解决具有外部性的公共设施和服务的问题。政府可以通过政府采购、建立示范园区、对消费者进行补贴等手段让新产品和新技术被更多的消费者了解和接受，激发市场需求。除了这些传统手段外，政府还可以将战略性新兴科技产业的基础设施建设如智能电网、物联网、电动车充电站等纳入城市建设发展的总体规划中，以此帮助企业加快突破市场瓶颈。

5. 政府需要建立透明完善的补贴机制，引入动态的补贴调整机制

政府要建立透明完善的补贴机制，严格监督政府的财政补贴支出决策过程。并且，政府的自由裁量权过大是造成科创企业热衷于社会资本投资的原因，寻租利益分配更倾向于“参与者有份”规则，容易造成政府补贴“撒胡椒面”，制约政府补贴效果的发挥，故还应对补贴使用效果进行严格监督及审查，切实发挥补贴在提升科创企业生产率上的作用。

政府对补贴政策的制定不能一成不变，而要引入动态调整机制。在决定是否给予科创企业补贴方面，可以考虑将有意向接受补贴的科创企业信息进行披露以接受公众监督，进而降低信息不对称。对于已接受补贴的科创企业，政府应当对其在受补贴之后的绩效进行定期的评估，及时审计、跟踪补贴的使用情况，并根据审核结果来决定究竟是增加还是减少补贴力度抑或是终止补贴。此

外，政府需要动态地将补贴强度下调至适度区间，以建立政府补贴准出机制。现实中政府给予科创企业的补贴强度近年来不断提高，因此须通过这种动态调整机制来防止科创企业将政府补贴作为扭亏盈利的“法宝”，以切实发挥补贴在激励企业创新和提升其市场竞争力上的作用。

此外，长期性、动态性的企业补贴计划的设计，可以弱化高额补贴对科创企业生产率的抑制作用。其中，动态性主要指政府应在实施补贴后定期对科创企业利用补贴的成果进行评价和审核，若发现其表现与事前释放出的信号不一致，则可以中止对该科创企业的补贴；长期性主要指政府应制订长期补贴计划，使得科创企业会仔细权衡短期收益与长期收益的利弊得失。

6. 建立公开评审制度，创造公平竞争的制度环境

尽快完善政府补贴细则，建立公开评审制度。对政府补贴的事由、金额在信息披露方面做出强制性规定，压缩政府利用补贴的寻租空间。由于政府补贴的较大自由裁量权会导致科创企业热衷于社会资本投资，完善政府补贴机制是当务之急。补贴机制设计应充分考虑企业对政府补贴的反应，改革现有审批制度，以减少政企寻租现象的发生。要建立公开、透明的补贴资格审查机制。政府应重视政府行为决策附加的认证效应及其重要影响力，严肃对待政府主导的各项评审，保证评审的专业化、科学化和规范化，公平公正地对待所有参评企业，维护政府认证的权威。同时保证政策的科学性和连贯性，发挥政府在市场中的积极作用，为高科技企业的健康发展提供更好的市场环境。

降低地方政策自由裁量权，推进国家政策细化。中央出台的补贴政策多属于纲领性文件，细则制定和具体实施由地方政府决定，这样一来，地方政府在补贴对象选择上拥有相对过高的自由裁量权。不过，国家政策也在逐步推进和细化。有必要从国家政策上降低地方政府在补贴对象选择上过高的自由裁量权，强化对政府补贴政策法规的刚性约束。可以尝试引入第三方审计，加强对补贴的跟踪监控，确保扶持企业研发活动而不是扶持企业本身，使企业不进行创新就不能获得非生产性收入，避免“撒胡椒面”式的补贴，创造公平竞争环境。财政分权体制产生的地方政府之间的竞争机制，使得中国整体经济突飞猛进，然而，面对经济发展的业绩竞争、政治竞争、资本要素市场的完善，财政分权体制的局限性也日益显现。以经济指标考核地方政府绩效，会导致地方政府恶性盲目竞争。针对要素市场的市场化进程滞后于产品市场的市场化进程的状况，国家制定下一步创新战略的时候应注意全面加快和推进要素市场的市场

化改革和进程，积极推进产品市场的改革，对两级政策要素市场的定价权和管制权也要逐步放开，改善这两者之间“不对称”的现象。

加大对虚假补贴资格的科创企业进行惩罚的力度，提供公平自由的竞争环境。经济学家诺思曾指出：一个社会如果没有实现经济增长，那就是因为该社会没有为经济方面的创新活动提供激励，也就是说，没有从制度方面去保证创新活动的行为主体应该得到的最低限度的报偿或好处。以绩效评价为基础，配套相应的奖罚措施，对绩效好的科技创新型企业加大补助力度，对绩效较差的企业减少补贴或者不再补贴，以避免寻租行为。加大对虚假补贴资格的科创企业进行惩罚的力度，要通过规范补贴的资格评审机制来切实降低不符合补贴资格企业的“寻租行为”的发生，以使补贴资源得到更合理的利用。进一步加快落后地区的市场化进程，制定严格的产权保护政策与法律法规、提高资本市场融资效率，提供公平自由的竞争环境，从而减少民企的寻租动机。完善和加强低市场化程度地区的政府补助监管是防止企业利用治理环境进行寻租的制度保障。对政府补助资金应建立严密的监督和审核机制，严格控制政府补助资金的使用，提高政府补助效率。建立产权激励主要是指通过法律确认技术创新者对其创新成果拥有产权，并通过法律保护使这种产权具有排他性，创新者可以垄断使用。因此，政府除了应进一步加强政府补贴政策之外，还需建立和完善配套的政策措施，以保障企业充分享有技术研发专利和知识产权，从而营造出良好的产业研发创新氛围。

第二节　促进企业科学认知、申请并效用化科创企业政府补贴的对策建议

1. 提高认知，准确认识普惠性与竞争性政府补贴差异化的影响机制

相对于普惠性政府补贴，竞争性政府补贴对科创企业的成长存在间接影响，这种间接作用借助组织合法性得以传递。也就是说，竞争性政府补贴作为政府释放的对科创企业认可的信号，它有助于利益相关者对科创企业做出肯定性的评价，从而提升投资者和雇员对科创企业的合法性评价，进而正向影响科创企业绩效。普惠性政府补贴和竞争性政府补贴中的资金流入效应会随着时

间的推移而显著降低，这也就意味着，如果企业在获取政府补贴后没能形成自身的核心竞争力，那么政府补贴对企业自身发展的作用将是十分有限的。而当资金再次耗尽时，企业只能通过再次申请政府补贴来维持生存，暂不考虑政府是否会再次给予补贴的问题，即使是给了，这样一种依赖政府补贴生存的方式对于科创企业的长期发展也是极为不利的。正如魏志华等（2015）所建议的，“尽管政府补贴对企业发展大有裨益，企业可以争取但不能依赖财政补贴来谋发展”。

另外，即便是获得了具有认证效应的竞争性政府补贴的科创企业，也并不一定能成功将政府补贴转化为利益相关者对科创企业的正向合法性感知，转化的关键要素还在于企业是否呈现出高创业导向。这对于企业的启示在于，利益相关者对目标企业的合法性评价往往并不是仅通过单一信号做出的。如果企业所呈现出来的并不是一种谋求发展的状态（如低创业导向），那么利益相关者并不会仅仅因为其获得了竞争性政府补贴而对其做出正面的合法性评价。更明确一点地说，如果利益相关者认为企业并不具备获取竞争性政府补贴的条件时，竞争性政府补贴的认证效应将会大打折扣，甚至会出现无作用、负作用的情形，此时，竞争性政府补贴对企业的作用将与普惠性政府补贴毫无差别，只存在资金流入的作用。

2. 塑造高创业导向，进一步强化竞争性政府补贴对组织合法性的提升作用

创业导向作为一种体现企业具有创新性、风险承担性和先动性的良性战略姿态，有助于加深外部利益相关者对于获得竞争性政府补贴的科创企业的正向感知，使其对科创企业的生存概率和发展前景有一个更良好的预期，进一步推动竞争性政府补贴转化为利益相关者对科创企业的正面的、稳定的合法性评价，进而增加其持续为科创企业提供资源、网络以及其他有助于科创企业成长的行为的意愿。当创业导向所释放的信号与竞争性政府补贴所释放的信号一致时，它会强化竞争性政府补贴所释放的信号的影响，而当创业导向所释放的信号与竞争性政府补贴所释放的信号相冲突时，它会弱化竞争性政府补贴所释放的信号的影响。

利益相关者对一个目标企业的评价很可能是在多重信号交织的“嘈杂”（Noisy）环境中进行的（Connelly et al., 2011）。由于科创企业缺少足够的向利益相关者释放信号的渠道，利益相关者通常会依托第三方组织所释放的信号来对目标科创企业进行评价，如投资者有可能会依托科创企业所拥有的专利及创

新产品数量（政府科技部门和科技查新部门释放的信号）来评价该企业的技术和产品竞争力，雇员可能会依托科创企业是否拥有风险投资机构注资来判定该企业的预期发展前景。但同时，利益相关者也会主动去收集一些有关科创企业的信息，从而来进一步强化或质疑这些第三方机构所释放的信号的真实性。从更广义的角度来看，科创企业应该主动向外部利益相关者展现它们所期望看到的战略特质和行为模式，而这正是外部利益相关者评价科创企业合法性的核心标准。

3. 匹配政府补贴与其他情境条件，开拓进取谋求可持续性创业

政府补贴类型、资源、制度三重条件并发协同效应的存在揭示了政府补贴科创企业的复杂性。这意味着政府可以基于现有的制度环境，在“整体视角”下着力于多重条件之间的适配，考察科创企业的资源禀赋，科学选择政府补贴对象，支持那些真正致力于持续性创新和成长的科创企业，对那些“寻补贴”型企业、理应淘汰的“吸血僵尸”不给予资金支持，使竞争性政府补贴发挥成效。同时，政府还需通过完善制度环境（如加大知识产权保护法执法力度）来破除企业融资约束等资源条件的约束，促进企业持续性创新。

科创企业应开拓进取，强调可持续性创业。对于科创企业而言，持续性创业对企业绩效至关重要，在很大程度上决定了“能不能成功创业”的问题。企业是否进行可持续创业受制度环境的影响，可能会被动地不进行持续性创业行为，但企业可以通过自身资源的获取、调节主动地进行持续性创业。此外，科创企业应不走极端，深入推进“双创”战略，影响企业绩效的原因具有非对称性，非高企业绩效的原因并不能根据高企业绩效的原因来逆向推导。故科创企业要理智看待创新，不应该盲目认为高绩效的经验对立面都是非高绩效的教训。同样地，也不该极端地认为彻底改变非高绩效的因素就能提升企业绩效。同时，改善政府补贴成效的困境亟须理解与宏观制度层面和微观资源层面的协同联动，单纯提高补贴金额不能产生完全的正效应。

4. 从自身需求出发，关注政府补贴信号传递以谋取更多创新资源

政府补贴对激活科创企业起着至关重要的作用。政府应在补贴发放时发挥政府政策性供给的作用，明确补贴分类的治理对象。作为科创企业成长过程中重要的合法性赋予者，政府不仅应在实施政策激励大众创业、万众创新的同时，有重点地“扶持强者”，激励企业充分发挥主观能动性、展现产品创新优

势，而且应加大，特别是疫情背景下，对“鼓励弱者”的普惠性补贴资金的支持力度，建立公开、透明的补贴资格审查机制。

科创企业应积极申请政府补贴，并效用化政府补贴。科创企业应正确认识竞争性和普惠性两类不同政府补贴的作用路径和可持续性效应，充分发挥政府补贴的有利影响，推动企业外部利益相关者对于其获得政府补贴的正向感知。科创企业应从自身需求出发，科学评价自身的战略规划、财务状况等，充分认识竞争性和普惠性补贴的影响机理，展现创新实力，注重补贴的信号传递效应，将政府补贴资金用在刀刃上的同时积极谋求从其他渠道获取创新资源，将政府补贴对企业发展的持续性影响落到实处。值得注意的是，无论政府补贴是“鼓励强者”还是“扶持弱者”，科创企业外部投资者都应慎重考虑补贴对企业的影响，从价值投资理念出发，客观评价政府补贴的使用效能。

5. 了解各类政策补贴侧重点，结合自身成长阶段合理申报并效用化

不同部门有不同的政策侧重点，企业可根据行业特性、主管部门政策等进行选择。首先，横向根据行业特性选择。每个主管部门都会有针对不同行业的补贴，侧重点不同补贴力度不同。比如，软件行业可以在工信局和商务局获得较多补贴，但在科技局不如电子信息、生化医药获得的补贴多。其次，纵向根据每个主管部门的政策进行匹配。除了行业类专项补贴，每个部门都有适合多数企业的大众项目补贴，如科技局的研发补贴、人社局的人才奖励、市场监督管理局的品牌奖励等都适合大多数行业，不能错过。不同政府部门对应的申报类型，如表 7-1 所示。

表 7-1　不同政府部门申报政策类型表

申报部门	申报政策类型			
科技局	技术开发类	平台建设类	创新创业类	成果奖补类
工信局	产业化补贴	信息化专项	技术改造类	市场拓展类
发改委	战略性项目资助	新兴产业补贴	重大建设补贴	平台类补贴
商务局	电子商务类	会展类补贴	外贸类补贴	都市消费专项
人社局	人才奖励	保险补贴	用工奖励	教育培训补贴
市场监管局	品牌商标类	质量奖励	知识产权补贴	标准化奖励

资料来源：笔者整理。

科技企业从刚开始注册成立到发展壮大、再到融资上市，中间所有的阶段和环节，只要申报得当，都可以获得政府的财税政策支持。初创期，初创企业没有足够资金以及资源，可以根据自身的行业领域、资产规模、成本投入情况、知识产权情况及销售情况等选择关注支持企业技术研发、技术服务、成果产业化、信息化建设、固定资产投资建设等的资金补助类或贷款贴息补助类政策。成长期，成长企业市场占有率上升、市场竞争力逐步增强、企业规模逐渐提升，在行业及各大竞争对手中崭露头角，须重视完善自身各方面体系建设和持续技术创新，可以关注成果转化奖励类政策、研发投入补贴类政策、新三板上市扶持政策等。成熟期，成熟企业规模、销量、利润都达到了最佳状态，营销、生产与研发能力处于鼎盛时期，企业可以根据自身技术积累、团队优势承担一些国家级科技计划课题，或选择申报国家级专项资金、科学技术奖等，同时可积极参与行业标准、国家标准的制定。转型期，在经历了发展、成长、成熟三个阶段后，科技企业可能面临衰退，须在衰退期到来之前进行企业转型，可以多关注政府关于技术改造等方面的专项资金支持。

第三节　本章小结

本章对应本书第一、第三章提出的研究4。基于前文的理论和实证研究，本章着重进行政策分析，提出了促进政府精准补贴的决策借鉴，以及制定并完善科创企业政府补贴政策的对策建议；并重点梳理出了引导科创企业创新发展的决策借鉴，以及促进企业科学认知、申请并效用化科创企业政府补贴的政策参考。

对于促进政府精准补贴、制定并完善科创企业政府补贴政策，本章提出了六点建议：继续加强对科创企业的财政扶持力度，重点优化投入结构；重视竞争性和普惠性政府补贴的作用差异，变救济型政策为激励型政策；科学选择政府补贴发放对象，最大化资金的社会成效；政府需要处理好与市场的关系，促进市场发挥其资源配置的决定性作用；政府需要建立透明完善的补贴机制，引入动态的补贴调整机制；建立公开评审制度，创造公平竞争的制度环境。

对于促进企业科学认知、申请并效用化科创企业政府补贴，本章提出了五点建议：提高认知，准确认识普惠性与竞争性政府补贴差异化的影响机制；塑造高创业导向，进一步强化竞争性政府补贴对组织合法性的提升作用；政府补贴与其他情境条件的适配，开拓进取谋求可持续性创业；自身需求出发，关注政府补贴信号传递以谋取更多创新资源；了解各类政策补贴侧重点，结合自身成长阶段合理申报并效用化。

第八章

研究结论与未来展望

为解决政府补贴和科创企业绩效的悖论，本书研究围绕“如何最大化科创企业政府补贴成效”这一根本问题，分解出了“如何影响新创企业绩效”“影响绩效的边界在哪里”“是否可持续影响成效”3个子问题，通过对政府扶持资金的机理揭示、边界探索、成效与可持续性检验，明晰两类政府补贴在科创企业上的作用机理、情境机制和绩效评估，从而提高科创企业对资金补贴的正向认知，促进政府科学高效配置财政资源。本章主要是对本书的理论和实证研究结果进行归纳和总结。首先，根据理论和实证研究结果进一步归纳竞争性和普惠性政府补贴与科创企业成长的内在机理。其次，对本书的研究意义进行了总结。最后，对未来的研究进行了展望。

第一节　本书研究结论

科技创新是国家经济增长和经济结构调整优化的原动力，科创企业是技术创新的主体。科创企业由于新创弱性（Liability of Newness），多面临资金约束、组织合法性等问题，为了提高科创企业的存活率并促使其快速成长，中央和地方都出台了一系列财政扶持政策，“科创苗圃 + 孵化器 + 加速器 + 专业园区”的一体化科技服务体系也已基本形成。政府补贴是在一定历史时期下，政府出于特定的目的，直接或间接对微观经济活动主体（企业或个人）提供专项资金的一种无偿转移支付。然而，在实践界，补贴作为政府扮演“扶持之手”（Helping Hand）最直接的手段，其成效却差强人意，“寻补骗补”“饮鸩止渴”“吸血僵尸”等负面信息屡见报端，资金扶持的激励效应不足，治疗效应缺乏等问题初见端倪。在理论界，由于知识和技术的溢出效应（Colombo et al.，2013；周珊珊，2019）、政府扶持资金的挤出效应（Söderblom，2015；韩超，2014），学者们研究发现：政府补贴可能扭曲企业投资行为，并不一定促进企业研发投入，也并不必然影响企业生产率（Hottenrott，2017），政府补贴成效的研究呈现出“正向观—不相关观—负向观”悖论。

政府补贴成效的“正向观—不相关观—负向观”悖论在中国转型经济独特情境下较为凸显，因为转型经济下“摸着石头过河”的哲学思想，金融市场、产品市场等逐步变革的“实验型”特征，使得成效研究更加复杂。从分类治理上，现有研究较少去关注不同类型政府补贴在作用成效上存在的差异。因此，针对政策实施的补贴类别与影响机制，深入研究不同类型政府补贴的异质性效果，将成为化解补贴成效悖论的关键。

为此，本书理论和实证研究了竞争性和普惠性两类政府补贴的影响机制、治理边界、成效及可持续性检验，充分反映了国际理论前沿和中国情境政府扶持资源发展现实问题的紧密结合。具体说来，首先，本书进行了文献综述，识别了本书研究的切入点，即从制度和资源视角研究两类政府补贴与科创企业成长。其次，对竞争性和普惠性政府补贴对科创企业绩效的影响机制、治理边界、成效检验与可持续性影响进行理论分析，提出变量间统计关系、集合关系和动态面板数据经济关系三个概念模型。再次，大样本实证研究竞争性和普惠性政府补贴的机理揭示、边界探索、成效与可持续性检验，明晰两类政府补贴在科创企业上的作用机理、情境机制和绩效评估，从而提高科创企业对资金补贴的正向认知，促进政府科学高效配置财政资源。最后，总结与展望。总体上，形成了六个方面的研究结论。

第一，竞争性和普惠性政府补贴对科创企业绩效均存在显著的正向影响，但竞争性政府补贴由于合法性中介的存在其作用机理与普惠性不同，并且竞争性和普惠性政府补贴对科创企业绩效的正向影响会随着时间的推移而发生变化。研究发现，普惠性政府补贴对科创企业绩效的正向影响主要在于资源输入效应，而竞争性政府补贴对科创企业绩效的正向影响则存在两条路径：基于资源输入效应的直接影响路径；基于提升利益相关者（投资者、雇员和客户）对科创企业的合法性评价，从而促进这些利益相关者为科创企业持续提供资源的间接影响路径。此外，普惠性政府补贴对科创企业绩效（T_0）存在显著正向影响，对科创企业绩效（T_1）不存在显著正向影响。竞争性政府补贴对科创企业绩效（T_0）存在显著正向影响，（投资者、雇员和客户视角的）科创企业合法性在其中起到了部分中介作用；竞争性政府补贴对科创企业绩效（T_1）也存在显著正向影响，（投资者、雇员和客户视角的）科创企业合法性在其中起到了完全中介作用。这说明，如果政府补贴（如普惠性政府补贴）仅仅只能给科创企业带来资金的流入，那么对科创企业绩效的提升作用很可能是短暂的、不可持续的。但如果政府补贴（如竞争性政府补贴）能够发挥认证效应（Certification Effect），从而带来利益相关者对科创企业合法性评价的提升，那么政府补贴就能作为一种正向信号发送至利益相关者并内化为一种长期的认同或者正向感知，使利益相关者在后续较长一段时间内为科创企业提供源源不断的资源或资源获取便利性。

第二，创业导向对科创企业合法性存在正向影响，其不仅调节竞争性政府补贴对科创企业合法性的正向影响作用，也调节竞争性政府补贴借助组织合法性影响科创企业绩效的中介作用。研究发现，创业导向作为科创企业释放的一种反映企业战略特质的信号，它本身对（投资者、雇员和客户视角的）科创企业合法性存在正向影响，同时，它还会与竞争性政府补贴释放的信号一起对（投资者、雇员和客户视角的）科创企业合法性产生交互影响。企业的创业导向水平越高，竞争性政府补贴对（投资者、雇员和客户视角的）科创企业合法性的提升作用越强。此外，研究进一步指出，创业导向在竞争性政府补贴借助（投资者、雇员和客户视角的）组织合法性作用于科创企业绩效的间接影响中也存在调节作用，也就是说，企业的创业导向水平越高，竞争性政府补贴借助组织合法性影响科创企业绩效的作用越强；而企业的创业导向水平越低，竞争性政府补贴借助组织合法性影响科创企业绩效的作用越弱，甚至消失。

第三，非高绩效的驱动机制与高绩效驱动机制存在非对称性关系。科创企业的生存和发展是一个受多因素影响的复杂结果，政府补贴作用于创业绩效是一个多情境因素协同联动的复杂过程。本书以“组态视角”化解科创企业政府补贴成效的“正向观—不相关观—负向观”悖论，提供中国转型经济独特情境下的系统化理论逻辑。制度环境的损坏可能是影响科创企业非高绩效的重要因素，在缺乏知识产权保护的条件下，具有企业家精神和研发投入的企业创新成果难以受到保护，会导致企业不能进行持续创业行为，最后导致非高绩效。

第四，补贴类型、企业资源、制度环境均无法单独构成科创企业政府补贴实现的必要条件，而三类条件组态构成了高水平科创企业绩效的驱动路径。其中，存在 3 条等效路径，即竞争性政府补贴与制度环境构成的制度辅佐型路径，补贴类型、企业家精神和市场竞争构成的平衡辅佐型路径，强调竞争性政府补贴、企业资源和知识产权保护水平的制度—平衡辅佐型路径。其中，制度—平衡辅佐型路径在提升政府补贴成效上发挥着更加重要的作用。通过资源与制度交互下的创业可持续性来解释政府补贴科创企业高绩效实现构型，有助于揭开政府补贴影响创业绩效的黑箱。

第五，动态面板数据进一步验证了普惠性与竞争性政府补贴的成效，但补贴效果更多地体现“扶持强者”的特点；组织合法性是竞争性政府补贴促进科创企业成效提升的重要渠道，但在普惠性政府补贴和成效之间的传导中介作用不显著。科学运用 PSM-DID 方法，通过比较配对后实验组与控制组的差异化结果，能有效区分“时间效应”与“分组效应”，准确度量“政策处理效应”，而竞争性与普惠性政府补贴的政策处理效应考察有助于完整解析以打开悖论。此外，转型经济情境下科创企业受到了市场主导与政治主导双重制度逻辑的影响，资源获取和合法性桥接是科创企业争取政府补贴的原生动力。组织合法性在竞争性补贴与企业绩效之间的传导中介作用显著，而对于普惠性政府补贴来说却不显著，说明政府补贴“鼓励弱者”的效果并不明显而“扶持强者”的效果却较凸显，在一定程度上表明科创企业发挥主观能动性、展现产品创新优势的重要性。

第六，政府补贴总体上延长了科创企业绩效增长的持续时间，但主要体现在竞争性补贴上，“鼓励弱者”的普惠性补贴时延效应并不明显。利用动态面板数据，本书引入基于倾向得分匹配的生存分析模型，进一步探讨了普惠性和竞争性政府补贴对科创企业绩效增长持续时间的影响。正如 Le Mens（2011）所指出的“科创企业得以存续的关键不在于资源的存量而在于资源的流量”。研究结果表明，政府补贴的成效具有持续性，且这种持续性与政府补贴的类型相关，“扶持强者”的时延效应要显著高于“鼓励弱者”。相较于普惠性政府补贴，专家甄选式的竞争性政府补贴对科创企业不仅具有资源流入的直接影响，而且具有政府补贴对象选择导致合法性提升所带来的认证效应和政治关联效应，这一作用机理再次在补贴政策的可持续性研究里得到了间接印证，使得我们能够更为全面地科学评估科创企业成长过程中政府补贴发挥的实际效用。

第二节　本书研究意义

一、理论意义

本书重点关注了竞争性和普惠性两类政府补贴的影响机制、治理边界、成效及可持续性检验，理论意义主要表现为以下四个方面。

第一，从资源和制度的整合视角入手，提出了基于资源输入效应和基于合法性提升效应的两条政府补贴作用路径，并检验了竞争性和普惠性政府补贴在影响科创企业绩效上的路径差异性，深入揭示了不同类型政府补贴影响科创企业绩效的根本机理。

现有研究较少去关注不同类型政府补贴在作用成效上存在的差异。但正如 Colombo 等（2013）、杨洋等（2015）所指出的，“对创新补助资源细分类别的考察，特别是扶持资金是否具有竞争性，将是未来研究的重要方向和关键突破口”。此外，早期关于政府补贴与科创企业绩效的研究多是基于资源视角的基本观点和假设加以分析的，如政府补贴增加了科创企业的资金资源从而减缓了科创企业的资金耗竭速度进而增加了其存活时间和存活率（Furlan et al., 2014; Amezcua et al., 2013）。关于政府补贴间接作用的研究也已经证实，政府补贴有助于强化企业的创新能力（傅利平和李永辉, 2015），增加外部资金资源和人力资源获取渠道（Koski & Pajarinen, 2012），增加外部资金资源流入科创企业的可能性（Lerner, 1999; Feldman & Kelley, 2006），从而促进科创企业绩效的提升。但这些研究却忽视了政府补贴之所以可以吸引外部资源持续流入科创企业的根本原因。制度视角的研究已经表明，政府补贴得以成为能够获取外部资源的一种“特殊资源”的原因在于，这种代表权威机构的评价能够产生认证效应从而提升目标组织的合法性，但这一观点并未在大样本定量研究中得以证实。本书区分了竞争性和普惠性政府补贴对科创企业绩效的差异化影响机理，提出了基于资金输入和基于合法性提升的两条政府补贴影响路径，从而有效整合了制度视角和资源视角政府补贴影响科创企业研究的观点。本书的结论直接证实了政府补贴作为一种科创企业扶持政策，是具备 Amezcua 等（2013）所提出的缓冲（Buffering）和桥接（Bridging）两个作用机制的，其中缓冲作用主要来自政府补贴的资源输入效应，桥接作用主要来自政府补贴的认证效应。更进一步，本书还通过区分竞争性和普惠性政府补贴的差异化影响，进一步明确了哪些政府补贴具有缓冲作用，而哪些政府补贴具有桥接作用，从而拓展了现有研究的认识。

第二，提出了一个基于时间可持续性的竞争性和普惠性政府补贴影响科创企业绩效的权变模型，和一个基于创业导向的竞争性政府补贴借助组织合法性影响科创企业绩效的权变模型，从而明确了政府补贴影响科创企业绩效的两个情境因素，拓展了关于政府补贴作用边界条件的现有研究认识。

本书关于竞争性和普惠性政府补贴在影响科创企业两期绩效上存在差异性的研究发现，揭示了基于资源输入效应和基于合法性提升效应的两条作用路径是具有时间依赖性的（Time-dependent）。此外，本书验证了创业导向和竞争性政府补贴分别作为企业自身和外部权威主体释放的信号，会对利益相关者关于目标科创企业的合法性评价产生交互影响，从而使创业导向在竞争性政府补贴借助组织合法性影响科创企业绩效的中介效应中起到调节作用，这一结论深入揭示了竞争性政府补贴得以发挥作用的复杂作用机理，也证实了科创企业在借助信号释放和信号互动来改变利益相关者感知上的主观能动性。在这里，创业导向对竞争性政府补贴的作用发挥起到了一个“阀门”的作用，只有当企业具有高创业导向时，竞争性政府补贴借助组织合法性影响科创企业绩效的路径才会“开启”。这一研究发现拓展了以往关于创业导向和科创企业绩效的研究观点，以往的研究更多的只是关注于创业导向对科创企业绩效的直接影响，创业导向所呈现出的企业在行为倾向、决策模式上的特征对组织如何利用以及能否正确利用外部资源从而将其转化为企业绩效上间接作用（Richard et al., 2004; Li et al., 2008; Wales et al., 2013; 胡望斌等 , 2014），本书则创新性地从信号视角考察了创业导向影响科创企业绩效的另一种可能路径。

第三，应用模糊集的定性比较分析（fsQCA）对多因素条件进行构型分析，强调资源和制度互动对科创企业的可持续创业效应的影响，从而更好地发现政府补贴的适应性治理机制。

以“组态视角”化解科创企业政府补贴成效的“正向观—不相关观—负向”观悖论，提供中国转型经济独特情境下的系统化理论逻辑。通过使用 fsQCA 方法，本书不仅厘清了政府补贴科创企业成效实现构型的等效驱动机制和条件替代关系，还发现创业绩效驱动机制存在因果的非对称性。这充分体现出 QCA 方法突破了线性回归中因果关系效应的统一的对称性假设，能挖掘出某个结果出现与否的更加细腻的解释，能更好地解释政府补贴驱动科创企业绩效的差异性和条件相互依赖的组态效应。此外，科创企业政府补贴成效的多情境解释，拓展了权变理论。对政府补贴高成效的解释，要么是企业的宏观制度环境，要么是微观内部资源。本书通过资源与制度交互下的创业可持续性来解释政府补贴科创企业高绩效实现构型，这有助于揭开政府补贴影响企业绩效的黑箱。因此，本书拓展了政府补贴边界条件的现有研究，引入资源与制度交互下的创业可持续性视角，使政府补贴、制度逻辑与微观资源的联动机制浮出水面。

第四，综合运用基于倾向得分匹配的倍差法（PSM-DID）和生存分析方法，从资源与制度整合的视角进一步考察普惠性和竞争性政府补贴对科创企业绩效的成效与可持续性影响。

科学运用 PSM-DID 方法，通过细分竞争性与普惠性补贴的异质性效果，以期化解“正向观—不相关—负向观”的悖论。创新补贴分类别的细分考察是解析成效悖论的关键，现有政府补贴成效的研究多将政府补贴视作综合性扶持资金，多采用宏观层面的加总数据进行普通最小二乘法（OLS）估计，难以避免样本选择偏差与内生性偏差。PSM-DID 方法通过比较配对后实验组与控制组的差异化结果，能有效区分“时间效应”与“分组效应”，准确度量“政策处理效应”，竞争性政府补贴成效优于普惠性政府补贴成效的实证结果上一定程度上证明了 Colombo 等（2013）、杨洋等（2015）所提出的不同类型政府补贴成效差异的猜测。此外，引入基于倾向得分匹配的生存分析模型，进一步探讨了普惠性和竞争性政府补贴对科创企业绩效增长持续时间的影响。进而发现：“扶持强者”的时延效应显著高于“鼓励弱者”，相较普惠性政府补贴，专家甄选式的竞争性政府补贴对科创企业不仅具有资源流入的直接影响，而且具有政府补贴对象选择导致合法性提升所带来的认证效应和政治关联效应。

二、实践意义

本书突破了以往研究仅关注于政府补贴作为一种直接的资金输入可能对科创企业绩效产生影响的单一视角，从制度视角和资源视角相结合并相对比的联合视角入手，深入揭示了在中国转型经济情境下政府补贴影响科创企业绩效的复杂作用机理。研究结论对政府以及科创企业都有着直接的现实启示。

本书的实践意义在于为科创企业科学认知政府补贴提供指导意见，为政府利用政府补贴引导科创企业创新发展提供政策建议。具体说来，本书的实践意义在于以下两方面：

一是对于科创企业而言，有助于帮助其科学认知政府补贴、效用化使用补贴，促进科创企业成长。科创企业应当提高认知、塑造高创业导向，准确认识普惠性与竞争性政府补贴差异化的影响机制，强化竞争性政府补贴对组织合法性的提升作用和可持续性影响；从整体视角看待政府补贴与其他情境条件的适配，科学看待政府补贴类型与组织资源、制度环境的组态效应，开拓进取谋求可持续性创新；应结合自身成长阶段，从自身需求出发，关注政府补贴信号传递以谋取更多创新资源。

二是对于政府而言，有助于帮助其制定与完善科创企业政府补贴政策，精准补贴，引导科创企业创新发展。科学选择政府补贴发放对象，优化投入结构，加强对科创企业的财政扶持力度，最大化资金的社会成效；注意竞争性和普惠性政府补贴的作用差异，变救济型政策为激励型政策，处理好与市场的关系，促进市场发挥其资源配置的决定性作用；建立公开的评审制度和透明完善的补贴机制，引入动态的补贴调整机制；创造公平竞争的制度环境。

第三节　未来研究展望

本书认为在如下几个方面存在进一步研究或突破的空间。

第一，如何科学测量组织合法性并拓展定量研究。组织合法性的测量问题现阶段仍存在着广泛的分歧，学者在组织合法性这一复杂构念的定义及理解上的偏差和不一致导致了组织合法性测量研究进展的缓慢，但必须承认的是，组织合法性在深入理解许多社会现象及主体行为上具有很强的解释力，这也正是为何那么多学者关注这一研究主题的原因所在。在定性研究日趋丰富的现实背景下，如何科学测量组织合法性并拓展定量研究，显然将成为未来组织合法性研究的一个关键内容。正如，Suddaby 等（2017）所指出的，“合法性学者需要在现有研究方法上补充新的方法”。因此，未来的研究者可以借助更多的方法去探讨和测量组织合法性，如内容分析法、设计更为成熟的量表、实验法（Suddaby et al., 2017）。

第二，关于更多企业层面内外部信号问题的研究。自信息不对称理论提出以来，经济学者和管理学学者均对信号问题的研究产生了浓厚的兴趣。在战略和创业管理领域，信号理论在研究企业的IPO（Park et al., 2016; Gomulya & Mishina, 2017）、资源获取（Plummer et al, 2016）、财务和成长绩效（杜运周和张玉利, 2012; 杜运周和李毛毛, 2012; 杜运周等, 2012; Söderblom et al., 2015; 项国鹏和黄玮, 2016）上均已经得到了广泛的应用。这些研究的一个基本假设是，目标企业自身所释放的信号以及目标企业内外部主体所释放的有关于企业的信号，都会对利益相关者对企业的感知产生影响，从而决定利益相关者面向目标企业的后续行为表现（支持行为还是敌对行为）。但早期的研究更多地只探讨了单一信号的影响，本书研究则创新性地探讨了两种信号的协同影响，即目标企业自身所释放的信号以及目标企业内外部主体所释放的有关于企业的信号的交互影响作用。当然，现实中的情况可能还更加复杂，如存在两种以上信号的情形，因此，未来的一个有价值的研究方向是，多重信号影响下的利益相关者的态度和行为取向。此外，随着定性比较分析（Qualitative Comparative Analysis）方法的兴起，学者在组态分析上又多了一个有效的分析工具，这有助于突破定量分析在解释三个以上变量交互作用的局限性。学者已经就QCA方法在探索多个自变量对因变量的复杂交互作用上的优越性达成了一致见解（Ragin, 2014; Fiss, 2007; 杜运周和贾良定, 2017），一些学者也应用QCA方法开展了一系列的实证研究（Fiss, 2011; Crilly et al., 2012; Misangyi & Acharya, 2014）。本书认为，QCA方法在探索多重信号的复杂作用机理上也有着广泛的应用前景，它有助于了解在多重信号的情境中，哪些信号对于利益相关者的态度和行为取向来说是最为重要的，或者说相对于其他信号来说是更为重要的，从而解决在多重信号情境中不同信号的影响力和可信度问题。

第三，未来可以开展对科创企业的动态案例跟踪研究。本书所提出的政府补贴驱动科创企业绩效的前因组态、面板数据研究仍然存在如下局限：由于案例有限性限制，研究提出的前因条件数量受到一定限制；除知识产权保护水平和市场竞争强度之外，还存在文化、政治等创业要素；选择当期绩效作为结果变量，未排除科创企业自身成长性带来绩效增长的可能。因此，需要在未来开展对科创企业的动态案例跟踪研究。我们已进行的研究，缺乏外部资源流入、利益相关者认可的动态变化过程，未来研究可以开展对科创企业的动态案例跟踪，比对性研究竞争性和普惠性两类政府补贴的引入所引发的组织变革和绩效变化的过程。

第四，关于政府补贴具体作用机理的更为细致的探索问题。由于是采用大样本统计分析的方法来开展研究的，尽管能够反映出政府补贴对科创企业绩效的影响结果和基于理论研究的作用机制分析，但对于政府补贴在影响科创企业绩效的动态性变化上的定性描述仍然是不足的。考虑到组织合法性更多地描绘的是外部利益相关者主体对目标组织的主观性评价，这种评价在达到一个既定水平前可能是动态变化的（Fisher et al., 2016），因此，如果能够借助案例研究考察科创企业在获取政府补贴后一个固定周期内的合法性变动情况、资源变动情况和绩效变动情况，那么将有助于进一步拓展本书研究的有关结论，并且对于学者深入认识科创企业合法性的形成以及这些合法性最终是如何推动资源流入和绩效提升的，都将有极其重要的贡献。

参考文献

REFERENCES

[1] Ahlstrom, D., Bruton, G. D. Learning from successful local private firms in China: Establishing legitimacy [J]. *Academy of Management Executive*, 2001,15(4): 72–83.

[2] Ahmad, A. J. A mechanisms-driven theory of business incubation [J]. *International Journal of Entrepreneurial Behavior & Research*, 2014, 20(4): 375–405.

[3] Aiken, L. S., West, S. G. *Multiple regression: Testing and interpreting interactions* [M]. Newbury Park, CA: Sage, 1991.

[4] Aldrich, H. E., Fiol, C. M. Fools rush in? The institutionalcontext of industry creation [J]. *Academy of Management Review*, 1994, 19(4): 645–670.

[5] Aldrich, H. E., Ruef, M. *Organizations evolving* [M]. London: Sage, 2006.

[6] Amburgey, T. L., Rao, H. Organizational ecology: Past, present, and future directions [J]. *Academy of Management Journal*, 1996, 39(5): 1265–1286.

[7] Amezcua, A. S., Grimes, M. G., Bradley, S. W., Wiklund, J. Organizational sponsorship and founding environments: A contingency view on the survival of business-incubated firms, 1994–2007 [J]. *Academy of Management Journal*, 2013, 56(6): 1628–1654.

[8] Anderson, E. W., Sullivan, M. W. The antecedents and consequences of customer satisfaction for firms [J]. *Marketing Science*, 1993, 12(2): 125–143.

[9] Anderson, B. S., Kreiser, P. M., Kuratko, D. F., Hornsby, J. S., Eshima, Y. Reconceptualizing entrepreneurial orientation [J]. *Strategic Management Journal*, 2015, 36(10): 1579–1596.

［10］Ashforth, B. E., Gibbs, B. W. The double-edge of organizational legitimation [J]. *Organization Science*, 1990, 1(2): 177–194.

［11］Åstebro, T., Yong, K. Invention quality and entrepreneurial earnings: The role of prior employment variety[J]. *Entrepreneurship Theory and Practice*, 2016, 40(2): 381–400.

［12］Bagozzi, R. P., Yi, Y., Phillips, L. W. Assessing construct validity in organizational research [J]. *Administrative Science Quarterly*, 1991, 36(3): 421–458.

［13］Bagozzi, R. P., Yi, Y. On the evaluation of structural equation models [J]. *Journal of the Academy of Marketing Science*, 1988, 16(1): 74–94.

［14］Baluku, M. M., Kikooma, J. F., Kibanja, G. M. Psychological capital and the startup capital-entrepreneurial success relationship [J]. *Journal of Small Business & Entrepreneurship*, 2016, 28(1): 1–28.

［15］Bansal, P., Clelland, I. Talking trash: Legitimacy, impression management, and unsystematic risk in the context of the natural environment [J]. *Academy of Management Journal*, 2004, 47(1): 93–103.

［16］Barney, J. Firm resource and sustained competitive advantage [J]. *Journal of Management*, 1991, 17(1): 99–120.

［17］Barrick, M. R., Thurgood, G. R., Smith, T. A., Courtright, S. H. Collective organizational engagement: Linking motivational antecedents, strategic implementation, and firm performance [J]. *Academy of Management Journal*, 2015, 58(1): 111–135.

［18］Baron, R. M., Kenny, D. A. The moderator–mediator variable distinction in social psychological research: Conceptual, strategic, and statistical considerations [J]. *Journal of Personality and Social Psychology*, 1986, 51(6): 1173–1182.

［19］Barron, D. N. Pathways to legitimacy among consumer loan providers in New York City, 1914–1934 [J]. *Organization Studies*, 1998, 19(2): 207–233.

［20］Bartz, W., Winkler, A. Flexible or fragile? The growth performance of small and young businesses during the global financial crisis – evidence from Germany [J]. *Journal of Business Venturing*, 2016, 31(2): 196–215.

［21］Basso, O., Fayolle, A., Bouchard, V. Entrepreneurial orientation: The making of a concept [J]. *The International Journal of Entrepreneurship and Innovation*, 2009, 10(4): 313–321.

［22］Batjargal, B., Hitt, M.A., Tsui, A.S., Arregle, J., Webb, J.W., Miller, T.L. Institutional polycentrism entrepreneurs' social networks, and new venture growth [J]. *Academy of Management Journal*, 2013, 56(4):1024–1049.

［23］Baum, J. R., Bird, B. J. The successful intelligence of high-growth entrepreneurs: Links to new venture growth [J]. *Organization Science*, 2010, 21(2): 397–412.

［24］Baum, J. R., Bird, B. J., Singh, S. The practical intelligence of entrepreneurs: Antecedents and a link with new venture growth [J]. *Personnel Psychology*, 2011, 64(2): 397–425.

［25］Baum, J., Locke, E., Smith, K. A multidimensional model of venture growth [J]. *Academy of Management Journal*, 2001, 44(2): 292–303.

［26］Baum, J. A., Oliver, C. Institutional linkages and organizational mortality [J]. *Administrative Science Quarterly*, 1991, 36(2): 187–218.

［27］Baum, J. A. C., Powell, W. W. Cultivating an institutional ecology of organizations: comment on Hannan, Carroll, Dundon and Torres [J]. *American Sociological Review*, 1995, 60(4): 529–538.

［28］Baum, J. A., Singh, J. V. Organizational niches and the dynamics of organizational founding [J]. *Organization Science*, 1994, 5(4): 483–501.

［29］Berger, P. L., Luckmann, T. The Social Construction of Reality: A Treatise in the Sociology of Knowledge [M]. Garden City, NY: Doubleday, 1966.

［30］Berger, J., Ridgeway, C. L., Fisek, M. H., Norman, R. Z. The legitimation and delegitimation of power and prestige orders [J]. *American Sociological Review*, 1998, 63(3): 379–405.

［31］Berry, H. Knowledge Inheritance in Global Industries: The Impact of Parent Firm Knowledge on the Performance of Foreign Subsidiaries [J]. *Academy of Management Journal*, 2015, 58(5), 1438–1458.

［32］Besharov, M. L., & Smith, W. K. Multiple institutional logics in organizations: Explaining their varied nature and implications [J]. *Academy of Management Review*, 2014, 39(3): 364–381.

［33］Beckman, C. M., Schoonhoven, C. B., Rottner, R. M., Kim, S. J. Relational pluralism in de novo organizations: boards of directors as bridges or barriers to diverse alliance portfolios? [J]. *Academy of Management Journal*, 2014,

57(2): 460–483.

［34］Bergh, D. D., Connelly, B. L., Ketchen, D. J., Shannon, L. M. Signalling theory and equilibrium in strategic management research: An assessment and a research agenda [J]. *Journal of Management Studies*, 2014, 51(8): 1334–1360.

［35］Bernini, C., Pellegrini, G. How are growth and productivity in private firms affected by public subsidy? Evidence from a regional policy [J]. *Regional Science and Urban Economics*, 2011, 41(3): 253–265.

［36］Bitektine, A. Toward a theory of social judgments of organizations: The case of legitimacy, reputation, and status [J]. *Academy of Management Review*, 2011, 36(1): 151–179.

［37］Bitektine, A., Haack, P. The "macro" and the "micro" of legitimacy: Toward a multilevel theory of the legitimacy process [J]. *Academy of Management Review*, 2015, 40(1): 49–75.

［38］Brautzsch, H. U., Günther, J., Loose, B., Ludwig, U., Nulsch, N. Can R&D subsidies counteract the economic crisis?–Macroeconomic effects in Germany [J]. *Research Policy*, 2015, 44(3): 623–633.

［39］Brealey, R., Leland, H. E., Pyle, D. H. Informational asymmetries, financial structure, and financial intermediation [J]. *The Journal of Finance*, 1977, 32(2): 371–387.

［40］Bronzini, R., Piselli, P. The impact of R&D subsidies on firm innovation [J]. *Research Policy*, 2016, 45(2): 442–457.

［41］Brouthers, K. D., Nakos, G. SME entry mode choice and performance: A transaction cost perspective [J]. *Entrepreneurship Theory and Practice*, 2004, 28(3): 229–247.

［42］Bruderl, J., Schussler, R. Organizational mortality: The liabilities of newness and adolescence [J]. *Administrative Science Quarterly*, 1990, 35(3): 530–547.

［43］Brush, C. G., Vanderwerf, P. A. A comparison of methods and sources for obtaining estimates of new venture performance [J]. *Journal of Business Venturing*, 1992, 7(2): 157–170.

［44］Bunderson, J. S., Van der Vegt, G. S., Sparrowe, R. T. Status inertia and member replacement in role-differentiated teams [J]. *Organization Science*, 2014,

25(1): 57–72.

[45] Butler, I., Galassi, G., Ruffo, H. Public funding for startups in Argentina: An impact evaluation [J]. *Small Business Economics*, 2016, 46(2): 295–309.

[46] Cable, D. M., Turban, D. B. The value of organizational reputation in the recruitment context: A brand-equity perspective [J]. *Journal of Applied Social Psychology*, 2003, 33(11): 2244–2266.

[47] Caliendo, M., Fossen, F. M., Kritikos, A. S. Risk attitudes of nascent entrepreneurs–new evidence from an experimentally validated survey [J]. *Small Business Economics*, 2009, 32(2): 153–167.

[48] Campbell J M, Park J. Extending the resource-based view: Effects of strategic orientation toward community on small business performance [J]. *Journal of Retailing and Consumer Services*, 2017, 34, 302–308.

[49] Cao, J. X., Ding, Y., Zhang, H. Social capital, informal governance, and post-IPO firm performance: A Study of Chinese entrepreneurial firms [J]. *Journal of Business Ethics*, 2016, 134(4): 529–551.

[50] Carney, M. Corporate governance and competitive advantage in family-controlled firms [J]. *Entrepreneurship Theory and Practice*, 2005, 29(3): 249–265.

[51] Carroll, G. R., Hannan, M. T. Density dependence in the evolution of populations of newspaper organizations [J]. *American Sociological Review*, 1989, 54(4): 524–541.

[52] Casillas, J. C., Moreno, A. M., Barbero, J. L. A configurational approach of the relationship between entrepreneurial orientation and growth of family firms [J]. *Family Business Review*, 2010, 23(1): 27–44.

[53] Castrogiovanni, G. J. Environmental munificence: A theoretical assessment [J]. *Academy of Management Review*, 1991, 16(3): 542–565.

[54] Cerqua, A., Pellegrini, G. Do subsidies to private capital boost firms' growth? A multiple regression discontinuity design approach [J]. *Journal of Public Economics*, 2014, 109(1): 114–126.

[55] Certo, S. T. 2003. Influencing initial public offering investors with prestige: Signaling with board structures [J]. *Academy of Management Review*, 28(3): 432–446.

[56] Certo, S. T., Hodge, F. Top management team prestige and organizational

legitimacy: An examination of investor perceptions [J]. *Journal of Managerial Issues*, 2007, 19(4): 461–477.

[57] Chakravarthy, B. S. Measuring strategic performance [J]. *Strategic Management Journal*, 1986, 7(5): 437–458.

[58] Chakravarthy, B. S. Flexible commitment: A key to strategic success [J]. *Strategy & Leadership*, 1996, 24(3): 14–20.

[59] Chandler, G. N., Hanks, S. H. Measuring the performance of emerging businesses: A validation study [J]. *Journal of Business Venturing*, 1993, 8(5): 391–408.

[60] Chang, S. C., Lin, R. J., Chang, F. J., Chen, R. H. Achieving manufacturing flexibility through entrepreneurial orientation [J]. *Industrial Management & Data Systems*, 2007, 107(7): 997–1017.

[61] Chen, H. Y., Griffith, D. A., Hu, M. Y. The influence of liability of foreignness on market entry strategies [J]. *International Marketing Review*, 2006, 23(6): 636–649.

[62] Chen, Z., Takeuchi, R., Shum, C. A social information processing perspective of coworker influence on a focal employee [J]. *Organization Science*, 2013, 24(6): 1618–1639.

[63] Chen, J., & Thompson, P. New firm performance and the replacement of founder-CEOs [J]. *Strategic Entrepreneurship Journal*, 2015, 9(3): 243–262.

[64] Choi, Y. R., Shepherd, D. A. Stakeholder perceptions of age and other dimensions of newness [J]. *Journal of Management*, 2005, 31(4): 573–596.

[65] Clarysse, B., Wright, M., Mustare, P. Behavioural additionality of R&Dsubsidies: A learning perspective [J]. *Research Policy*, 2009, 38 (10): 1517–1533.

[66] Clemente, M., Roulet, T. J. Public opinion as a source of deinstitutionalization: A "spiral of silence" approach [J]. *Academy of Management Review*, 2014, 40(1): 96–114.

[67] Cohen, B. D., Dean, T. J. Information asymmetry and investor valuation of IPOs: Top management team legitimacy as a capital market signal [J]. *Strategic Management Journal*, 2005, 26(7): 683–690.

[68] Colombo, M. G., Croce, A., Guerini, M. The effect of public subsidies

on firms' investment–cash flow sensitivity: Transient or persistent? [J]. *Research Policy*, 2013, 42(9): 1605–1623.

［69］Coombs, J. E., Bierly, P. E., Gallagher, S. The impact of different forms of IPO firm legitimacy on the choice of alliance governance structure [J]. *Journal of Management & Organization*, 2012, 18(4): 516–536.

［70］Cooper, A. C., Gimeno-Gascon, F. J., Woo, C. Y. Initial human and financial capital as predictors of new venture performance [J]. *Journal of Business Venturing*, 1994, 9(5): 371–395.

［71］Cornelissen, J. P., Durand, R., Fiss, P. C., Lammers, J. C., Vaara, E. Putting communication front and center in institutional theory and analysis [J]. *Academy of Management Review*, 2015, 40(1): 10–27.

［72］Cornelissen, J. P., Durand, R., Fiss, P. C., Lammers, J. C., Vaara, E. Putting communication front and center in institutional theory and analysis [J]. *Academy of Management Review*, 2015, 40(1): 10–27.

［73］Connelly, B. L., Certo, S. T., Ireland, R. D., Reutzel, C. R. Signaling theory: A review and assessment [J]. *Journal of Management*, 2011, 37(1): 39–67.

［74］Covin, J. G. Entrepreneurial versus conservative firms: A comparison of strategies and performance [J]. *Journal of Management Studies*, 1991, 28(5): 439–462.

［75］Covin, J. G., Green, K. M., Slevin, D. P. Strategic process effects on the entrepreneurial orientation-sales growth rate relationship [J]. *Entrepreneurship Theory and Practice*, 2006, 30(1): 57–81.

［76］Covin, J. G., Lumpkin, G. T. Entrepreneurial orientation theory and research: Reflections on a needed construct [J]. *Entrepreneurship Theory and Practice*, 2011, 35(5): 855–872.

［77］Covin, J. G., Slevin, D. P. Strategic management of small firms in hostile and benign environments [J]. *Strategic Management Journal*, 1989, 10(1): 75–87.

［78］Covin, J. G, Slevin, D. P. A conceptual model ofentrepreneurship as firm behavior [J]. *Entrepreneurship Theory and Practice*, 1991, 16(1): 7–25.

［79］Covin, J. G., Slevin, D. P.A response to Zahra's "critique and extension" of the Covin-Slevin entrepreneurship model[J].*Entrepreneurship Theory and Practice*, 1993, 17(4):23 –27.

[80] Covin, J.G., Wales, W. J. The measurement of entrepreneurial orientation [J]. *Entrepreneurship Theory and Practice*, 2012, 36(4): 677–702.

[81] Crilly, D., Zollo, M., Hansen, M. T. Faking it or muddling through? Understanding decoupling in response to stakeholder pressures [J]. *Academy of Management Journal*, 2012, 55(6): 1429–1448.

[82] Criscuolo, P., Salter, A., TerWal, A. L. J. Going underground: Bootlegging and individual innovative performance [J]. *Organization Science*, 2014, 25(5): 1287–1305.

[83] Czamiawska-Joerges, B. The wonderland of public administration reforms [J].*Organization Studies*,1989, 10(4): 531–548.

[84] Dacin, M. T., Oliver, C., Roy, J. P. The legitimacy of strategic alliances: An institutional perspective [J]. *Strategc Management Journal*, 2007, 28(2): 169–187.

[85] D'Aunno, T., Sutton, R. I., Price, R. H. Isomorphism and external support in conflicting institutional environments: A study of drug abuse treatment units [J]. *Academy of Management Journal*, 1991, 34(3): 636.

[86] De Clercq, D., Dimov, D., Thongpapanl, N. T. The moderating impact of internal social exchange processes on the entrepreneurial orientation-performance relationship [J]. *Journal of Business Venturing*, 2010, 25(1): 87–103.

[87] Deephouse, D. L. Does isomorphism legitimate? [J]. *Academy of Management Journal*, 1996, 39(4): 1024–1039.

[88] Deephouse, D. L., Carter, S. M. An examination of differences between organizational legitimacy and organizational reputation [J]. *Journal of Management Studies*, 2005, 42(2): 329–360.

[89] Deephouse, D. L., Suchman, M. Legitimacy in organizational institutionalism [C]. In Greenwood, R., Oliver, C., Suddaby, R., Sahlin-Andersson, K. *The Sage handbook of organizational institutionalism* (pp.49–77), Thousand Oaks, CA: Sage, 2008.

[90] De Jong, A., Song, M., Song, L. Z. How lead founder personality affects new venture performance the mediating role of team conflict [J]. *Journal of Management*, 2013, 39(7): 1825–1854.

[91] De Jong, B. A., Bijlsma-Frankema, K. M., Cardinal, L. B. Stronger than

the sum of its parts? The performance implications of peer control combinations in teams [J]. *Organization Science*, 2014, 25(6): 1703–1721.

[92] Delaney, J. T., Huselid, M. A. The impact of human resource management practices on perceptions of organizational performance [J]. *Academy of Management Journal*, 1996, 39(4): 949–969.

[93] De Martino, R., Barbato, R. Differences between women and men MBA entrepreneurs: Exploringfamily flexibility and wealth creation as career motivators [J]. *Journal of Business Venturing*, 2003, 18(6): 815–832.

[94] Dencker, J. C., Gruber, M. The effects of opportunities and founder experience on new firm performance [J]. *Strategic Management Journal*, 2014, 36(7): 1035–1052.

[95] Denisi, A., Smith, C. E. Performance appraisal, performance management, and firm-level performance: A review, a proposed model, and new directions for future research [J]. *The Academy of Management Annals*, 2014, 8(1): 127–179.

[96] DiMaggio, P. J., Powell, W. W. The iron cagerevisited: Institutional isomorphism and collectiverationality in organizational fields [J]. *American Sociological Review*, 1983, 48(2): 147–160.

[97] DiMaggio, P.J. Interest and agency in institutional theory[C]. In L. Zucker (Ed.), *Institutional Patterns and Organizations, Culture and Environment*. Cambridge, MA: Ballinger, 1988: 3–21.

[98] Dimos, C., Pugh, G. The effectiveness of R&D subsidies: A meta-regression analysis of the evaluation literature [J]. *Research Policy*, 2016, 45(4): 797–815.

[99] Dobrev, S. D., Ozdemir, S. Z., Teo, A. C. The ecological interdependence of emergent and established organizational populations: Legitimacy transfer, violation by comparison, and unstable identities [J]. *Organization Science*, 2006, 17(5): 577–597.

[100] Doh, J. P., Howton, S. D., Howton, S. W., Siegel, D. S. Does the market respond to an endorsement of social responsibility? The role of institutions, information, and legitimacy [J]. *Journal of Management*, 2010, 36(6): 1461–1485.

[101]Donaldson, L. *American Anti-management Theories of Organization* [M].

Cambridge, U.K.: Cambridge University Press, 1995.

[102] Dowling, J., Pfeffer, J. Organizational legitimacy: social values and organizational behavior [J]. *Pacific Sociological Review*, 1975, 18(1): 122–136.

[103] Du, J., Mickiewicz, T. Subsidies, rent seeking and performance: Being young, small or private in China [J]. *Journal of Business Venturing*, 2016, 31(1): 22–38.

[104] Edwards, J. R., Lambert, L. S. Methods for integrating moderation and mediation: A general analytical framework using moderated path analysis [J]. *Psychological Methods*, 2007, 12(1): 1–22.

[105] Eesley, C. E., Hsu, D. H., Roberts, E. B. The contingent effects of top management teams on venture performance: Aligning founding team composition with innovation strategy and commercialization environment [J]. *Strategic Management Journal*, 2014, 35(12): 1798–1817.

[106] Eesley, C., Li, J. B., Yang, D. Does Institutional Change in Universities Influence High-Tech Entrepreneurship? Evidence from China's Project 985 [J]. *Organizational Science*, 2016, 27(2): 446–461.

[107] Eggers, J. P., Song, L. Dealing with Failure: Serial entrepreneurs and the costs of changing industries between ventures [J]. *Academy of Management Journal*, 2015, 58(6): 1785–1803.

[108] Eisenhardt, K. M. Making fast strategic decisions in high-velocity environments [J]. *Academy of Management Journal*, 1989, 32(3): 543–576.

[109] Ensley, M. D., Pearson, A. W., Amason, A. C. Understanding the dynamics of new venture top management teams: Cohesion, conflict, and new venture performance [J]. *Journal of Business Venturing*, 2002, 17(4): 365–386.

[110] Ensley, M. D., Pearce, C. L., Hmieleski, K. M. The moderating effect of environmental dynamism on the relationship between entrepreneur leadership behavior and new venture performance [J]. *Journal of Business Venturing*, 2006, 21(2): 243–263.

[111] Etzion, D., Ferraro, F. The role of analogy in the institutionalization of sustainability reporting [J]. *Organization Science*, 2010, 21(5): 1092–1107.

[112] Faccio, M. Politically connected firms [J]. *American Economic Review*, 2006, 96(1): 369–386.

[113] Feeser, H. R., Willard, G. E. Founding strategy and performance: A comparison of high and low growth high tech firms [J]. *Strategic Management Journal*, 1990, 11(2): 87–98.

[114] Feldman, M. P., Kelley, M. R. The ex ante assessment of knowledge spillovers: Government R&D policy, economic incentives and private firm behavior [J]. *Research Policy*, 2006, 35(10): 1509–1521.

[115] Fern, M. J., Cardinal, L. B., O' Neill, H. M. The genesis of strategy in new ventures: escaping the constraints of founder and team knowledge [J]. *Strategic Management Journal*, 2012, 33(4): 427–447.

[116] Fichman, M., Levinthal, D. A. Honeymoons and the liability of adolescence: A new perspective on duration dependence in social and organizational relationships [J]. *Academy of Management Review*, 1991, 16(2): 442–468.

[117] Fisher, G., Kotha, S., Lahiri, A. Changing with the times: An integrated view of identity, legitimacy and new venture life cycles [J]. *Academy of Management Review*, 2016, 41(3): 383–409.

[118] Fiss, P. C. A set-theoretic approach to organizational configurations [J]. *Academy of Management Review*, 2007, 32(4): 1180–1198.

[119] Fiss, P. C. Building better causal theories: A fuzzy set approach to typologies in organization research [J]. *Academy of Management Journal*, 2011, 54(2): 393–420.

[120] Fiss, P. C., Zajac, E. J. The symbolic management of strategic change: Sensegiving via framing and decoupling [J]. *Academy of Management Journal*, 2006, 49(6): 1173–1193.

[121] Fligstein, N. The spread of the multidivisional form among large firms, 1919–1979 [J]. *American Sociological Review*, 1985, 50(3): 377–391.

[122] Flynn, D. M. A critical exploration of sponsorship, infrastructure, and new organizations [J]. *Small Business Economics*, 1993, 5(2): 129–156.

[123] Fombrun, C. J., Wally, S. Structuring small firms for rapid growth [J]. *Journal of Business Venturing*, 1989, 4(2): 107–122.

[124] Fornell, C., Johnson, M. D., Anderson, E. W., Cha, J., Bryant, B. E. The American customer satisfaction index: nature, purpose, and findings [J]. *The Journal of Marketing*, 1996, 60(4): 7–18.

［125］Foreman, P., Whetten, D. A. Members' identification with multiple-identity organizations [J]. *Organization Science*, 2002, 13(6): 618–635.

［126］Fuller, D. B. How law, politics and transnational networks affect technology entrepreneurship: Explaining divergent venture capital investing strategies in China [J]. *Asia Pacific Journal of Management*, 2010, 27(3): 445–459.

［127］Furlan, A., Grandinetti, R., Paggiaro, A. Unveiling the growth process: Entrepreneurial growth and the use of external resources [J]. *International Journal of Entrepreneurial Behavior & Research*, 2014, 20(1): 20–41.

［128］Galaskiewicz, J. Interorganizational relations [J]. *Annual Review of Sociology*, 1985,11(1):281–304.

［129］Gangloff, K. A., Connelly, B. L., Shook, C. L. Of scapegoats and signals investor reactions to CEO succession in the aftermath of wrongdoing [J]. *Journal of Management*,2016, 42(6): 1614–1634.

［130］Gardberg, N. A., Fombrun, C. J. Corporate citizenship: Creating intangible assets across institutional environments [J]. *Academy of Management Review*, 2006, 31(2): 329–346.

［131］Garud, R., Gehman, J., Giuliani, A. P. Contextualizing entrepreneurial innovation: A narrative perspective [J]. *Research Policy*, 2014, 43(7): 1177–1188.

［132］Garud, R., Jain, S., Kumaraswamy, A. Institutional entrepreneurship in the sponsorship of common technological standards: The case of Sun Microsystems and Java [J]. *Academy of Management Journal*, 2002, 45(1): 196–214.

［133］George, B. A. Entrepreneurial orientation: A theoretical and empirical examination of the consequences of differing construct representations [J]. *Journal of Management Studies*, 2011, 48(6): 1291–1313.

［134］George, E., Chattopadhyay, P., Sitkin, S. B., Barden, J. . Cognitive underpinnings of institutional persistence and change: A framing perspective [J]. *Academy of Management Review*, 2006, 31(2): 347–365.

［135］Glynn, M. A., Abzug, R. Institutionalizing identity: Symbolic isomorphism and organizational names [J]. *Academy of Management Journal*, 2002, 45(1): 267–280.

［136］Golant, B. D., Sillince, J. A. The constitution of organizational legitimacy: A narrative perspective [J]. *Organization Studies*, 2007, 28(8): 1149–

1167.

[137] Gomulya, D., Mishina, Y. Signaler credibility, signal susceptibility, and relative reliance on signals: How stakeholders change their evaluative processes after violation of expectations and rehabilitative efforts [J]. *Academy of Management Journal*, 2017, 60(2), 554–583.

[138] González, X., Pazó, C. Do public subsidies stimulate private R&D spending? [J]. *Research Policy*, 2008, 37(3): 371–389.

[139] Govindarajan, V. A contingency approach to strategy implementation at the business-unit level: Integrating administrative mechanisms with strategy [J]. *Academy of Management Journal*, 1988, 31(4): 828–853.

[140] Guo F, Zou B, Zhang X. Financial slack and firm performance of SMMEs in China: Moderating effects of government subsidies and market-supporting institutions [J]. *International Journal of Production Economics*, 2019, 144(10): 75–84.

[141] Gray, B., Purdy, J. M., Ansari, S. From interactions to institutions: Microprocesses of framing and mechanisms for the structuring of institutional fields [J]. *Academy of Management Review*, 2014, 40(1): 115–143.

[142] Green, S. E. A rhetorical theory of diffusion [J]. *Academy of Management Review*, 2004, 26(4): 653–669.

[143] Green, K. M., Covin, J. G., Slevin, D. P. Exploring the relationship between strategic reactiveness and entrepreneurial orientation: The role of structure-style fit [J]. *Journal of Business Venturing*, 2008, 23(3): 356–383.

[144] Green, S. E. , Li, Y. Rhetorical institutionalism: Language, agency, and structure in institutional theory since Alvesson 1993 [J]. *Journal of Management Studies*, 2011, 48(7): 1662–1697.

[145] Green, K. M., Covin, J. G., Slevin, D. P. Exploring the relationship between strategic reactiveness and entrepreneurial orientation: The role of structure-style fit [J]. *Journal of Business Venturing*, 2008, 23(3): 356–383.

[146] Greenwood, R., Suddaby, R. Institutional entrepreneurship in mature fields: The big five accounting firms [J]. *Academy of Management Journal*, 2006, 49(1): 27–48.

[147] Greiner, L. E. Evolution and revolution as organizations grow [J].

Harvard Business Review,1972, 50(4): 37–46.

[148] Guenther, C., Oertel, S., Walgenbach, P. It's all about timing: Age-dependence consequences of founder exits and new member additions [J]. *Entrepreneurship Theory and Practice*, 2016, 40(4): 843–865.

[149] Gulati R, Higgins M C. Which ties matter when? The contingent effects of interorganizational partnerships on IPO success [J]. *Strategic Management Journal*, 2003, 24(2): 127–144.

[150] Guo, D., Guo, Y., Jiang, K. Government-subsidized R&D and firm innovation: Evidence from China [J]. *Research Policy*, 2016, 45(6): 1129–1144.

[151] Guo, D., Jiang, K. Venture capital investment and the performance of entrepreneurial firms: Evidence from China [J]. *Journal of Corporate Finance*,2013, 22(3): 375–395.

[152] Guo, H., Tang, J., Su, Z. To be different, or to be the same? The interactive effect of organizational regulatory legitimacy and entrepreneurialorientation on new venture performance [J]. *Asia Pacific Journal of Management*, 2014, 31(3): 665–685.

[153] Haack, P. Legitimacy in Institutional Theory: Three Essays on Social Judgments in a Globalized World [M]. Zurich: University of Zurich, 2012.

[154] Haack, P., Pfarrer, M., Scherer, A. G. Legitimacy-as-feeling: How affect leads to vertical legitimacy spillovers in transnational governance [J]. *Journal of Management Studies*, 2014, 51(4): 634–666.

[155] Hallström, K. T., Boström, M. Transnational Multi-stakeholder Standardization: Organizing Fragile non-state Authority [M]. Cheltenham, U.K.: Edward Elgar, 2010.

[156] Hannan, M. T. Rethinking age dependence in organizational mortality: Logical fromalizations [J]. *American Journal of Sociology*, 104(1): 126–164.

[157] Hannan, M. T., Carroll, G. *Dynamics of Organizational Populations: Density, Legitimation, and Competition* [M]. Oxford University Press on Demand, 1992.

[158] Hannan, M. T., Freeman, J. Structural inertia and organizational change [J]. *American Sociological Review*, 1984, 49(2): 149–164.

[159] Hannan, M. T., Pólos, L., Carroll, G. R. *Logics of Organization Theory:*

Audiences, Codes, and Ecologies [M]. Princeton NJ: Princeton University Press, 2007.

[160] Hart, S. L. An integrative framework for strategy-making processes [J]. *Academy of Management Review*, 1992, 17(2): 327–351.

[161] Harmon, D. J., Green, S. E., Goodnight, G. T. A model of rhetorical legitimation: The structure of communication and cognition underlying institutional maintenance and change [J]. *Academy of Management Review*, 2015, 40(1): 76–95.

[162] Hartelius, E. J., Browning, L. D. The application of rhetorical theory in managerial research a literature review [J]. *Management Communication Quarterly*, 2008, 22(1): 13–39.

[163] Hellman, J. S., Jones, G., Kaufmann, D. Seize the state, seize the day: state capture and influence in transition economies [J]. *Journal of Comparative Economics*, 2003, 31(4): 751–773.

[164] Henrekson, M., Dan, J. Gazelles as job creators: A survey and interpretation of the evidence[J]. *Small Business Economics*, 2010, 35(2):227–244.

[165] Heracleous, L., Barrett, M. Organization change as discourse: communicative actions and deep structures in the context of information technology implementation [J]. *Academy of Management Journal*, 2001, 44(4): 755–778.

[166] Hiatt, S. R., Sine, W. D. Clear and present danger: planning and new venture survival amid political and civil violence [J]. *Strategic Management Journal*, 2014, 35(5). 773–785.

[167] Higgins M C, Gulati R. Stacking the deck: The effects of top management backgrounds on investor decisions[J]. *Strategic Management Journal*, 2006, 27(1): 1–25.

[168] Hillman, A. J., Withers, M. C., Collins, B. J. Resource dependence theory: A review [J]. *Journal of Management*, 2009, 35(6): 1404–1427.

[169] Hitt, M. A., Ireland, R. D., Camp, S. M., Sexton, D. L. Strategic entrepreneurship: Entrepreneurial strategies for wealth creation [J]. *Strategic Management Journal*, 2001, 22(6–7): 479–491.

[170] Hmieleski, K. M., Baron, R. A. Entrepreneurs' optimism and new venture performance: A social cognitive perspective [J]. *Academy of management Journal*, 2009, 52(3): 473–488.

［171］Hoang, H., Antoncic, B. Network-based research in entrepreneurship: A critical review [J]. *Journal of Business Venturing*, 2003, 18(2): 165–187.

［172］Hoefer, R. L., Green, S. E. A rhetorical model of institutional decision making: The role of rhetoric in the formation and change of legitimacy judgments [J]. *Academy of Management Review*, 2016, 41(1): 130–150.

［173］Hofmann, D. A., Gavin, M.B. Centering decisions in hierarchical linear models: Implications for research in organizations[J]. *Journal of Management*, 1998, 24(5): 623–641.

［174］Hottenrott H, Lopes-Bento C, Veugelers R. Direct and cross scheme effects in a research and development subsidy program [J]. *Research Policy*, 2017, 46 (6): 1118–1132.

［175］Hsu, D. H. What do entrepreneurs pay for venture capital affiliation? [J]. *TheJournal of Finance*, 2004, 59(4): 1805–1844.

［176］Hughes, M., Morgan, R. E. Deconstructing the relationship between entrepreneurial orientation and business performance at the embryonic stage of firm growth [J]. *Industrial Marketing Management*, 2007, 36(5): 651–661.

［177］Human, S. E., Provan, K. G. Legitimacy building in the evolution of small-firm multilateral networks: A comparative study of success and demise [J]. *Administrative Science Quarterly*, 2000, 45(2): 327–365.

［178］Huselid, M. A. The impact of human resource management practices on turnover, productivity, and corporate financial performance [J]. *Academy of Management Journal*, 1995, 38(3): 635–672.

［179］Hybels, R. On legitimacy, legitimation and organizations: A critical review and integrative theoretical model [J]. *Academy of Management Proceedings*, 1995, 1: 241–245.

［180］Ireland, R. D., Covin, J. G., Kuratko, D. F. Conceptualizing corporate entrepreneurship strategy [J]. *Entrepreneurship Theory and Practice*, 2009, 33(1): 19–46.

［181］Ireland, R. D., Hitt, M. A., Sirmon, D. G. A model of strategic entrepreneurship: The construct and its dimensions [J]. *Journal of management*, 2003, 29(6): 963–989.

［182］Jack, S. L. The role, use and activation of strong and weak network ties:

a qualitative analysis [J]. *Journal of Management Studies*, 2005, 42(6): 1233–1259.

[183] Johnson, C., Dowd, T. J., Ridgeway, C. L. Legitimacy as a social process [J]. *Annual Review of Sociology*, 2006, 32(1): 53–78.

[184] Jonsson, S., Lindbergh, J. The development of social capital and financing of entrepreneurial firms: From financial bootstrapping to bank funding [J]. *Entrepreneurship Theory and Practice*, 2013, 37(4): 661–686.

[185] Kaplan, R. S., Norton, D. P. *The Balanced Scorecard: Translating Strategy into Action* [M]. Boston: Harvard Business Press, 1996.

[186] Kaplan, R. S., Norton, D. P. Transforming the balanced scorecard from performance measurement to strategic management: Part I [J]. *Accounting Horizons*, 2001, 15(1): 87–104.

[187] Kazanjian, R. K., Drazin, R. A stage-contingent model of design and growth for technology based new ventures[J]. *Journal of Business Venturing*, 1990, 5(3):137–150.

[188] Keh, H. T., Nguyen, T. T. M., Ng, H. P. The effects of entrepreneurial orientation and marketing information on the performance of SMEs [J]. *Journal of Business Venturing*, 2007, 22(4): 592–611.

[189] Khandwalla, P. N. Some top management styles, their context and performance [J]. *Organization and Administrative Sciences*, 1976, 7(4): 21–51.

[190] Kiss, A. N., Barr, P. S. New venture strategic adaptation: The interplay of belief structures and industry context [J]. *Strategic Management Journal*, 2014, 36(8):1245–1263.

[191]Kleer, R. Government R&D subsidies as a signal for private investors [J]. *Research Policy*, 2010, 39(10): 1361–1374.

[192] Kollmann, T., Stöckmann, C. Filling the entrepreneurial orientation–performance gap: The mediating effects of exploratory and exploitative innovations [J]. *Entrepreneurship Theory and Practice*, 2014, 38(5): 1001–1026.

[193] Koski, H., Pajarinen, M. The role of business subsidies in job creation ofstart-ups, gazelles and incumbents [J]. *Small Business Economies*, 2012, 41 (1): 195–214.

[194] Kostova, T., Roth, K. Adoption of an organizational practice by subsidiaries of multinational corporations: Institutional and relational effects [J].

Academy of Management Journal, 2002,45(1): 215–233.

［195］Kostova, T., Zaheer, S. Organizational legitimacy under conditions of complexity: The case of the multinational enterprise [J]. *Academy of Management Review*, 1999, 24(1): 64–81.

［196］Kreiser, P. M., Marino, L. D., Weaver, K. M. Assessing the psychometric properties of the entrepreneurial orientation scale: A multi-country analysis [J]. *EntrepreneurshipTheory and Practice*, 2002, 26(4): 71–95.

［197］Kuilman, J. G., Li, J. Grades of membership and legitimacy spillovers: Foreign banks in Shanghai, 1847–1935 [J]. *Academy of Management Journal*, 2009, 52(2): 229–245.

［198］Lamertz, K., Baum, J. A. C. The legitimacy of organizational downsizing in Canada: An analysis of explanatory media accounts [J]. *Canadian Journal of Administrative Sciences*, 1998, 15(1): 93–107.

［199］Lamin, A., Zaheer, S. Wall Street vs. Main Street: Firm strategies for defending legitimacy and their impact on different stakeholders [J]. *Organization Science*, 2012, 23(1): 47–66.

［200］Larrañeta, B., Zahra, S. A., González, J. L. G. Strategic repertoire variety and new venture growth: The moderating effects of origin and industry dynamism[J]. *Strategic Management Journal*, 2014, 35(5):761–772.

［201］Le Mens, G., Hannan, M. T., Pólos, L. Founding conditions, learning, and organizational life chances: Age dependence revisited [J]. *Administrative Science Quarterly*, 2011, 56(1): 95–126.

［202］LePine, M. A., Zhang, Y., Crawford, E. R., Rich, B. L. Turning their pain to gain: Charismatic leader influence on follower stress appraisal and job performance [J]. *Academy of Management Journal*, 2016, 59(3): 1036–1059.

［203］Lerner, J. The government as venture capitalist: the long-run impact of the SBIR program [J]. *Journal of Private Equity*, 2000, 3(2): 55–78.

［204］Li, H. How does new venture strategy matter in the environment-performance relationship? [J]. *The Journal of High Technology Management Research*, 2001, 12(2): 183–204.

［205］Li, H., Atuahene-Gima, K. Product innovation strategy and the performance of new technology ventures in China[J]. *Academy of Management*

Journal, 2001, 44(6):1123–1134.

[206] Li, H., Zhang, Y. The role of managers' political networking and functional experience in new venture performance: Evidence from China's transition economy[J]. *Strategic Management Journal*, 2007, 28(8):791–804.

[207] Li, J., Yang, J. Y., Yue, D. R. Identity, community, and audience: How wholly owned foreign subsidiaries gain legitimacy in China [J]. *Academy of Management Journal*, 2007, 50(1): 175–190.

[208] Li, Y., Zhao, Y., Tan, J., Liu, Y. Moderating effects of entrepreneurial orientation on market orientation-performance linkage: Evidence from Chinese small firms [J]. *Journal of Small Business Management*, 2008, 46(1), 113–133.

[209] Liao, J., Welsch, H., Stoica, M. Organizational absorptive capacity and responsiveness: an empirical investigation of growth-oriented SMEs [J]. *Entrepreneurship Theory and Practice*, 2003, 28(1): 63–85.

[210] Linton G., Kask J. Configurations of entrepreneurial orientation and competitive strategy for high performance [J]. *Journal of Business Research*, 2017, 70: 168–176.

[211] Liu, Y., Maula, M. Local partnering in foreign ventures: Uncertainty, experiential learning, and syndication in cross-border venture capital investments [J]. *Academy of Management Journal*, 2016, 59(4): 1407–1429.

[212] Lounsbury,M., Glynn, M.A. Cultural entrepreneurship: Stories, legitimacy, and the acquisition of resources [J]. *Strategic Management Journal*, 2001, 22(6–7): 545–564.

[213] Lumpkin, G. T., Dess, G. G. Clarifying the entrepreneurial orientation construct and linking it to performance [J]. *Academy of Management Review*, 1996, 21(1): 135–172.

[214] Lumpkin, G. T., Dess, G. G. Linking two dimensions of entrepreneurial orientation to firm performance: The moderating role of environment and industry life cycle [J]. *Journal of Business Venturing*, 2001, 16(5): 429–451.

[215] Luo, X. W., Huang, F. F., Tang, X. B., Li, J. L. Government subsidies and firm performance: Evidence from high-tech start-ups in China [J]. *Emerging Markets Review*, 2020 (on-line version).

[216] Luo, X. W., Zhang, L. Y. The optimal scheduling model for agricultural

machinery resources with time-window constraints [J]. *International Journal of Simulation Modeling*, 2016, 15(4): 721–731.

［217］Luo, X. W. Motive power model and technology routing of BEZ development mechanism under the visual angle of industry chain [J]. *Advances in Information Sciences and Service Sciences*, 2012, 20(11): 345–352.

［218］Lyles, M. A., Saxton, T., Watson, K. Venture survival in a transitional economy [J]. *Journal of Management*, 2004, 30(3): 351–375.

［219］MacKenzie, S. B., Podsakoff, P. M., Jarvis, C. B. The problem of measurement model misspecification in behavioral and organizational research and some recommended solutions [J]. *Journal of Applied Psychology*, 2005, 90(4): 710–730.

［220］Madsen, E. L. The significance of sustained entrepreneurial orientation on performance of firms—A longitudinal analysis [J]. *Entrepreneurship and Regional Development*, 2007, 19(2): 185–204.

［221］Mas-Verdú, F., Ribeiro-Soriano, D., Roig-Tierno, N. Firm survival: The role of incubators and business characteristics [J]. *Journal of Business Research*, 2015, 68(4): 793–796.

［222］McCloud, N., Kumbhakar, S.Do subsidies drive productivity: A cross-country analysis of Nordic dairy farms[J].*Advances in Econometrics*, 2008, 23(8): 245–274.

［223］McDougall, P. P., Oviatt, B. M. New venture internationalization, strategic change, and performance: A follow-up study [J]. *Journal of Business Venturing*, 1996, 11(1): 23–40.

［224］McGee, J. E., Dowling, M. J., Megginson, W. L. Cooperative strategy and new venture performance: The role of business strategy and management experience [J]. *Strategic Management Journal*, 1995, 16(7): 565–580.

［225］McKnight B, Zietsma C. Finding the threshold: A configurational approach to optimal distinctiveness[J]. *Journal of Business Venturing*, 2018, 33(4): 493–512.

［226］McKenny A F, Short J C, Ketchen D J, et al. Strategic entrepreneurial orientation: Configurations, performance, and the effects of industry and time[J]. Strategic Entrepreneurship Journal, 2018,12(4):504–521.

[227] Meuleman, M., De Maeseneire, W. Do R&D subsidies affect SMEs' access to external financing? [J]. *Research Policy*, 2012, 41(3): 580–591.

[228] Meyer, J. W, Rowan,B. Institutionalized organizations: Formal structure asmyth and ceremony [J]. *American Journal of Sociology*, 1977, 83(2): 340–363.

[229] Miller, D. The correlates of entrepreneurship in three types of firms [J]. *Management Science*, 1983, 29(7): 770–791.

[230] Miller, D., Friesen, P. H. Archetypes of strategy formulation [J]. *Management Science*, 1978, 24(9): 921–933.

[231] Mintzberg, H. Strategy-making in three modes [J]. *California Management Review*, 1973, 16(2): 44–53.

[232] Misangyi, V. F., Acharya, A. G. Substitutes or complements? A configurational examination of corporate governance mechanisms [J]. *Academy of Management Journal*, 2014, 57(6): 1681–1705.

[233] Moreno, A. M., Casillas, J. C. Entrepreneurial orientation and growth of SMEs: A causal model [J]. *Entrepreneurship Theory and Practice*, 2008, 32(3): 507–528.

[234] Morris, M. H., Paul, G. W. The relationship between entrepreneurship and marketing in established firms [J]. *Journal of Business Venturing*, 1987, 2(3): 247–259.

[235] Muller, D., Judd, C. M., Yzerbyt, V. Y. When moderation is mediated and mediation is moderated [J]. *Journal of Personality and Social Psychology*, 2005, 89(6): 852–863.

[236] Murphy, G. B., Trailer, J. W., Hill, R. C. Measuring performance in entrepreneurship research [J]. *Journal of Business Research*, 1996, 36(1): 15–23.

[237] Nagy, B. G., Pollack, J. M., Rutherford, M. W., Lohrke, F. T. The influence of entrepreneurs' credentials and impression management behaviors on perceptions of new venture legitimacy [J]. *Entrepreneurship Theory and Practice*, 2012, 36(5): 941–965.

[238] Naman, J. L., Slevin, D. P. Entrepreneurship and the concept of fit: A model and empirical tests [J]. *Strategic Management Journal*, 1993, 14(2): 137–153.

[239] Navis, C., Glynn, M. A. Legitimate distinctiveness and the entrepreneurial identity: Influence on investor judgments of new venture plausibility

[J]. *Academy of Management Review*, 2011, 36(3): 479–499.

［240］Niu, F., Zhang, Y., Xue, H. Acquisition of resources, formal organization and entrepreneurial orientation of new ventures [J]. *Journal of Chinese Entrepreneur- ship*, 2008, 1(1): 40–52.

［241］Ocasio, W., Loewenstein, J., Nigam, A. How streams of communication reproduce and change institutional logics: The role of categories [J]. *Academy of Management Review*, 2015, 40(1): 28–48.

［242］Oliver, C. Strategic responses to institutional processes [J]. *Academy of Management Review*, 1991, 16(1): 145–179.

［243］Oliver, C. Sustainable competitive advantage: Combining institutional and resource-based views [J]. *Strategic Management Journal*, 1997, 18(9): 697–713.

［244］Orser, B. J., HogarthScott, S., Riding, A. L. Performance, firm size, and management problem solving [J]. *Journal of Small Business Management*, 2000, 38(4): 42–58.

［245］Oviatt, B. M., McDougall, P. P. Toward a theory of international new ventures [J]. *Journal of International Business Studies*, 1994, 25(1): 45–64.

［246］Ozcan, P., Eisenhardt, K. M. Origin of alliance portfolios: Entrepreneurs, network strategies, and firm performance [J]. *Academy of Management Journal*, 2009, 52(2): 246–279.

［247］Pahnke, E. C., Katila, R., Eisenhardt, K. M. Who takes you to the dance? How partners' institutional logics influence innovation in young firms [J]. *Administrative Science Quarterly*, 2015, 60(4): 596–633.

［248］Park, H. D., Steensma, H. K. When does corporate venture capital add value for new ventures? [J]. *Strategic Management Journal*, 2012, 33(1): 1–22.

［249］Park, H. D., Tzabbar, D. Venture Capital, CEOs' Sources of Power, and Innovation Novelty at Different Life Stages of a New Venture [J]. *Organization Science*, 2016, 27(2): 336–353.

［250］Park, U. D., Borah, A., Kotha, S. Signaling revisited: The use of signals in the market for IPOs [J]. *Strategic Management Journal*, 2016, 37(11): 2362–2377.

［251］Parsons, T. Suggestions for a sociological approach to the theory of organizations [J]. *Administrative Science Quarterly*, 1956, 1(2):225–239.

［252］Patricia, M. D, Robinson R B. New venture strategies: An empirical identification of eight "archetypes" of competitive strategies for entry[J]. *Strategic Management Journal*, 1990, 11(6):447–467.

[253] Peake, W. O., D' Souza, D. Toward an integrative research framework for new venture legitimacy judgment formation [J]. *Journal of Small Business Strategy*, 2015, 25(1): 82–104.

[254] Preacher, K. J., Rucker, D. D., Hayes, A. F. Addressing moderated mediation hypotheses: Theory, methods, and prescriptions [J]. *Multivariate Behavioral Research*, 2007, 42(1): 185–227.

[255] Pfarrer, M. D., Decelles, K. A., Smith, K. G., Taylor, M. S. After the fall: Reintegrating the corrupt organization [J]. *Academy of Management Review*, 2008, 33(3): 730–749.

[256] Pfeffer, J.,Salancik, G. R. *The External Control of Organizations* [M]. New York: Harper &Row, 1978.

[257] Phillips, N., Hardy, C. Discourse and institutions [J]. *Academy of Management Review*, 2004, 29(4): 635–652.

[258] Podsakoff, P. M., MacKenzie, S. B., Lee, J. Y., Podsakoff, N. P. Common method biases in behavioral research: a critical review of the literature and recommended remedies[J]. *Journal of Applied Psychology*, 2003, 88(5): 879.

[259] Podolny J M. Market uncertainty and the social character of economic exchange[J]. *Administrative Science Quarterly*, 1994, 39(3): 458–483.

[260] Pollock, T. G., Chen, G., Jackson, E. M., Hambrick, D. C. How much prestige is enough? Assessing the value of multiple types of high-status affiliates for young firms [J]. *Journal of Business Venturing*, 2010, 25(1): 6–23.

[261] Pollock, T. G., Rindova, V. P. Media legitimation effects in the market for initial public offerings [J]. *Academy of Management Journal*, 2003, 46(5): 631–642.

[262] Ragin, C. C. The Comparative Method: Moving beyond Qualitative and Quantitative Strategies [M]. University of California Press, 2014.

[263] Ragozzino, R., Blevins, D. P. Venture-backed firms: How does venture capital involvement affect their likelihood of going public or being acquired? [J]. *Entrepreneurship Theory and Practice*, 2016, 40(5): 991–1016.

[264] Rao, R. S., Chandy, R. K., Prabhu, J. C. The fruits of legitimacy: Why

some new ventures gain more from innovation than others [J]. *Journal of Marketing*, 2008, 72(4): 58–75.

[265] Rauch, A., Wiklund, J., Lumpkin, G. T., Frese, M. Entrepreneurial orientation and business performance: An assessment of past research and suggestions for the future [J]. *Entrepreneurship Theory and Practice*, 2009, 33(3): 761–787.

[266] Richard, O. C., Barnett, T., Dwyer, S., Chadwick, K. Cultural diversity in management, firm performance, and the moderating role of entrepreneurial orientation dimensions [J]. *Academy of Management Journal*, 2004, 47(2): 255–266.

[267] Rigdon, E. E. A necessary and sufficient identification rule for structural models estimated in practice [J]. *Multivariate Behavioral Research*, 1995, 30(3): 359–383.

[268] Rindova, V. P., Williamson, I. O., Petkova, A. P., Sever, J. M. Being good or being known: An empirical examination of the dimensions, antecedents, and consequences of organizational reputation [J]. *Academy of Management Journal*, 2005, 48(6): 1033–1049.

[269] Roberson, Q.M., Williamson, I.O. Justice in self-management teams: The role of social networks in the emergence of procedural justice climates [J]. *Academy of Management Journal*, 2012,55(3): 685–701.

[270] Rosenbusch, N., Rauch, A., Bausch, A. The mediating role of entrepreneurial orientation in the task environment–performance relationship: A meta-analysis [J]. *Journal of Management*, 2013, 39(3): 633–659.

[271] Rothaermel, F. T., Thursby, M. University–incubator firm knowledge flows: Assessing their impact on incubator firm performance [J]. *Research Policy*, 2005, 34(3): 305–320.

[272] Ruef, M., Scott, W. R. A multidimensional model of organizational legitimacy: Hospital survival in changing institutional environments [J]. *Administrative Science Quarterly*, 1998, 43(4): 877–904.

[273] Russell Merz, G., Sauber, M. H. Profiles of managerial activities in small firms [J]. *Strategic Management Journal*, 1995, 16(7): 551–564.

[274] Saeed, S., Yousafzai, S. Y., Engelen, A. On cultural and macroeconomic contingencies of the entrepreneurial orientation-performance relationship [J].

Entrepreneurship Theory and Practice, 2014, 38(2): 255–290.

[275] Sanders, G., Tuschke, A. The adoption of institutionally contested organizational practices: The emergence of stock option pay in Germany [J]. *Academy of Management Journal*, 2007, 50(1): 33–56.

[276] Santos, F. M., Eisenhardt, K. M. Constructing markets and shaping boundaries: Entrepreneurial power in nascent fields [J]. *Academy of Management Journal*, 2009, 52(4): 643–671.

[277] Scherer, A. G., Palazzo, G., Seidl, D. Managing legitimacy in complex and heterogeneous environments: Sustainable development in a globalized world [J]. *Journal of Management Studies*, 2012, 50(2): 259–284.

[278] Scott, W.R. *Institutions and Organizations* [M]. Thousand Oaks, CA: Sage, 1995.

[279] Sharfman, M., Wolf, G., Chase, R., Tansik, D. Antecedents of organizational slack [J]. *Academy of Management Review*, 1988, 13(4): 601–614.

[280]Short, J. C., Payne, G. T., Brigham, K. H., Lumpkin, G. T., Broberg, J. C. Family firms and entrepreneurial orientation in publicly traded firms A comparative analysis of the S&P 500[J]. *Family Business Review*, 2009, 22(1): 9–24.

[281] Sillince, J., Suddaby, R. Organizational rhetoric: Bridging management and communication scholarship [J]. *Management Communication Quarterly*, 2008, 22(1): 5–12.

[282] Singh, K., Mitchell, W. Growth dynamics: The bidirectional relationship between interfirm collaboration and business sales in entrant and incumbent alliances [J]. *Strategic Management Journal*, 2005, 26(6): 497–521.

[283] Singh, J. V., Tucker, D. J., House, R. J.Organizational legitimacy and the liability of newness [J]. *Administrative Science Quarterly*, 1986, 31(2): 171–193.

[284] Sirmon, D. G., Hitt, M. A., Ireland, R. D. Managing firm resources in dynamic environments to create value: Looking inside the black box [J]. *Academy of Management Review*, 2007, 32(1): 273–292.

[285] Slevin, D. P., Terjesen, S. A. Entrepreneurial orientation: Reviewing three papers and implications for further theoretical and methodological development [J]. *Entrepreneurship Theory and Practice*, 2011, 35(5): 973–987.

[286] Song, M., Podoynitsyna, K., Hans, V. D. B., Halman, J. I. M. Success

factors in new ventures: A meta-analysis [J]. *Journal of Product Innovation Management*, 2008, 25(1): 7–27.

[287] Söderblom, A., Samuelsson, M., Wiklund, J., Sandberg, R. Inside the black box of outcome additionality: Effects of early-stage government subsidies on resource accumulation and new venture performance [J]. *Research Policy*, 2015, 44(8):1501–1512.

[288] Stam, W., Elfring, T. Entrepreneurial orientation and new venture performance: The moderating role of intra-and extraindustry social capital [J]. *Academy of Management Journal*, 2008, 51(1): 97–111.

[289] Stevenson, H. H., Gumpert, D. E. The heart of entrepreneurship [J]. *Harvard Business Review*, 1985, 63(2): 85–94.

[290] Stiglitz, J. E., Weiss, A. Credit rationing in markets with imperfect information [J]. *American Economic Review*, 1981, 71(3): 393–410.

[291] Stinchcombe, A. L. Social structure and organizations [C].In J. G. March, (Ed.), *Handbook of Organizations* (pp.142–193).Chicago: Rand McNally, 1965.

[292] Stuart, T. E., Hoang, H., Hybels, R. C. Interorganizational endorsements and the performance of entrepreneurial ventures [J]. *Administrative Science Quarterly*, 1999, 44(2): 315–349.

[293] Suchman, M. C. Managing legitimacy: Strategic and institutional approaches [J]. *Academy of Management Review*, 20(3), 1995: 571–610.

[294] Suddaby, R. Challenges for institutional theory [J]. *Journal of Management Inquiry*, 2010, 19(1): 14–20.

[295] Suddaby, R., Greenwood, R. Rhetorical strategies of legitimacy [J]. *Administrative Science Quarterly*, 2005, 50(1): 35–67.

[296] Suddaby, R., Bitektine, A., Haack, P. Legitimacy [J]. *Academy of Management Annuals*, 2017, 11(1): 451–478.

[297] Sun, P., Wright, M., Mellahi, K. Is entrepreneur-politician alliance sustainable during transition? The case of management buyouts in China [J]. *Management and Organization Review*, 2010, 6(1), 101–121.

[298] Tallman, S., Li, J. Effects of international diversity and product diversity on the performance of multinational firms [J]. *Academy of Management Journal*,

1996, 39(1): 179–196.

[299] Tang, J., Tang, Z., Marino, L. D., Zhang, Y., Li, Q. Exploring an inverted U-Shape relationship between entrepreneurial orientation and performance in Chinese ventures [J]. *Entrepreneurship Theory and Practice*, 2008, 32(1): 219–239.

[300] Teoh, S. H., Welch, I., Wong, T. J. Earnings management and the long-run market performance of initial public offerings [J]. *The Journal of Finance*, 1998, 53(6): 1935–1974.

[301] Tornikoski, E. T., Newbert, S. L. Exploring the determinants of organizational emergence: A legitimacy perspective [J]. *Journal of Business Venturing*, 2007, 22(2): 311–335.

[302] Tost, L. P. An integrative model of legitimacy judgments [J]. *Academy of Management Review*, 2011, 36(4): 686–710.

[303] Tsai, W. M. H., MacMillan, I. C., Low, M. B. Effects of strategy and environment on corporate venture success in industrial markets [J]. *Journal of Business Venturing*, 1991, 6(1): 9–28.

[304] Tsoukas, H. The missing link: A transformational view of metaphors in organizational science [J]. *Academy of Management Review*, 1991, 16(3): 566–585.

[305] Turban, D. B., Cable, D. M. Firm reputation and applicant pool characteristics[J]. *Journal of Organizational Behavior*, 2003, 24(6): 733–751.

[306] Überbacher, F. Legitimation of new ventures: A review and research programme [J]. *Journal of Management Studies*, 2014, 51(4), 667–698.

[307] Ucbasaran, D., Lockett, A., Wright, M., Westhead, P. Entrepreneurial founder teams: factors associated with member entry and exit [J]. *Entrepreneurship Theory and Practice*, 2003, 28(2): 107–128.

[308] Van Dick, R., Van Knippenberg, D., Hägele, S., Guillaume, Y. R., Brodbeck, F. C. Group diversity and group identification: The moderating role of diversity beliefs [J]. *Human Relations*, 2008, 61(10): 1463–1492.

[309] Vanhonacker, W. R. A better way to crack China [J]. *Harvard Business Review*, 2000, 78 (4): 20–21.

[310] Venkatraman, N., Ramanujam, V. Measurement of business performance in strategy research: A comparison of approaches [J]. *Academy of Management*

Review, 1986, 11(4): 801–814.

[311] Vergne, J. P. Toward a new measure of organizational legitimacy: Method, validation, and illustration [J]. *Organizational Research Methods*, 2010, 14(3): 484–502.

[312] Voss, G. B., Sirdeshmukh, D., Voss, Z. G. The effects of slack resources and environmental threat on product exploration and exploitation [J]. *Academy of Management Journal*, 2008, 51(1): 147–164.

[313] Wales, W. J. Entrepreneurial orientation: A review and synthesis of promising research directions [J]. *International Small Business Journal*, 2016, 34(1): 3–15.

[314]Wales, W. J., Parida, V., Patel, P. C. Too much of a good thing? Absorptive capacity, firm performance, and the moderating role of entrepreneurial orientation [J]. *Strategic Management Journal*, 2013, 34(5): 622–633.

[315] Walter, A., Auer, M., Ritter, T. The impact of network capabilities and entrepreneurial orientation on university spin-off performance [J]. *Journal of Business Venturing*, 2006, 21(4): 541–567.

[316] Wang, C. L. Entrepreneurial orientation, learning orientation, and firm performance [J]. *Entrepreneurship Theory and Practice*, 2008, 32(4): 635–657.

[317] Wang, T., Song, M. Are Founder Directors Detrimental to New Ventures at Initial Public Offering? [J]. *Journal of Management*, 2016, 42(3): 644–670.

[318] Washburn, M., Bromiley, P. Managers and analysts: An examination of mutual influence [J]. *Academy of Management Journal*, 2014, 57(3): 849–868.

[319] Weber, M. *Economy and Society: An Outline of Interpretive Sociology* [M]. California: University ofCalifornia Press, 1978.

[320] West, G. P., Bamford, C. E., Marsden, J. W. Contrasting entrepreneurial economic development in emerging Latin American economies: Applications and extensions of resource-based theory [J]. *Entrepreneurship Theory and Practice*, 2008, 32(1): 15–36.

[321] Westphal, J. D., Gulati, R., Shortell, S. M. Customization or conformity? an institutional and network perspective on the content and consequences of TQM adoption [J]. *Administrative Science Quarterly*, 1997, 42(2): 366–394.

[322] Westphal, J. D., Zajac, E. J. Substance and symbolism in CEOs' long-

term incentive plans [J]. *Administrative Science Quarterly*, 1994, 39(3): 367–390.

[323] Wiklund, J. The sustainability of the entrepreneurial orientation-performance relationship [J]. *Entrepreneurship Theory and Practice*, 1999, 24(1): 37–48.

[324] Wiklund, J., Shepherd, D. Knowledge-based resources, entrepreneurial orientation, and the performance of small and medium - sized businesses [J]. *Strategic Management Journal*, 2003, 24(13), 1307–1314.

[325] Wiklund, J., Shepherd, D. Entrepreneurial orientation and small business performance: A configurational approach [J]. *Journal of Business Venturing*, 2005, 20(1): 71–91.

[326] Wiklund, J., Shepherd, D. A. The effectiveness of alliances and acquisitions: The role of resource combination activities [J]. *Entrepreneurship Theory and Practice*, 2009, 33(1): 193–212.

[327] Wilmshurst, T. D., Frost, G. R. Corporate environmental reporting: a test of legitimacy theory [J]. *Accounting, Auditing & Accountability Journal*, 2000, 13(1): 10–26.

[328] Yang, J. Y., Li, J., Delios, A. Will a second mouse get the cheese? Learning from early entrants' failures in a foreign market [J]. *Organization Science*, 2015, 26(3): 908–922.

[329] Zahra, S. A. A conceptual model of entrepreneurship as firm behavior: A critique and extension [J]. *Entrepreneurship Theory and Practice*, 1993, 17(4). 5–22.

[330] Zahra, S. A. Technology strategy and new venture performance: A study of corporate-sponsored and independent biotechnology ventures [J]. *Journal of Business Venturing*, 1996, 11(4): 289–321.

[331] Zahra, S. A., Covin, J. G. Contextual influences on the corporate entrepreneurship-performance relationship: A longitudinal analysis [J]. *Journal of Business Venturing*, 1995, 10(1): 43–58.

[332] Zahra, S. A, Ireland, R. D.,Hitt, M. A. International expansion by new venture firms: International diversity, mode of market entry, technological learning, and performance[J]. *Academy of Management Journal*, 2000, 43(5):925–950.

[333] Zahra, S. A., Jennings, D. F., Kuratko, D. F. The antecedents and consequences of firm-level entrepreneurship: The state of the field [J].

Entrepreneurship Theory and Practice, 1999, 24(2): 47–67.

[334] Zahra, S. A., Neubaum, D. O., El-Hagrassey, G. M. Competitive analysis and new venture performance: Understanding the impact of strategic uncertainty and venture origin [J]. *Entrepreneurship Theory and Practice*, 2002, 27(1): 1–28.

[335] Zeitz, G., Mittal, V., McAulay, B. Distinguishing adoption and entrenchment of management practices: A framework for analysis [J]. *Organization Studies*, 1999, 20(5): 741–776.

[336] Zelner, B. A., Henisz, W. J. Holburn, G. L. F. Contentious implementation and retrenchment in neoliberal policy reform: The global electric power industry, 1989–2001 [J]. *Administrative Science Quarterly*, 2009, 54(3): 379–412.

[337] Zhao E Y, Fisher G, Lounsbury M, et al. Optimal distinctiveness: Broadening the interface between institutional theory and strategic management[J]. *Strategic Management Journal*, 2017,38(1):93–113.

[338] Zheng, W., Singh, K., Mitchell, W. Buffering and enabling: The impact of interlocking political ties on firm survival and sales growth [J]. *Strategic Management Journal*, 2015, 36(11): 1615–1636.

[339] Zimmerman, M. A., Zeitz, G. J. Beyond survival: achieving new venture growth by building legitimacy [J]. *Academy of Management Review*, 2002, 27(3): 414–431.

[340] Zott, C., Huy, Q. N. How entrepreneurs use symbolic management to acquire resources[J]. *Administrative Science Quarterly*, 2007, 52(1):70–105.

[341] Zucker, L. G. The role of institutionalization in cultural persistence[J]. *American Sociological Review*, 1977, 42(5):726–743.

[342] Zucker, L.G. Combining institutional theory and population ecology: No legitimacy, no history [J]. *American Sociological Review*, 1989, 54(4): 542–545.

[343] Zyglidopoulos, S. C. The issue life-cycle: Implications for reputation for social performance and organizational legitimacy [J]. *Corporate Reputation Review*, 2003, 6(1): 70–81.

[344] 爱迪斯 . 企业生命周期 [M]. 赵睿 , 译 . 北京 : 华夏出版社 ,2004.

[345] 蔡莉 , 单标安 , 朱秀梅 , 王倩 . 创业研究回顾与资源视角下的研究框架构建——基于扎根思想的编码与提炼 [J]. 管理世界 ,2011(12):160–169.

［346］蔡莉，单标安．中国情境下的创业研究：回顾与展望 [J]. 管理世界，2013(12):160-169.

［347］蔡莉，尹苗苗．科创企业学习能力、资源整合方式对企业绩效的影响研究 [J]. 管理世界，2009(10):1-10+16.

［348］曹正汉．无形的观念如何塑造有形的组织对组织社会学新制度学派的一个回顾 [J]. 社会，2005,25(3):207-216.

［349］陈刚．管制与创业——来自中国的微观证据 [J]. 管理世界，2015(5):89-99.

［350］陈怀超，陈安，范建红．组织合法性研究脉络梳理与未来展望 [J]. 中央财经大学学报，2014,1(4):87-96.

［351］陈佳贵．关于企业生命周期与企业蜕变的探讨 [J]. 中国工业经济，1995(11):5-13.

［352］陈玲，杨文辉．政府研发补贴会促进企业创新吗？——来自中国上市公司的实证研究 [J]. 科学学研究，2016,34(3):433-442.

［353］陈旭东，穆雪迎．政府补助对科技创新类企业经营绩效的影响 [J]. 科技进步与对策，2018, 35(12): 85-91.

［354］程聪．创业者心理资本与创业绩效：混合模型的检验 [J]. 科研管理，2015, 36(10):85-93.

［355］程聪，张颖，陈盈，谢洪明．创业者政治技能促进创业绩效提升了吗？——创业导向与组织公正的中介调节效应 [J]. 科学学研究，2014,32(8):1198-1206

［356］楚有为．社会资本投资、政府补贴与研发投资——基于民营上市公司的研究 [J]. 财经论丛，2018, 230(2): 69-77.

［357］邓新明，田志龙，陈煜．事项整合、经营合法性与组织绩效 [J]. 管理科学，2008,21(1): 22-31.

［358］董保宝．创业研究在中国：回顾与展望 [J]. 外国经济与管理，2014,36(1):73-80.

［359］杜运周，李毛毛．魅力型领导对新企业绩效的影响：组织合法性的中介作用 [J]. 科学学与科学技术管理，2012,33(12):87-96.

［360］杜运周，刘运莲．创业网络与新企业绩效：组织合法性的中介作用及其启示 [J]. 财贸研究，2012,23(5):121-130.

［361］杜运周，任兵，陈忠卫，张玉利．先动性、合法化与中小企业成长——

一个中介模型及其启示 [J]. 管理世界 ,2008(12):126–138.

［362］杜运周 , 张玉利 . 互动导向与新企业绩效：组织合法性中介作用 [J]. 管理科学 ,2012, 25(4):22–30.

［363］杜运周 , 张玉利 , 任兵 . 展现还是隐藏竞争优势：新企业竞争者导向与绩效 U 形关系及组织合法性的中介作用 [J]. 管理世界 ,2012(7):96–107.

［364］杜运周 , 贾良定 . 组态视角与定性比较分析（QCA）管理学研究的一条新道路 [J]. 管理世界 ,2017(6):155–167.

［365］杜运周 . 组织与创业领域——组态视角下的创业研究 [J]. 管理学季刊 , 2019(3):31–41.

［366］范钧 , 王进伟 . 网络能力、隐性知识获取与科创企业成长绩效 [J]. 科学学研究 ,2011,29(9):1365–1373.

［367］范黎波 , 马聪聪 , 马晓婕 . 多元化、政府补贴与农业企业绩效——基于 A 股农业上市企业的实证研究 [J]. 农业经济问题 ,2012(11):83–90.

［368］方松海 , 王为农 . 成本快速上升背景下的农业补贴政策研究 [J]. 管理世界 , 2009(9): 91–108.

［369］傅利平 , 李永辉 . 政府补贴、创新能力与企业存续时间 [J]. 科学学研究 , 2015,33(10): 1496–1503.

［370］高凤莲 , 王志强 . “董秘”社会资本对信息披露质量的影响研究 [J]. 南开管理评论 ,2015,18(4):60–71.

［371］高洪利 , 李莉 , 陈靖涵 . 政府研发支持行为影响高科技企业外部融资吗——基于组织合法性理论的解释 [J]. 南开管理评论 , 2017,20(06):178–189.

［372］郭海 , 沈睿 , 王栋晗 , 陈叙同 . 组织合法性对企业成长的“双刃剑”效应研究 [J]. 南开管理评论 , 2018, 21(5): 16–29.

［373］郭剑花 , 杜兴强 . 政治联系、预算软约束与政府补助的配置效率——基于中国民营上市公司的经验研究 [J]. 金融研究 ,2011(2):114–128.

［374］韩超 . 战略性新兴产业政策依赖性探析——来自地方政府补贴视角的实证检验 [J]. 经济理论与经济管理 ,2014(11):57–71.

［375］何科方 , 钟书华 . 中国企业加速器发展路径研究 [J]. 科研管理 ,2012, 33(1):112–119.

［376］何晓斌 , 蒋君洁 , 杨治 , 蔡国良 . 科创企业家应做“外交家”吗？——科创企业家的社交活动对企业绩效的影响 [J]. 管理世界 ,2013(6):128–137.

［377］贺小刚 , 朱丽娜 , 杨婵 , 王博霖 . 经营困境下的企业变革 :“穷则思变”

假说检验 [J]. 中国工业经济 , 2017(1): 101–119.

[378] 胡海青 , 李浩 . 加速器支持、环境动态性与瞪羚企业突破式创新 [J]. 科研管理 ,2015, 36(12):47–55.

[379] 胡望斌 , 张玉利 , 杨俊 . 同质性还是异质性 : 创业导向对技术创业团队与新企业绩效关系的调节作用研究 [J]. 管理世界 ,2014(6):92–109.

[380] 黄玮 , 项国鹏 , 杜运周 , 刘洋 . 越轨创新与个体创新绩效的关系研究——地位和创造力的联合调节作用 [J]. 南开管理评论 , 2017, 20(1): 143–154.

[381] 黄玮 . 政府补贴对新创企业绩效的影响机制研究：组织合法性和创业导向的作用 [D]. 杭州：浙江工商大学博士学位论文 ,2017.

[382] 江静 . 公共政策对企业创新支持的绩效——基于直接补贴与税收优惠的比较分析 [J]. 科研管理 ,2011,32(4):1–8.

[383] 江新峰 , 张敦力 . 企业寻租与政府补助利用效率——来自企业投资活动的经验证据 [J]. 投资研究 , 2017(3): 56–64.

[384] 焦豪 , 魏江 , 崔瑜 . 企业动态能力构建路径分析 : 基于创业导向和组织学习的视角 [J]. 管理世界 ,2008(4):91–106.

[385] 孔东民 , 刘莎莎 , 王亚男 . 市场竞争、产权与政府补贴 [J]. 经济研究，2013(2):55–67.

[386] 黎常 , 章莉 , 何萍 . 科创企业失败学习模式对企业成长的影响——失败学习内容的中介作用 [J]. 技术经济 ,2016,35(2):63–70.

[387] 康志勇 . 政府科技创新资助政策对企业产品创新影响研究——基于匹配模型的检验 [J]. 研究与发展管理 , 2018, 30(2): 103 113.

[388] 李靖华 , 黄继生 . 网络嵌入、创新合法性与突破性创新的资源获取 [J]. 科研管理 ,2017,38(4):10–18.

[389] 李晓钟 , 吴振雄 , 张小蒂 . 政府补贴对物联网企业生产效率的影响研究——基于沪深两市 2010–2013 年公司数据的实证检验 [J]. 中国软科学 ,2016(2):105–113.

[390] 李新春 , 梁强 , 宋丽红 . 外部关系—内部能力平衡与科创企业成长——基于创业者行为视角的实证研究 [J]. 中国工业经济 ,2010(12):97–107.

[391] 李雪灵 , 姚一玮 , 王利军 . 新企业创业导向与创新绩效关系研究 : 积极型市场导向的中介作用 [J]. 中国工业经济 ,2010(6):116–125.

[392] 李雪灵 , 马文杰 , 刘钊 , 董保宝 . 合法性视角下的创业导向与企业成长 : 基于中国新企业的实证检验 [J]. 中国工业经济 ,2011(8):99–108.

［393］李宇，张雁鸣．网络资源、创业导向与在孵企业绩效研究——基于大连国家级创业孵化基地的实证分析 [J]. 中国软科学 ,2012(8):98-110.

［394］李燕，李应博，韩伯棠．创新政策异质性与战新产业公司财富效应研究 [J]. 科研管理 , 2016, 37(1): 523-532.

［395］林枫，徐金发，潘奇．企业创业导向与组织绩效关系的元分析 [J]. 科研管理 , 2011,32(8):74-83.

［396］林嵩，姜彦福．创业网络推进创业成长的机制研究 [J]. 中国工业经济 ,2009(8): 109-118.

［397］林润辉，谢宗晓，李娅，王川川．政治关联、政府补助与环境信息披露——资源依赖理论视角 [J]. 公共管理学报 ,2015(2):30-41.

［398］柳光强．税收优惠、财政补贴政策的激励效应分析——基于信息不对称理论视角的实证研究 [J]. 管理世界 , 2016(10):62-71.

［399］刘冰，罗超亮，符正平．风险投资和创业企业总是完美一对吗 [J]. 南开管理评论 ,2016,19(1):179-192.

［400］刘奎甫，茅宁．"僵尸企业" 国外研究评述 [J]. 外国经济与管理 ,2016（10）: 3-19.

［401］刘宁，胡海青，王兆群，等．孵化网络多元性、效果推理对在孵企业合法性的影响 [J]. 科技进步与对策 , 2020, 37(5):30-38.

［402］刘云 ,Greg.,W.G. 基于评价者视角的组织合法性研究：合法性判断 [J]. 外国经济与管理 ,2017,39（5）:73-84.

［403］罗胜强，姜嬿．管理学问卷调查研究方法 [M]. 重庆：重庆大学出版社 ,2014.

［404］罗兴武，项国鹏，宁鹏，等．商业模式创新如何影响新创企业绩效？——合法性及政策导向的作用 [J]. 科学学研究 , 2017,35(07):1073-1084.

［405］罗兴武，刘洋，项国鹏，等．中国转型经济情境下的商业模式创新：主题设计与量表开发 [J]. 外国经济与管理 , 2018,40(01):33-49.

［406］罗兴武，杨俊，项国鹏，王建明．商业模式创新双重属性如何作用创业企业成长：裸心的案例研究 [J]. 管理评论 , 2019, 31(07): 133-148.

［407］马蔷，李雪灵，申佳，王冲．创业企业合法化战略研究的演化路径与体系构建 [J]. 外国经济与管理 ,2015,37(10):46-57.

［408］马庆国．管理统计 [M]. 北京：科学出版社 ,2002.

［409］毛其淋，许家云．政府补贴对企业新产品创新的影响——基于补贴

强度“适度区间”的视角 [J]. 中国工业经济 ,2015(6):94–107.

［410］潘越 , 戴亦一 , 李财喜 . 政治关联与财务困境公司的政府补助——来自中国 ST 公司的经验证据 [J]. 南开管理评论 , 2009,12(5):6–17.

［411］潘敏 , 袁歌骋 . 金融中介创新对企业技术创新的影响 [J]. 中国工业经济 ,2019(6):117–135.

［412］彭学兵 , 陈璐露 , 刘玥伶 . 创业资源整合、组织协调与科创企业绩效的关系 [J]. 科研管理 , 2016,37(1):110–118.

［413］彭雪蓉 . 利益相关者环保导向、生态创新与企业绩效 : 组织合法性视角 [D]. 浙江 : 浙江大学博士学位论文 ,2014.

［414］彭伟 , 顾汉杰 , 符正平 . 联盟网络、组织合法性与科创企业成长关系研究 [J]. 管理学报 , 2013,10(12):1760–1769.

［415］任曙明 , 吕镯 . 融资约束、政府补贴与全要素生产率——来自中国装备制造企业的实证研究 [J]. 管理世界 ,2014(11):10–23.

［416］邵敏 , 包群 . 地方政府补贴企业行为分析 : 扶持强者还是保护弱者 ?[J]. 世界经济文汇 ,2011(1):56–72.

［417］邵敏 , 包群 . 政府补贴与企业生产率——基于我国工业企业的经验分析 [J]. 中国工业经济 ,2012(7):70–82.

［418］尚洪涛 , 黄晓硕 . 政府补贴、研发投入与创新绩效的动态交互效应 [J]. 科学学研究 , 2018, 36(3): 446–456.

［419］沈超红 , 罗亮 . 创业成功关键因素与创业绩效指标研究 [J]. 中南大学学报（社会科学版）, 2006,12(2):231–235.

［420］沈满洪 , 何灵巧 . 外部性的分类及外部性理论的演化 [J]. 浙江大学学报（人文社会科学版）,2002,32(1):152–160.

［421］苏敬勤 , 刘静 . 案例研究数据科学性的评价体系——基于不同数据源案例研究样本论文的实证分析 [J]. 科学学研究 ,2013(10):84–93.

［422］苏晓华 , 吴琼珠 , 诸周成 . 战略联盟有助于科创企业获取合法性吗 ?——一个有调节的中介模型 [J]. 科学学与科学技术管理 , 2015, 36(11): 79–89.

［423］孙燕 , 苏中峰 . 组织学习对管理创新和技术创新的影响研究 : 创业导向的调节作用 [J]. 中国科技论坛 ,2015(1):33–38.

［424］唐清泉 , 罗党论 . 政府补贴动机及其效果的实证研究——来自中国上市公司的经验证据 [J]. 金融研究 ,2007(6):149–163.

［425］佟爱琴，陈蔚．政府补贴对企业研发投入影响的实证研究——基于中小板民营上市公司政治联系的新视角 [J]. 科学学研究 ,2016,34(7):1044-1053.

［426］王重鸣，刘帮成．技术能力与创业绩效：基于战略导向的解释 [J]. 科学学研究 ,2005, 23(6):765-771.

［427］王红建，李青原，邢斐．金融危机、政府补贴与盈余操纵——来自中国上市公司的经验证据 [J]. 管理世界 ,2014(7):157-167.

［428］王克敏，杨国超，刘静，李晓溪 .IPO 资源争夺、政府补助与公司业绩研究 [J]. 管理世界 , 2015(9):147-157.

［429］王胜光，程郁．企业的成长动力机制及"加速器"的作用机理 [J]. 科学学与科学技术管理 ,2009(5):130-135.

［430］魏江，戴维奇，林巧．公司创业研究领域两个关键构念——创业导向与公司创业——的比较 [J]. 外国经济与管理 ,2009,31(1):24-31.

［431］魏江，邬爱其，彭雪蓉．中国战略管理研究：情境问题与理论前沿 [J]. 管理世界 , 2014 (12): 167-171.

［432］魏志华，吴育辉，李常青，曾爱民．财政补贴，谁是"赢家"——基于新能源概念类上市公司的实证研究 [J]. 财贸经济 ,2015(10):73-86.

［433］温忠麟，叶宝娟．有调节的中介模型检验方法：竞争还是替补 ?[J]. 心理学报 ,2014,46(5):714-726.

［434］吴柏海，曾以禹．林业补贴政策比较研究——基于部分发达国家林业补贴政策工具的比较分析 [J]. 农业经济问题 ,2013(7):95-102.

［435］吴翠凤，吴世农，刘威．风险投资介入创业企业偏好及其方式研究——基于中国创业板上市公司的经验数据 [J]. 南开管理评论 ,2014(5):151-160.

［436］吴明隆．问卷统计分析实务——SPSS 操作与应用 [M]. 重庆：重庆大学出版社 ,2009.

［437］伍健，田志龙，龙晓枫，熊琪．战略性新兴产业中政府补贴对企业创新的影响 [J]. 科学学研究 , 2018, 36(1): 158-166.

［438］项国鹏，黄玮．利益相关者视角下的制度创业过程研究 [J]. 科技进步与对策 ,2016,33(2):26-31.

［439］项国鹏，黄玮．创业扶持方式与科创企业绩效的关系研究 [J]. 科学学研究 , 2016,33(10):1561-1568.

［440］肖兴志，王伊攀．政府补贴与企业社会资本投资决策——来自战略

性新兴产业的经验证据 [J]. 中国工业经济 ,2014(9):148–160.

［441］许昊 , 万迪昉 , 徐晋 . 风险投资改善了科创企业 IPO 绩效吗 ?[J]. 科研管理 , 2016,37(1): 101–109.

［442］徐宁 , 朱卫东 . 构建创业期中小企业的业绩评价指标 [J]. 华东经济管理 , 2005,19(9): 103–105.

［443］徐淑英 , 张志学 . 管理问题与理论建立 : 开展中国本土管理研究的策略 [J]. 重庆大学学报（社会科学版）,2011,17(4):1–7.

［444］薛亦伦 , 张骁 , 丁雪 , 沙开庆 . 高政治技能的员工如何规避工作场所排斥 ?——基于中国文化情境的研究 [J]. 管理世界 ,2016(7):98–108.

［445］姚瑶 , 左斌 . 产业位势与社会资本耦合——怎样给高创业导向企业带来成功 ?[J]. 科学学研究 ,2012,30(10):1527–1536.

［446］杨俊 . 新世纪创业研究进展与启示探析 [J]. 外国经济与管理 ,2013,35(1):1–11.

［447］杨俊 , 田莉 , 张玉利 , 王伟毅 . 创新还是模仿 : 创业团队经验异质性与冲突特征的角色 [J]. 管理世界 ,2010(3):84–96.

［448］杨洋 , 魏江 , 罗来军 . 谁在利用政府补贴进行创新 ?——所有制和要素市场扭曲的联合调节效应 [J]. 管理世界 ,2015(1):75–86.

［449］杨洋 , 魏江 , 王诗翔 . 内外部合法性平衡 : 全球研发的海外进入模式选择 [J]. 科学学研究 , 2017,35(1):73–84.

［450］余明桂 , 回雅甫 , 潘红波 . 政治联系、寻租与地方政府财政补贴有效性 [J]. 经济研究 , 2010(3):65–77.

［451］余绍忠 . 创业绩效研究述评 [J]. 外国经济与管理 ,2013,35(2):34–42.

［452］俞园园 , 梅强 . 组织合法性中介作用下的产业集群关系嵌入对科创企业绩效的影响 [J]. 管理学报 ,2016,13(5):697–706.

［453］袁建国 , 后青松 , 程晨 . 企业政治资源的诅咒效应——基于政治关联与企业技术创新的考察 [J]. 管理世界 ,2015(1):139–155.

［454］袁庆宏 , 张华磊 , 王震 , 黄勇 . 研发团队跨界活动对团队创新绩效的“双刃剑”效应——团队反思的中介作用和授权领导的调节作用 [J]. 南开管理评论 , 2015,18(3):13–23.

［455］乐琦 , 蓝海林 . 并购后控制与并购绩效的关系研究 : 基于合法性的调节效应 [J]. 管理学报 ,2012,9(2):225–32.

［456］曾楚宏 , 朱仁宏 , 李孔岳 . 基于战略视角的组织合法性研究 [J]. 外国

经济与管理 ,2008,30(2):9–15.

[457] 张宝建 , 孙国强 , 裴梦丹 , 齐捧虎 . 网络能力、网络结构与创业绩效——基于中国孵化产业的实证研究 [J]. 南开管理评论 ,2015(2):39–50.

[458] 张闯 . 管理学研究中的社会网络范式 : 基于研究方法视角的 12 个管理学顶级期刊 (2001—2010) 文献研究 [J]. 管理世界 ,2011(7):154–163.

[459] 张洪刚 , 赵全厚 . 政治关联、政治关联成本与财政补贴关系的实证研究——来自深、沪证券市场的经验数据 [J]. 当代财经 ,2014(4):108–118.

[460] 张宏云 . 创业导向构念测量研究前沿探析与未来研究建议——基于反映型和构成型模型 [J]. 外国经济与管理 ,2012,34(6):9–16.

[461] 张宏云 , 杨乃定 . 创业导向构念辨析及对维度之争的评述 [J]. 科学学研究 , 2010(2): 177–182.

[462] 张捷 . 创业导向对绩效的影响 : 基于“双元结构”创业环境的研究 [D]. 吉林 : 吉林大学博士学位论文 ,2010.

[463] 张杰 , 陈志远 , 杨连星 , 新夫 . 中国创新补贴政策的绩效评估 : 理论与证据 [J]. 经济研究 ,2015a,50(10):4–17.

[464] 张杰 , 郑文平 . 政府补贴如何影响中国企业出口的二元边际 [J]. 世界经济 ,2015(6):22–48.

[465] 张杰 , 翟福昕 , 周晓艳 . 政府补贴、市场竞争与出口产品质量 [J]. 数量经济技术经济研究 , 2015b,32(4):71–87.

[466] 张明 , 杜运周 . 组织与管理研究中 QCA 方法的应用 : 定位、策略和方向 [J]. 管理学报 , 2019,16(09):1312–1323.

[467] 张平 , 黄智文 , 高小平 . 企业政治关联与创业企业创新能力的研究——高层管理团队特征的影响 [J]. 科学学与科学技术管理 ,2014(3):117–125.

[468] 张炜 , 邢潇 . 高技术企业创业孵化环境与成长绩效关系研究 [J]. 科学学研究 , 2007,25(1):74–78.

[469] 张玉利 , 李乾文 . 公司创业导向、双元能力与组织绩效 [J]. 管理科学学报 , 2009,12(1):137–152.

[470] 张洋 . 政府补贴提高了中国制造业企业出口产品质量吗 [J]. 国际贸易问题 , 2017 (4): 27–37.

[471] 赵中华 , 鞠晓峰 . 技术溢出、政府补贴对军工企业技术创新活动的影响研究——基于我国上市军工企业的实证分析 [J]. 中国软科学 ,2013(10):124–133.

[472] 郑小勇 . 商业集团从属企业的合法性双元、资源获取与成长绩效 [D]. 浙江 : 浙江大学博士学位论文 ,2013.

[473] 钟甫宁 , 顾和军 , 纪月清 . 农民角色分化与农业补贴政策的收入分配效应——江苏省农业税减免、粮食直补收入分配效应的实证研究 [J]. 管理世界 ,2008(5):65–70.

[474] 周劲波 , 黄胜 , 叶广宇 . 组织学习、合法性与国际科创企业进入后速度 [J]. 科学学与科学技术管理 ,2014(11):129–141.

[475] 周珊珊 , 孙玥佳 . 政府补贴与高技术产业持续适应性创新演化 [J]. 科研管理 , 2019, 40(10): 58–72.

[476] 朱秀梅 . 资源获取、创业导向与科创企业绩效关系研究 [J]. 科学学研究 ,2008,26(3): 589–595.

[477] 朱秀梅 , 孔祥茜 , 鲍明旭 . 国外创业导向研究脉络梳理与未来展望 [J]. 外国经济与管理 , 2013,35(8):2–13.

附录一：问卷调查创业团队版

企业创始人或创业团队核心成员填写版本

尊敬的先生 / 女士：

非常感谢您的支持与参与！本调查数据仅用于学术研究，问题答案没有对错之分，请您根据所在企业的实际情况作答！因为问卷填写不完整会使您的问卷失去研究价值，所以请勿遗漏任何一项！

第一部分　公司与个人基本情况

1. 贵公司的成立年份为 ____________________。

2. 贵公司现有的员工人数有 ____________________ 人。

3. 贵公司的总部位于浙江省 ____________________ 市。

A. 杭州市　B. 宁波市　C. 嘉兴市　D. 湖州市

E. 绍兴市　F. 台州市　G. 温州市　H. 丽水市

I. 衢州市　J. 舟山市　K. 金华市

4. 贵公司的注册资本数为 ____________________ 万元。

5. 贵公司所属的行业为 ____________________。

6. 贵公司所在创业园区的所有制属性为 ____________________（以最大控股方为准）。

A. 国有　B. 民营

7. 贵公司所在创业园区的等级为 ____________________。

A. 国家级　B. 省级及以下

8. 您的性别为 ________。

A. 男　　　　　B. 女

9. 您的学历程度为 ________。

A. 研究生　　　　B. 本科及以下

第二部分　合法性情况

请您根据下列描述对您所在的公司进行打分，1 代表完全不符合，2 代表比较不符合，3 代表有点不符合，4 代表很难说符合和不符合，5 代表有点符合，6 代表比较符合，7 代表完全符合。

1	客户高度评价您所在公司的产品	1	2	3	4	5	6	7
2	员工会自豪地告诉别人自己是该公司的成员	1	2	3	4	5	6	7
3	投资者愿意与您所在公司接洽	1	2	3	4	5	6	7

第三部分　公司创业导向情况

请您对贵公司的战略行为特质进行打分，分数越低代表越接近于左侧的描述，分数越高代表越接近于右侧描述。

描述	分数							描述
我们公司更倾向于经营已被市场接受的产品 / 服务	1	2	3	4	5	6	7	我们公司更强调研发、技术领先和创新
近三年里，我们公司没有推出新产品 / 服务	1	2	3	4	5	6	7	近三年里，我们公司推出了许多新产品 / 服务
我们公司在产品 / 服务方面的改进只是小部分改良	1	2	3	4	5	6	7	我们公司在产品 / 服务方面的改进通常是巨大的
我们公司更倾向于选择那些只能带来正常或固定回报率的低风险项目	1	2	3	4	5	6	7	我们公司更倾向于选择那些有机会获得高额回报但具有较大风险的项目

续表

描述	分数							描述
在日常经营中，我们公司更倾向于通过谨慎的、渐进的行动逐步摸索前进	1	2	3	4	5	6	7	我们公司倾向于借助大胆的、迅速的行动来实现我们公司目标
我们公司通常采取谨慎的、观望性的姿态以最小化做出错误决策的可能性	1	2	3	4	5	6	7	我们公司通常采取大胆的、进取性的姿态来最大化利用潜在机会的可能性
相比于竞争者，我们公司很少率先推出新产品或新服务、新管理模式、新运营技术等	1	2	3	4	5	6	7	相比于竞争者，我们公司经常能率先推出新产品或新服务、新管理模式、新运营技术等
我们公司通常选择在竞争者做出行动后再做出应对	1	2	3	4	5	6	7	我们公司通常能先于其他竞争者采取行动
我们公司更倾向于去追随市场领导者	1	2	3	4	5	6	7	我们公司更倾向于凡事先于其他竞争者

附录二：问卷调查员工代表版

员工代表填写版本

尊敬的先生/女士：

非常感谢您的支持与参与！本调查数据仅用于学术研究，问题答案没有对错之分，请您根据所在企业的实际情况作答！因为问卷填写不完整会使您的问卷失去研究价值，所以请勿遗漏任何一项！

请您根据下列描述对您所在的公司进行打分，1代表完全不符合，2代表比较不符合，3代表有点不符合，4代表很难说符合和不符合，5代表有点符合，6代表比较符合，7代表完全符合。

1	客户高度评价您所在公司的产品	1	2	3	4	5	6	7
2	员工会自豪地告诉别人自己是该公司的成员	1	2	3	4	5	6	7
3	投资者愿意与您所在公司接洽	1	2	3	4	5	6	7

附录三：问卷调查园区运营管理人员版

创业园区运营管理人员填写版本

尊敬的先生/女士：

非常感谢您的支持与参与！本调查数据仅用于学术研究。请您协助填写下表中贵园区企业的相关数据。其中，竞争性政府补贴是指企业2014年度获得的具有竞争性的政府补贴总额，包括高新技术企业、雏鹰企业等优秀创新型企业申报补贴，青蓝计划、海归创业等优质创业企业补贴，科研项目申请的拨款补助，专利申请资助经费，新产品研发补助等；普惠性政府补贴是指2014年度获得的具有普适性而不具有竞争性的政府补贴总额，包括办公场所租赁补贴、创业补贴、创业贷款贴息等。

此外，请对该企业在客户、员工和投资者眼中的评价进行打分，1代表完全不符合，2代表比较不符合，3代表有点不符合，4代表很难说符合和不符合，5代表有点符合，6代表比较符合，7代表完全符合。

企业名称	2014年竞争性政府补贴（元）	2014年普惠性政府补贴（元）	营业收入（万元）			合法性评价（打分，从1到7）		
			2014	2015	2016	客户高度评价您所在公司的产品	员工会自豪地告诉别人自己是该公司的成员	投资者愿意与您所在公司接洽

后 记

POSTSCRIPT

本书是浙江省高校重大人文社科攻关计划项目青年重点项目“新创科技型企业政府扶持资金的成效、作用机理及政策研究”（编号：2018QN029）、浙江省自然科学基金一般项目“竞争性与普惠性政府补贴对科技型创业企业绩效的影响机制：基于浙江在孵企业的考察”（编号：LY19G020008）和浙江省高校高水平创新团队“转型升级和绿色管理创新团队”的重要成果。

我们对科创企业政府补贴的研究主要源于对“通宏洞微”学术理念的秉承、对实践现象和理论悖论的思考。政府补贴，是政府出于特定的目的，直接或间接对微观经济活动主体（企业或个人）提供专项资金的一种无偿转移支付。然而，在实践界，补贴作为政府扮演“扶持之手”最直接的手段，其成效却差强人意，“寻补骗补”“饮鸩止渴”“吸血僵尸”等负面信息屡见报端。在理论界，由于知识和技术的溢出效应、政府扶持资金的挤出效应，学者们研究发现政府补贴并不一定促进企业研发投入，相反呈现出“正向观—不相关观—负向观”悖论。究其原因，我们认为至少有三个方面值得进一步研究：一是从分类治理上看，现有研究较少去关注不同类型政府补贴在作用成效上存在的差异及产生这些差异的本质原因。正如一些学者所指出的，“对创新补助资源细分类别的考察，特别是扶持资金是否具有竞争性，将是未来研究的重要方向和关键突破口”。二是从研究视角上看，现有研究大多从单一视角入手探讨政府补贴的作用机理和情境机制，缺少整合视角、组态视角和可持续性视角的研究。三是从研究方法上看，以往的研究偏向计量经济学范式，对于政府补贴成效的研究过于依赖传统定量“净效应”分析，需要引入更为新颖的分析工具，以动态揭示政府补贴对创新过程的作用机理。故而，本书理论和实证研究了竞争性和普惠性两类政府补贴的影响机制、治理边界、成效及可持续性检验，充分反映了国际理论前沿和中国情境政府扶持资源发展现实问题的紧密结合。

本书由浙江财经大学工商管理学院罗兴武、浙江省林业资金管理中心综合科黄玮合作共同完成。浙江工商大学项国鹏教授、浙江财经大学王建明教授给予了本书宝贵的指导意见。浙江财经大学研究生黄菲菲、张皓等参与了本书部分章节的资料收集、数据获取和数据分析工作。浙江财经大学滕清秀老师、经济管理出版社张莉琼老师也为本书出版做了不少工作。在此，一并对他们表示感谢。

最后，由于中国情境下科创企业政府补贴分类治理研究是一个相对前沿的研究领域，可直接借鉴的研究文献还并不多见。本书完成时间也较仓促，加之我们知识和能力欠缺，书中难免存在一些不足和疏漏之处，恳请各位专家学者、老师同学批评指正。

罗兴武　黄玮

2020 年 7 月 15 日于杭州